高职高专旅游专业"互联网+"创新规划教材

会展概论

（第3版）

主　编　徐　静　林亮景
副主编　高　跃　谢红芹　高子涵

北京大学出版社
PEKING UNIVERSITY PRESS

内 容 简 介

本书采用理论与案例相结合的模式进行编写,每章章首以知识结构图的形式对全章内容进行梳理。 每章内容既相对独立,又互相衔接,便于读者阅读学习。

本书内容分为 7 章:第 1 章阐述了会展的概念、作用及特点;第 2 章介绍了中外会展发展简史;第 3~6 章,分别针对会议、展览、节事和奖励旅游的概念和运作方式展开论述;第 7 章说明了现阶段会展的主要管理模式和手段。

本书既适合高职高专会展专业及相关专业师生教、学使用,也可以帮助会展从业人员提高专业理论水平,还可作为非会展专业人士了解和学习会展基础知识、掌握会展基本技能的入门教材。

图书在版编目(CIP)数据

会展概论/徐静,林亮景主编 . —3 版 . —北京:北京大学出版社,2023.9
高职高专旅游专业"互联网+"创新规划教材
ISBN 978-7-301-32854-5

Ⅰ. ①会… Ⅱ. ①徐… ②林… Ⅲ. ①展览会—高等职业教育—教材 Ⅳ. ①G245

中国版本图书馆 CIP 数据核字(2022)第 015040 号

书　　　名	会展概论(第 3 版)
	HUIZHAN GAILUN (DI-SAN BAN)
著作责任者	徐　静　林亮景　主编
责 任 编 辑	刘国明　罗丽丽
数 字 编 辑	金常伟
标 准 书 号	ISBN 978-7-301-32854-5
出 版 发 行	北京大学出版社
地　　　址	北京市海淀区成府路 205 号　100871
网　　　址	http://www.pup.cn　新浪微博:@北京大学出版社
电 子 信 箱	编辑部 pup6@pup.cn　总编室 zpup@pup.cn
电　　　话	邮购部 010-62752015　发行部 010-62750672　编辑部 010-62750667
印 刷 者	天津中印联印务有限公司
经 销 者	新华书店
	787 毫米×1092 毫米　16 开本　13.5 印张　321 千字
	2013 年 3 月第 1 版
	2017 年 3 月第 2 版
	2023 年 9 月第 3 版　2023 年 9 月第 1 次印刷
定　　　价	42.00 元

未经许可,不得以任何方式复制或抄袭本书之部分或全部内容。
版权所有,侵权必究
举报电话:010-62752024　电子邮箱: fd@pup.cn
图书如有印装质量问题,请与出版部联系,电话:010-62756370

第 3 版前言

二十大报告指出,要"加快建设国家战略人才力量",要努力培造早就更多高技能人才。本书注重理论与实践的结合,具有既能寓基本理论于其中,又能紧跟时代前沿;既紧密结合会展业实践的现实,又有助于培养会展策划与管理的思维等特点。这些特点综合在一起,使得本书内容十分丰富,且体现会展业基本原理、思维和实践。

本书编者结合多年的课程教学实践,力求为读者提供会展理论学习的良好教材,追求内容的可读性和引导性,做到好读易教。

本书主要是为准备从事会展策划与管理工作或者已经在企业工作的人学习会展基础知识而写,如会展专业的本科生和大专生,以及那些已经掌握会展技能而又想充实自己的会展专业理论知识的朋友和其他从事会展管理工作的人员。本书作为高职会展专业教材时,可以安排32~64学时。

本书由广东科学技术职业学院教师徐静、林亮景担任主编,长春职业技术学院旅游学院教师高跃、谢红芹以及广东科学技术职业学院教师高子涵担任副主编。徐静主要负责第1章的编写,林亮景主要负责第2章、第3章、第4章的编写,高跃、谢红芹以及高子涵共同负责第5章、第6章和第7章的编写。

本书的出版是领导、专家、朋友帮助的结果,衷心感谢广东科学技术职业学院和长春职业技术学院的领导与同事,感谢北京大学出版社编辑的辛勤劳动。在本书的编写过程中,参考了许多同人的观点和已出版的教材,在此深表感谢!

由于时间紧迫,任务繁重,以及编写水平的限制,书中难免有一些疏漏、欠妥之处,真诚希望得到专家、同行和读者的批评、指正。

编 者
2022 年 4 月

资源索引

目 录

1 会展概述 …………………………… 1
  1.1 会展 ………………………………… 3
    1.1.1 会展的概念 ………………… 3
    1.1.2 会展的特点 ………………… 3
    1.1.3 会展的作用 ………………… 7
  1.2 会展业 ……………………………… 14
    1.2.1 会展业的概念及特征 ……… 14
    1.2.2 会展业的构成 ……………… 16
    1.2.3 影响会展业发展的要素 …… 18
  1.3 会展经济 …………………………… 19
    1.3.1 会展经济的概念 …………… 19
    1.3.2 我国五大会展经济带 ……… 20
  习题与训练 …………………………… 24

2 中外会展发展历史和现状 ………… 27
  2.1 世界会展发展简史 ………………… 29
    2.1.1 世界会展的产生和
          发展过程 …………………… 29
    2.1.2 世界会展发展现状 ………… 33
  2.2 我国会展发展简史 ………………… 39
    2.2.1 我国会展发展过程 ………… 39
    2.2.2 我国会展发展现状 ………… 44
  2.3 会展业发展趋势 …………………… 49
  习题与训练 …………………………… 57

3 会议 ………………………………… 59
  3.1 会议概述 …………………………… 61
    3.1.1 会议的基本概念 …………… 61
    3.1.2 会议的分类 ………………… 62
    3.1.3 会议的构成要素 …………… 65
  3.2 会议的运作 ………………………… 65
    3.2.1 会议筹备 …………………… 65
    3.2.2 会议服务 …………………… 75
    3.2.3 会议管理 …………………… 77
  3.3 中外知名会议 ……………………… 78
    3.3.1 博鳌亚洲论坛 ……………… 78
    3.3.2 APEC 会议 ………………… 81
    3.3.3 达沃斯论坛 ………………… 82
  习题与训练 …………………………… 87

4 展览 ………………………………… 90
  4.1 展览概述 …………………………… 92
    4.1.1 展览的概念及相关术语 …… 92
    4.1.2 展览的功能 ………………… 95
    4.1.3 展览的分类 ………………… 95
    4.1.4 展览的构成要素 …………… 99
  4.2 展览会的组织 ……………………… 103
    4.2.1 展前策划 …………………… 103
    4.2.2 展前筹备 …………………… 105
    4.2.3 展中服务 …………………… 109
    4.2.4 展后管理 …………………… 115
  4.3 中外知名展览 ……………………… 117
    4.3.1 广交会 ……………………… 117
    4.3.2 高交会 ……………………… 119
    4.3.3 汉诺威工业博览会 ………… 120
  习题与训练 …………………………… 124

5 节事活动 …………………………… 128
  5.1 节事活动概述 ……………………… 130
    5.1.1 节事活动的定义及特点 …… 130
    5.1.2 节事活动的功能 …………… 134
    5.1.3 节事活动的分类 …………… 135
    5.1.4 节事活动的构成要素 ……… 139
  5.2 节事活动的策划和承办 …………… 141
    5.2.1 节事活动的策划 …………… 141
    5.2.2 节事活动的承办 …………… 148
    5.2.3 节事活动的效果评估 ……… 148
  5.3 我国节事活动发展概况 …………… 148
    5.3.1 节事活动运作模式 ………… 148
    5.3.2 我国节事活动发展趋势 …… 150
    5.3.3 节事活动的意义及影响 …… 151
    5.3.4 当前我国节事活动存在的
          主要问题 …………………… 152

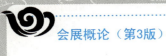

　　5.4　国际知名节事活动 …………… 152
　　习题与训练 ……………………………… 156

6　奖励旅游 ………………………… 159

　　6.1　奖励旅游概述 ………………… 161
　　　　6.1.1　奖励旅游的概念及要素 … 161
　　　　6.1.2　奖励旅游的特征 ………… 165
　　　　6.1.3　奖励旅游的类型 ………… 167
　　6.2　国内外奖励旅游发展历程 …… 169
　　　　6.2.1　国外奖励旅游发展历程 … 169
　　　　6.2.2　国内奖励旅游发展历程 … 172
　　6.3　奖励旅游的设计与策划 ……… 173
　　　　6.3.1　奖励旅游操作机构的
　　　　　　　类型 ………………………… 173
　　　　6.3.2　奖励旅游设计的注意
　　　　　　　事项 ………………………… 173
　　　　6.3.3　奖励旅游产品的特点 …… 176
　　　　6.3.4　奖励旅游的策划流程 …… 177
　　6.4　我国奖励旅游发展的不足及
　　　　对策 ……………………………… 179
　　　　6.4.1　我国奖励旅游市场开发
　　　　　　　存在的不足 ……………… 180
　　　　6.4.2　我国奖励旅游市场的
　　　　　　　发展对策 ………………… 181
　　6.5　中外典型奖励旅游活动 ……… 184
　　　　6.5.1　安利万人团游中国台湾 … 184
　　　　6.5.2　美国企业奖励旅游
　　　　　　　经典案例 ………………… 186
　　习题与训练 ……………………………… 189

7　会展管理 ………………………… 191

　　7.1　会展行业管理 ………………… 193
　　7.2　会展行业管理模式 …………… 194
　　　　7.2.1　政府主导模式 …………… 195
　　　　7.2.2　市场主导模式 …………… 196
　　　　7.2.3　政府市场结合模式 ……… 197
　　7.3　中国会展业的管理模式 ……… 198
　　　　7.3.1　中国会展业现阶段
　　　　　　　管理体制 ………………… 198
　　　　7.3.2　公司法在会展企业的
　　　　　　　适用 ……………………… 199
　　　　7.3.3　展会知识产权保护的
　　　　　　　规定 ……………………… 200
　　习题与训练 ……………………………… 205

参考文献 …………………………………… 207

会展概述

学习任务

- 能搜集和分析相关会展活动信息。
- 能判断何种活动属于会展的范围。
- 能针对会展活动实例,谈对会展概念的理解。

知识要点

- 会展的概念。
- 会展的特点。
- 会展的作用。
- 会展业的概念。
- 会展业的构成。
- 会展经济的概念。

知识结构图

本章主要知识结构图如图1-1所示。

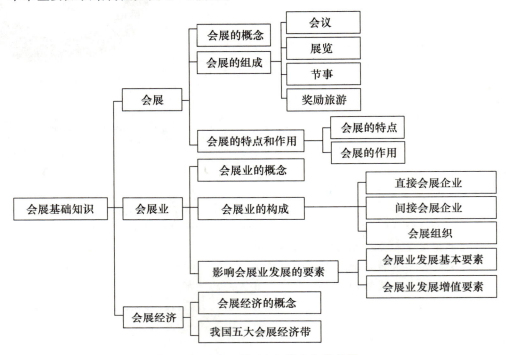

图1-1 "会展基础知识"知识结构图

开章案例

中国会展业："十四五"锚定"质"变

1-1拓展视频

2021年的这个春天，正值"十四五"开局起步之时。承前启后，谋划大局，各行业都在关键时刻锚定方向。

"十四五"时期，中国会展业将呈以下发展趋势：一是将从规模扩张向质量提升转变，会展专业化、品牌化、市场化进程加快；二是展览服务模式将发生深刻变革，会展与新技术深度融合，"互联网+"、新技术广泛应用，将在会展形式、观展体验、营销方式等方面发生深刻变革；三是会展与国家战略、地方产业结构调整升级深度融合；四是绿色会展、生态会展加速推进，引领会展产业升级；五是以国内"大循环"为主体，在国内国际"双循环"下相互促进的新发展格局将深刻影响和主导我国会展业发展；六是会展行业竞争、城市竞争加剧，建设大型会展综合体、打造会展名城、培育会展品牌成为提升城市竞争力的重要手段。

（资料来源：http://k.sina.com.cn/article_7517400647_1c0126e4705900yeua.html，2021.3.16）

引例说明：伴随着中国经济的快速发展，中国会展业已经确定了在世界上会展大国的地位，并正向会展强国挺进，会展业具有无限美好的发展前景。

1 会展概述

课前热身

1. 请说出你知道的会展活动。
2. 请说出你所理解的会展。
3. 请说出你最想了解的关于会展的知识。
4. 请说出本地区 3~5 家会展公司。
5. 请说出本地区与会展有关的政府部门、行业组织。
6. 请说出国内外 3~5 家会展媒体。
7. 请说出本地区主要会展展馆，并比较各场馆的情况（规模、功能、使用率等）。

1.1 会 展

曾任美国总统的威廉·麦金利说："会展是人类进步的机器。它们记录世界的进步，激发人们的能量、进取心和聪明才智，鼓舞人们创造激情。会展进入家庭，开阔了人们的眼界，照亮了人们的日常生活。会展为求知的人们打开巨大的信息宝库。无论规模大小，每个会展都在推动着这一进步。"

1.1.1 会展的概念

会展的概念是随着人们认识不断地变化和会展自身的发展而不断完善的。

狭义的会展仅包括会议和展览会。欧洲是会展的发源地。在欧洲，会展被称为 C&E（Convention and Exposition）或者 M&E（Meeting and Exposition）。

广义的会展指 MICE 或 MICEE（M 表示 Corporate Meetings，公司业务会议；I 表示 Incentive Tour Programs，奖励旅游；C 表示 Conventions，协会或社团组织会议；E 表示 Exhibitions，展览；E 表示 Events，节事活动）。

概括地说，会展是指在一定地域空间，短时间内由多个人聚集在一起形成的集体性的物质和文化交流活动，主要由会议、展览、节事活动和奖励旅游四类活动组成。

1.1.2 会展的特点

1. 创新性

"创新"是会展的灵魂。会展活动是新产品、新技术、新信息在世人面前亮相的重要舞台。没有"新"，会展就没有生机，就会失去其应有的吸引力。

在展览会中，人们可以看到老产品。但是，这些老产品进行展示的目的也是创新。例如，借助展览展现其技术革新和全新的产品形象，通过展览寻找新的市场等。再如，文物展上所有展品都是过去时代流传下来的，似乎都是"旧"的。但是，这些文物反映了古代文明成就，是人类认识历史的重要渠道，因而文物的"旧"，却给从未看过它的现代观众带来"新"的信息和意义。总之，会展的创新性使会展活动成为反映各行各业最新发展动态的"镜子"。图 1-2 为上海世博会中国馆展品——"秦铜车马"。

2. 综合性

从宏观上看，会展活动的范围广泛，囊括各种会议、展览、节庆、体育运动会等；从

图1-2 上海世博会中国馆展品——"秦铜车马"

微观上看,会展活动的内容也十分丰富。在现代会展中,会议与展览已不再截然分开或互不相干,而是呈现出会议、展览、经贸、观光、休闲、娱乐、节庆表演等多种活动相结合的特点。会展具有极强的综合性,不仅表现在活动内容上,而且表现在活动目的和性质上,其涵盖了政治、经济、文化等社会范畴。此外,会展活动涉及的行业、部门众多,既有国民经济的各个产业(包括第一、第二、第三产业)部门,又有非产业(行政、社会团体等)部门。会展活动的综合性要求会展举办地的社会各界共同协作,才能使会展得以顺利、成功举行。

3. 集中性

大型会议、展览活动可以给会展举办地带来源源不断的商流、物流、人流、资金流和信息流。展场和会场是陈列展品、构建形象、负载信息的物质实体,是个综合的全息媒介,汇集了种类繁多的信息。

小 资 料

第三届中国国际进口博览会成果丰硕

2020年11月10日,第三届中国国际进口博览会(以下简称进博会)在上海闭幕,中国国际进口博览局的相关负责人表示,本届进博会经贸合作取得丰硕成果。

第三届进博会是疫情防控常态化条件下我国举办的一场规模最大、参展国别最多、线上线下结合的国际经贸盛会,展示了我国疫情防控和经济社会发展的重大成就。

第三届进博会交易采购成果实现较大增长。进博会期间,通过线下线上结合的方式,2000多家参展商和采购商达成合作意向861项,累计意向成交726.2亿美元,比上届增长2.1%。

本届进博会企业报名踊跃,面积多次扩容,总展览面积近36万平方米,比上届扩大近3万平方米,世界500强及行业龙头企业连续参展比例近80%。多个国家部委继续推出税收优惠、通关便利、市场准入等支持政策,为参展客商带来更多实惠。

让中国市场成为世界的市场、共享的市场、大家的市场。本届进博会传递出中国坚定扩大开放、共享中国大市场的积极信号。

(资料来源:http://www.gov.cn/xinwen/2020—11/10/content_5560369.htm,2020.11.16)

1 会展概述

会展活动将大量的人员、产品、技术和信息等资源在一定时间集中在某一特定的地域空间，这种生产要素的集中性使资源利用效率提高，并由此产生成本的节约，收入或效用增加，形成聚集经济效应。以商业展为例，展会是产业信息和同类产品在时间与空间上的集聚。由于专业买家、卖家和商品的高度集中，在这里能迅速发现和传递诸如产品、价格、市场及产业发展等方面的信息，这是展会区别于市场和大卖场的显著特点之一。因此，大型展会是搜集商业信息和寻求商机的最佳场所。会展的集中性还使会展活动和会展场所规模化。图1-3为参观车展的人流。

图1-3 参观车展的人流

4. 竞争性

会展的集中性也带来很强的竞争性。展会内的竞争是面对面的竞争，是"真刀真枪"的竞争。其中有参展商品本身的竞争、宣传的竞争、服务的竞争和技术的竞争。这些竞争为专业买家和最终消费者带来了物美价廉的各类商品。同时，在展会期间，强手如林的同类公司之间互相学习，寻求合作，同时也互相"摸底"，互相较量。

小 资 料

安博会云集全球知名安防品牌

2019年10月31日，第十七届中国国际社会公共安全博览会（简称：安博会）圆满落下帷幕。两年一届的深圳安博会拥有着多年专业资质，如安防行业的一面镜子，一直在反映着安防发展的脉搏。

本届安博会展览总面积达11万平方米，超过1 500家企业参加此次展会，各大厂商纷纷带来世界前沿的技术和产品，云集全球知名安防品牌。展会现场，人群络绎不绝，来自全国各地的政府管理部门、行业资深人士以及安防产品的工程商、供应商、集成商等安防领域的专业观众纷纷赶来，参加这一安防盛典，除此以外更是有不少来自海外的厂商、采购商聚集于此。

（资料来源：http：//www.afzhan.com/News/detail/78680.html，2020.1.4）

---

5. 技术性和艺术性

科技的革新对会展的兴起和发展具有重大作用，没有科技的支撑，就没有现代会展的辉煌。例如，会展场馆中的各种设施都有赖于先进的技术手段。科技的发展使人们看到了一个美妙的会展艺术天地。为了突出会展形象，会展主办者和参展商往往综合运用声、光、色、形，以及文字、图像等艺术手段，将会展场馆、展品和环境布置得美轮美兔。人们在会展场馆中参观，仿佛置身于立体艺术、平面艺术、灯光艺术和音乐艺术的海洋。

1889 年，法国工程师埃菲尔（Eiffel）为庆祝法国大革命 100 周年和巴黎世界博览会（简称世博会）设计建造了主题塔——埃菲尔铁塔，如图 1-4 所示，可谓是反映会展技术性与艺术性的杰作。

图 1-4　埃菲尔铁塔

6. 直观性

展会是面对面的交流。会展活动可以充分满足观众"百闻不如一见""眼见为实"的心理。观众可以直接触摸展品、开动机器，亲身感受产品的各种性能。在体育比赛、文艺晚会现场可以直接地感受现场的气氛，体验各种丰富的感觉。展会的直观特性还体现在会谈过程中，可以从双方的面部表情神态和肢体语言中，获取有价值的信息。这也是为什么网络展览发展至今仍然只能是实物展的补充，而不能对实物展形成强烈冲击的根本原因。

展会的直观性还体现在与客户的商业谈判中。当面交谈获得的信息量大大多于其他的沟通方式。因为在获得语言信息的同时，还可以从对方的神态和微妙的肢体语言中获取有价值的商业信息。

例如，首届"中国青少年动漫艺术博览会"中的活动项目——"五大着迷点"（明星形象代言、配音大赛、动画片接龙、卡通人物巡展、皮影戏表演），以其直观性吸引了众多观众。好玩好看的配音大赛，既有模仿配音，又有另类配音，剧情既有经典原版又有演出者独创，既有伴唱又有清唱；动画片接龙游戏将动画片的某一演出告一段落，然后让观众上台接龙即兴表演，表演情节可以和原剧大相径庭；卡通人物巡展，使观众真切感受到真实卡通人物的"喜怒哀乐"；中国特色的皮影戏表演，让人忍俊不禁，如图 1-5 所示。

7. 时间均衡性

对于会展活动来说，尽管不同类别的会展活动在时间选择上有各自的特点，但总体而言，会展活动在时间分布上具有明显的均衡性。这主要是因为会展活动多以工作为目的，一般根据实际需要安排，受其他因素（如气候条件）影响较小。

会展活动更可能在会展举办地的旅游淡季举行，这是因为以下原因：首先，会展活动

图1-5　一位小学生在动漫展上观看皮影戏表演

一般会避开假期,选择工作日举行;其次,会展旅游者团队规模大,必须避开休闲旅游者的出游高峰期。此外,会展主办者对价格很敏感,更喜欢在旅游淡季举办会展,以获得优惠的会展产品价格。

1.1.3　会展的作用

会展深刻地影响当今人类社会发展的各个方面,作为经济的推动器、社会文化的传播器和环境的美化器,会展发挥着不可替代的作用。

1. 会展的经济作用

（1）产生巨大的直接经济效益。

会展业是高收入、高盈利的行业,除了门票、场地租金等直接收入外,还有因会展活动所带来的交通、旅游、餐饮、住宿、通信、广告、物流、保险等相关行业的间接收入。会展业可以产生直接的经济效益,这是它得以迅速发展的重要原因。从国际上看,在瑞士日内瓦,德国汉诺威、慕尼黑,美国纽约,法国巴黎,英国伦敦和新加坡等这些世界著名的"展览城",会展业为其带来了直接的收益和经济的繁荣。美国一位市长就曾说:"如果在我这个城市开一个国际会议,就好比有一架飞机在我们头顶上撒美元。"

会展的直接经济效益如此显著的首要原因在于会展代表消费水平高。在美国,协会会议与会代表平均每天花费为188美元,公司业务会议与会代表每天花费为193~198美元,消费水平远远高于其他类型的旅游者。根据我国2000年国内旅游抽样调查报告,会展旅游者每次出游人均花费为16 753元,居各类旅游者之首。导致会展代表消费水平高的因素如下。

① 会展代表身份高、收入高、消费档次高。参加会展活动的代表一般都是各行各业的精英人士,具有一定的社会地位和较高的职务,属于高收入阶层,因而消费档次高,购买能力强。

② 会展代表价格敏感度低。由于出席会展期间的开支大多由会展代表各自的单位承

担，会展代表在进行消费时对价格并不敏感，而是更重视会展服务的品质，如方便、快捷、舒适等。

③ 会展代表逗留时间长。会展代表在会展活动期间，不仅要参加会展及相关活动，还要进行观光游览等消遣活动，因而在会展举办地的停留时间相对较长。以2015年的国际会议为例，即使排除与会代表在会议前后的旅游活动，会期的平均天数即为4.5天。2016年我国会展旅游者平均在外停留的天数为5.9天，而观光旅游者为4天，度假休闲旅游者为3.4天。

④ 会展代表消费带动的观众更不计其数。例如，1999年昆明世界园艺博览会展览期间观众达900万人次以上，仅门票收入就达10亿元；2000年德国汉诺威世博会的观众达到1 800万人次，2005年日本爱知世博会的观众达到2 000万人次，而2010年上海世博会的观众更是高达7 000万人次以上。

导致会展旅游者团队规模大的因素：会展代表人数多、会展代表"连带"客人多、会展活动的其他参与者众多（媒体、游客等），如图1-6所示。

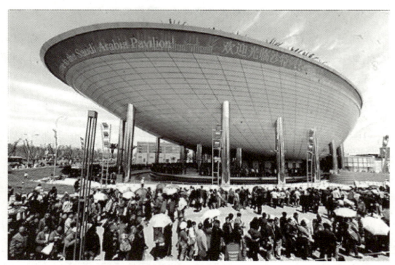

图1-6 上海世博会"沙特馆"前的观众队伍

（2）拉动相关产业发展。

会展产业关联度高，会展消费不仅给会展业带来直接经济收益，同时还刺激了交通、住宿、餐饮、旅游、建筑、商业、信息、金融、贸易、保险、广告、印刷、物流、房地产等诸多产业部门的发展，给会展举办地带来更大的间接经济效应。一般而言，以国际平均水平看，会展业对其他相关产业的带动系数为1∶9，也就是说，展览场馆本身创造1元效益，就会为周边餐饮、酒店、金融、广告、购物等相关行业带来9元收益。如，央视市场研究股份有限公司对2018年珠海国际会展中心内举办的展会活动调研评估的结果为：2018年，珠海国际会展中心累计贡献经济效益高达人民币47.1亿元，其中直接经济收入4.02亿元，间接经济收入43.08亿元，经济拉动系数达1∶10.7，展会活动对相关产业经济拉动作用显著。

小 资 料

会展的关联效益与经济回报

2018年,珠海国际会展中心共接待展览及活动34场、会议992场次、参展、参会人数超过80万人次,参会人员覆盖全球50多个国家或地区。

为更加全面客观评估会展中心各类型会展活动对会展相关产业的经济拉动效益以及对珠海城市的社会影响力,珠海国际会展中心于2018年初便委托第三方调研机构——央视市场研究股份有限公司(CTR)对2018年珠海国际会展中心举办的展会活动调研评估,并选取最具代表性的10个展会活动进行抽样调查。

基于10个抽样展会的调研成果,综合案头研究、定性访谈、定量调研等调研方法,借助CTR媒体数据库、修正系数科学推算,CTR研究发现:2018年,珠海国际会展中心累计贡献经济效益高达47.1亿元人民币,其中直接经济收入4.02亿元,间接经济收入43.08亿元,经济拉动系数达1∶10.7,已超过国际会展业公认的"1∶9"经济拉动系数,展会活动对相关产业经济拉动作用显著。

展会活动的举办,吸引着来自国内外嘉宾及参展商进入珠海,不仅为珠海本地产业带来了诸多商业机会,也间接增加了珠海周边城市交通与旅游产业的收入。CTR调研数据显示,2018年,珠海国际会展中心举办的各类型会展活动为大湾区"9+2"城市旅游产业带来经济收入9.51亿元,粤港澳大湾区内的互联互通效应逐渐显现。

作为珠海城市产业的展示窗口、资源集聚的交流平台,珠海国际会展中心不断推动着资源流动与区域创新,为珠海导入了大量全球高端要素,有效提升了珠海的城市竞争力和影响力。实际上,通过一个展会活动促成一个产业在珠海落地,它所产生的附加值就更高了。以珠海国际设计周为例,10月25日至27日三天珠海国际设计周共吸引了超过2万人次观众参与,来自全球十余个国家和地区不同行业的300多名设计大师齐聚珠海跨界交流,带动的经济效益高达1.78亿元人民币,为珠海贡献的效益达8391.6万元。设计周的成功举办带动了珠海市文创产业的发展,更令珠海现代化、创新且富有活力、国际化的城市形象得以彰显。

(资料来源:http://www.sohu.com/a/317009559_120138106,2020.5.9)

(3)促进经贸合作。

二十大报告指出,"中国坚持对外开放的基本国策,坚定奉行互利共赢的开放战略"。在开放的经济体系下,国与国之间、地区之间的经济贸易合作越来越重要。会展活动,尤其是大型的国际会展将各国、各地区客商聚于一堂,有力地促进了会展举办地的对外经济贸易交流与合作,并大大降低了贸易成本,降低了企业的采购和营销成本,优化了贸易双方的经营环境,为各类企业带来了巨大的便利。2015年第十届东北亚贸易博览会,对外贸易成交额为8亿美元,国内成交额为23亿元人民币;共签订投资合同项目325个,引资总额达2 201亿元人民币。图1-7为东北亚贸易博览会现场。

(4)优化产业结构。

当会展业被确定为城市的主导产业时,那么会展业的发展将会通过回顾效应对城市建筑、装潢、设计、广告、旅游、物流、零售、交通、通信、宾馆、餐饮等行业提出新的投入需求,这些投入需求将会促进相关联部门技术、组织及制度等各方面的发展。就旁侧效应而言,会展业的发展会同时拉动城市金融、保险、市政建设、环保、会计、审计等行业的发展,促进这些行业采用先进的管理技术和设备,加速了这些行

图1-7 东北亚贸易博览会现场

业专业技术人员的培养,而这种影响已远远超过了会展活动本身,它将涉及整个城市的社会、经济领域。当会展业在发展中遇到一些技术或其他方面的问题时,即通常所说的"瓶颈"问题时,如网上展览的举办、专业观众信息的获取等问题,这些问题的解决肯定是有利可图的,所以能够吸引发明家和企业家的眼球,对他们进行发明创造产生了一种刺激力,从而使新技术和新产品的问世。例如,现已由国家创新基金投资昆仑亿发科技股份有限公司,进行会展行业名片识别系统的研究;利用PDA(个人数据助理)技术实现门禁管理,精确地统计观众到达、参观及行为信息;可以保证展览现场通信畅通的集群式通信系统的开发等。这些问题的解决不仅会改善会展组织者提供给参展商和参展观众的服务质量和水准,从而推动城市会展业的发展,也可以推广运用到其他行业和部门,对其他行业的发展起到推动作用。会展业推动城市产业结构优化模式如图1-8所示。

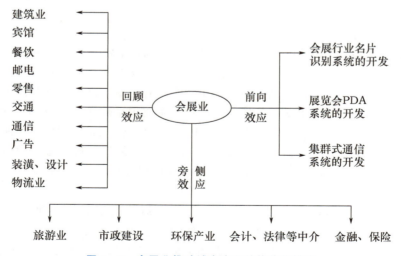

图1-8 会展业推动城市产业结构优化模式

知识链接

产业结构与产业结构优化

产业结构，是指各产业的构成及各产业之间的联系和比例关系。各产业部门的构成及相互之间的联系、比例关系不尽相同，对经济增长的贡献大小也不同。因此，把包括产业的构成、各产业之间的相互关系在内的结构特征概括为产业结构。

产业结构优化，是指推动产业结构合理化和产业结构高级化发展的过程，是实现产业结构与资源供给结构、技术结构、需求结构相适应的状态。

回顾效应，是指当一个产业处于高速增长阶段时，由于其技术经济联系的要求，会对后向关联的部门提出新的投入需求，而这些新的投入需求，将会促进后续关联部门技术、组织及制度等方面的创新与发展。

旁侧效应，是指主导部门的成长还会引起它周围地区在经济和社会方面的一系列变化，这些变化趋向于在更广泛的基础上推进工业化进程和产业结构升级。

前向效应，是指主导产业的发展激发了一种"刺激力"，即主导部门的成长诱导了新兴工业部门、新技术、新原料、新材料的出现，改善了自己提供给其他产业产品的质量。

（5）增加就业机会。

二十大报告指出，"就业是最基本的民生。强化就业优先政策，健全就业促进机制，促进高质量充分就业。"会展活动直接和间接涉及的行业众多，故可增加会展举办地的各种就业机会。据测算，每增加1 000平方米的展览面积，就可创造近百个就业机会；而每增加20位会议代表就可创造1个就业机会。当会展形成产业和一定规模的经济后，就能增加长期的就业机会，而由会展活动带来的其他相关产业的间接就业机会将会更多。图1-9为会展从业人员。

6

2. 会展的社会文化作用

二十大报告指出，"深化文明交流互鉴，推动中华文化更好走向世界。"

（1）提高举办地的知名度。

会展是展示会展举办地的形象和品牌的重要手段，常被称为"都市名片"。各种会展活动，尤其是品牌会展和大型国际节事活动能够向国内外的会展参与者宣传举办地的经济实力、科技水平，使会展参与者了解举办地发展状况，并亲身体验当地的社会风貌、文化特色和文明素质，从而提高当地的国际国内知名度和美誉度，扩大当地的政治、经济和文化影响，为会展举办地打造区域品牌和积累无形资产。

例如，北京成功举办奥运会。第29届夏季奥林匹克运动会于2008年8月8日晚上8时整，在中华人民共和国的首都北京举办。2008年北京奥运会不仅进一步扩大了中国与国际社会的交流与合作，也提升了中国国际地位和国际影响力，使北京乃至中国成为世界关注的焦点，很多国外企业把目光和项目投向北京、投向中国。

小 资 料

博 鳌 效 应

博鳌亚洲论坛每年定期在博鳌召开年会，海南小镇博鳌吸引了整个亚洲乃至全世界的眼球，博鳌的名字走向了全世界，良好的生态、人文、治安环境吸引了众多海内外会议组织者将会议安排在博鳌召开。

大型会议的召开，促进了周边地区基础设施，特别是交通、住宿等设施的改善和发展。博鳌亚洲论坛不仅改变了小镇的面貌，更改变了镇上人们的生活方式和生活观念，增加了大量的就业机会，加快了产业经济结构的调整。人们用"路变宽了，环境变美了，收入增加了，人更文明了"来概括这些年来的变化。

（资料来源：https://www.taodocs.com/p-226010945.html，2018.9.9）

国际上有许多以展览著称的城市，尤以德国为多，像汉诺威、杜塞尔多夫、莱比锡、慕尼黑等均是世界知名的会展之都，展览在为这些城市带来经济效益的同时，也大大提高了它们在国际上的知名度。法国首都巴黎，平均每年都要承办300多个国际大型会议，因此赢得了"国际会议之都"之称。法国戛纳是一个6万人的海边小镇，若干年前还默默无闻，因为戛纳电影节的举办，现在是世界著名的城市。我国的香港以其每年举办大型国际会议、展览而在国际上享有盛名。瑞士达沃斯（图1-10）因为每年举办世界经济年会，从昔日名不见经传的小镇，变成了世界著名的会议之都。

图1-10　闻名全球的瑞士达沃斯

（2）促进信息交流和先进科技知识的传播。

会展活动作为"触摸世界的窗口"，具有极强的信息交流功能。会展的集中性特点在带来巨大人流的同时，也带来了信息流，各类会展成了流畅的信息沟通渠道和积聚信息的载体。

从科技发展史来看，许多划时代的发明创造，如电话机、留声机、蒸汽火车、电视机等都是在展览会上首先进行展示和推广的。即使是在信息技术迅速发展的今天，会议和展览的便捷性、集中性、直观性和快速性，在新技术的推广方面仍起着不可替代的作用。

会展传播信息的功能具有以下三个显著特点：第一，会展信息传播的流向是多向的，且是互动的，传播者和接受者是直接互相交流的；第二，会展信息处理方式是组合式的，把不同信息用多种方式加以组合传播出去，从而可以加强传播效果；第三，会展能够对信息进行集中控制，其传播的信息比一般分散传播的信息更密集、信息量更大。

会展活动也是增进国家或地区之间相互了解与沟通的重要平台。会展业的不断发展已使会展活动日益成为国际上经济、社会、文化和先进科学技术交流和国际信息汇集与沟通的重要渠道，各类会展活动大大地推动了世界各国及地区间的交流。

（3）丰富文化生活，提高居民素质

一方面，大型会展活动的举行，如世博会、奥运会、世界杯、中国艺术节等，使人们开阔了眼界，增长了科学文化知识，丰富了精神文化生活，尤其是丰富多彩的节事活动可以给人们带来了精神上的愉悦。节事活动的广大参与者可以纯粹地进行放松和娱乐，精神得到极大的满足，从而更加热爱生活，并以饱满的热情投入到新的工作中，大大有利于其提高工作的效率和主动性。另一方面，会展举办地在筹备会展的过程中，一般要大力宣传文明新风，并在当地居民年中掀起学习与会展活动相关的知识的热潮，因而会展活动有利于提高举办城市居民的综合素质。图1-11为傣族泼水节。

图1-11　傣族泼水节

大型会展活动汇集了不同国家或地区的不同文化、不同观念的人们，会展举办地的居民在与来自各地的会展参与者接触的过程中，可以接受新鲜的知识和思想。因而会展活动还有利于提高举办地居民的综合素质。

3. 会展的环境作用

会展活动促进了会展举办地的基础设施建设，环境卫生的维护，从而改善了当地居民的生活环境。一个城市或地区要举办会展活动，都会积极进行综合性、全方位的城市和地区建设,这些举动的直接目的是创造争取会展举办权或成功举行会展的基础条件,但客观上改善了会展举办地的社会和自然环境。

> **小 资 料**
>
> **会展的环境作用**
>
> 1996年,在德国汉诺威举办的世博会。德国政府为此拨款70亿德国马克进行基础设施建设,大大改善了该市的基础设施环境。
>
> 1999年,在我国昆明举办的世界园艺博览会,218公顷的场馆群及相关投资总计超过216亿元,使昆明的城市建设至少加快了十年。
>
> 2006年杭州世界休闲博览会(简称休博会)及第八届中国杭州西湖博览会(简称西博会)的成功举办,促成了休博会主园区"一湖三园"的开发建设,即萧山湘湖旅游度假区、杭州世界休闲博览园、杭州世界休闲风情园和杭州东方文化园,为人们提供了又一休闲的好去处;同时,休博会和西博会的举办,推动了"十大休闲基地"等的建设;围绕举办休博会,杭州完成西湖综合保护工程、西溪湿地综合保护工程、运河(杭州段)综合整治与保护开发、背街小巷改善工程、市区道路交通整治等工程,建设了一批高质量的景观设施、交通设施、接待服务设施,推进城市管理的"美化、洁化、亮化、序化",城市面貌焕然一新。
>
> 为迎接2008年北京奥运会,2001~2007年度北京市投资2800亿元人民币,用于扩建机场、修建地铁、绿化道路等城市重点基础设施建设。通过举办奥运会,北京市的城市管理理念、管理机制不断创新完善,北京市民素质不断提高,城市的整体发展水平、影响力和软实力得到显著提升。
>
> 中国2010年上海世界博览会开幕前,上海高速公路通车里程已达到767公里,其中中心城区快速路达到145公里,中心城及黄浦江地区形成4座大桥和12条隧道的越江道路体系,整体路网容量较两年前增长了30%。上海13条地铁线路,总长度已达420公里,上海由此成为继纽约、伦敦之后世界上第三个地铁里程超过400公里的城市,而随着2010年3月投资总额高达115亿元的虹桥国际机场2号航站楼的正式启用,上海地区机场年旅客吞吐量一举超过7000万人次,使得上海一跃成为世界顶级航空枢纽。

1-4拓展视频

1.2 会 展 业

我国的会展产业已经成为一个独立的经济部门,在国民经济行业分类中归属商务服务业。

1.2.1 会展业的概念及特征

1. 会展业的概念

产业是指国民经济中生产同类产品或提供类似服务的经营单位的集合。一个独立产业的形成必须满足规模规定性、职业化规定性和社会功能规定性。

会展业是指利用各种会展资源,以会展场馆设施为条件,为社会提供会展活动策划、组织、场地及配套设施和其他各项服务的经营单位的集合。这些经营单位的业务范围包括会展的策划、咨询、组织、广告设计与制作、展台设计与搭建、现场服务、评估、场馆经营等。

1 会展概述

在国民经济行业分类中，会展业隶属于第三产业中的商务服务业。会展业与旅游业、房地产业并称为"三大无烟产业"。

会展产业链在整体效能发挥中将主体方和相关方整合在一起，并从产业链的上游、中游和下游三个方面，将会展的相关资源组合在一起。

（1）上游环节是指会展策划项目的开发者和会展品牌的拥有者。他们负责会展活动的策划、政府协调、客户招商、宣传推广、财务管理和质量控制等工作，具体展开来讲，即包括从会展活动的创意、整体策划、行业调查、市场分析、项目可行性研究到参加者及专业观众的确定、合作单位的甄选、会展名城的确定、立项报批、商标注册、会展品牌所有权确定等工作。这些工作内容是会展活动的开始和首要条件，也是会展产业链形成的启动阶段。

（2）中游环节是指会展项目的具体运作、组织和实施者。其核心工作就是提供场地、组织接待、现场管理、展务协调、提供相关设施设备与服务、组织各种配套活动等内容。他们按照主办方的要求将会展活动方案落在实处，具体执行会展设计的要求，处于会展产业链运行的实施阶段。

（3）下游环节是指会展活动的支持部门。包括直接或间接为会展组织者、目的地管理公司、参展商和观众提供服务的部门，如展台装修、展品运输、物品租赁、同声传译、贸易中介、保险、保安、海关、消防、防疫、商务旅游、公关礼宾、媒体广告、印务票务、信息数据、法律咨询等机构。这些支持部门为会展业提供了技术、人才、资金和信息的支持。

从产业链的运行来看，下游环节属于会展活动的实施阶段，只是从会展业的角度来看，下游环节处于从属地位而非会展业的主体，而且其任务的完成也并不意味着产业链的终结，因为要使会展活动得以持续进行和发展，还必须对每一次的会展活动进行评估，发现问题，总结经验，使会展产业链在不断的运作过程中完善起来。

会展产业链的上游、中游、下游三个环节和对会展活动结果的评估构成了会展业的主要活动内容，展示了会展从启动阶段的策划、宣传，实施阶段的计划、组织、协调，到控制阶段的评估与反馈的主要流程。

在会展产业链中，专业会展组织者是会展产业链的核心；作为目的地管理公司主要代表的场馆，是会展活动展开的平台；产业链内的会展企业和相关支持企业围绕场馆在一定区域内相互邻近，方便了参加者和普通观众的出行，增强了企业的外溢效应，降低了信息的搜寻成本和传递成本，推动会展经济的不断壮大。

2. 会展业的特征

（1）"窗口"产业，产业发展需要政府和市场的合力推动。大型会展是宣传和展示城市形象的窗口，被誉为"城市的金名片"。有没有现代化大型展馆，如今已经成为衡量一个城市现代化水平的标志之一。

（2）"火车头"产业，对经济拉动作用明显。会展业具有很强的产业关联性，据专家测算，国际上会展业的产业带动系数约为1∶9，即展览场馆的收入如果是1，相关的社会收入为9。

（3）学习型产业，经过会展活动交流所获取的信息通常具有预示性。会展活动将行业内的最新技术、最新工艺、最新产品集中在一起，为人们提供了一种现场观摩学习的机会。

（4）综合型产业，产业发展受多方面因素的制约。会展活动是一种综合性的技术经济文化活动，其产业发展受到地理区位、经济发展水平、政府的重视程度、相关行业背景、城市基础设施、城市风格、从业人员素质、交通条件等方面因素的制约。

（5）"螺旋式上升型"产业，生产活动具有明显的周期性和积累性。如果展会不能连续举办，就不能产生经济效益。对品牌会展而言，每经历一次精心策划的会展活动，办展水平就经历一次考验和提高，随着举办届数的增加，举办者在实际工作中会积累越来越丰富的经验和客户关系，运作方式越来越成熟，会展规模随之不断扩大，会展服务水平也越来越高。

（6）创意型产业，拥有相关专家和人才是产业发展的关键。一个展会的主体立意和运作方式对客户的吸引力是会展成功的关键。举办会展又是一项极其繁杂、琐碎的工作，时时处处都需要细微周到的服务。

1.2.2 会展业的构成

会展活动涉及的行业、部门众多，既有国民经济的各个产业部门，又有非产业部门。具体地说，会展业由直接会展企业、间接会展企业和会展组织构成。

1. 直接会展企业

直接会展企业是直接参与会展活动，提供会展活动所需服务与产品的企业。

（1）专业举办会展活动的企业。会展专业举办企业即以经营会展业务为盈利手段的单位，如会展公司、行业协会的组展公司等。

1-5拓展视频

德国法兰克福展览有限公司

法兰克福展览有限公司（Messe Frankfurt Exhibition GmbH）总部设于德国法兰克福市，是全球最大规模的展览会主办单位。集团目前在全球设有28家子公司、5个办事处、52个国际销售伙伴，业务覆盖150多个国家及地区，聘用超过1 700多名员工。

法兰克福展览有限公司是一家公营机构，由法兰克福市政府和黑森州政府分别控股60%和40%，在法兰克福市拥有自己的展览场地，占地面积达578 000平方米，共有10个展馆和1个会议中心。

目前，法兰克福展览有限公司每年在全球30多个城市举办超过100个展览会，其中一半以上在德国以外地区。

（资料来源：http://baike.so.com/doc/5984597-6197563.html，2021.4.1）

（2）会展场馆经营企业。会展场馆在会展业的发展中扮演着举足轻重的角色。会展场馆可以决定举办哪些展览及什么时间办展，其运营模式甚至可以决定城市会展行业的整体发展。

目前我国会展场馆经营方式比较复杂。由于会展场馆投资较大，多数是由政府财政拨款修建，其管理模式是当前"会展办"讨论的热门话题。

（3）会展设计与搭建工程及会展服务公司。许多从事会展设计与搭建及会展服务的企业，拥有自己的制作工厂，专业从事展览展示、展览工程、展台设计、展台制作搭建安装、展柜制作等，并提供展览设备租赁等。

小资料

国家会议中心

气势宏伟的国家会议中心位于北京奥林匹克公园中心区，紧邻鸟巢、水立方和国家体育馆，总用地面积约 12.22 公顷，总建筑面积约为 53 万平方米。其中会议、展览面积 27 万平方米，主体建筑地下 2 层，地上 8 层，高 42 米，长 398 米，宽 148 米，是整个奥运建筑项目中单体建筑面积最大的；配套设施建筑面积约 26 万平方米，包括 2 座酒店、2 栋写字楼、商业等建筑。

国家会议中心在 2008 北京奥运会和残奥会期间为国际广播中心（IBC）、主新闻中心（MPC）、击剑馆及媒体酒店所在地。IBC、MPC 为 120 家电台、电视台的 12 000 名转播商及 6 512 名注册文字记者和摄影记者提供服务；击剑馆先后为击剑、轮椅击剑等项目的比赛提供场地，国家会议中心大酒店在奥运会、残奥会期间共接待了 87 家境内、外媒体的 1 008 名注册媒体记者及奥委会代表。

奥运会后，国家会议中心进行了局部改造。已于 2009 年底盛大开幕。作为中国最大、最新、地理位置优越、周边配套完善的会议中心，国家会议中心致力成为具有世界一流水平，能够满足大型会议、展览、多种公共活动和酒店客房需要的大型会展中心。

国家会议中心地处京城北四环，亚奥商圈的核心，距首都机场 26 公里，驱车仅需 30 分钟，交通极其便利。由国家会议中心到天安门、颐和园、长城、十三陵观光游览或东三环商务区、北京站、中关村也非常快捷。连接市中心、火车站和机场的地铁 8 号线在国家会议中心设有车站，更有多条公交线路经过国家会议中心。

（资料来源：http://www.cncchina.com/About/About.aspx，2021.6.9）

2. 间接会展企业

间接会展企业指会展活动涉及的企业，如交通运输、消防、保险、保安、酒店、网站、设计装潢、广告、礼仪、表演、模特等。另外，海关、税务、工商等政府部门虽非企业，却是与会展业密切相关的部门。

小资料

中远物流公司

中远物流全称为中国远洋物流有限公司。是由中国远洋运输集团、中远太平洋有限公司（恒生指数成分股，HK1199）合资组建的规模和实力居市场领先地位的现代物流企业，是我国最大的中外合资第三方物流企业。

中远物流在家电和电子物流、航空物流、会展物流、电力物流、供应链管理、海运空运货代等业务领域为国内外客户提供全程物流解决方案。展品物流在完成"中华文化美国行""德国亚太文化周""北京国际工程机械暨技术设备展览会"等多项具有经济和社会效应的展品物流项目的基础上，中远物流已初步形成以北京、上海和广州为中心的跨国展运物流服务核心经营体系。

（资料来源：https://baike.so.com/doc/5872872-6085735.html，2021.9.4）

3. 会展组织

会展组织主要指会展协会组织、会展研究机构及会展教育培训机构。

小 资 料

长春市会展业协会

长春市会展业协会是经长春市社团管理机构批准，于2000年3月正式成立，由中国国际贸易促进委员会长春市分会（长春市会展管理办公室）领导的全市唯一会展行业社团组织，是全国工业品贸易中心联合会、中国会展经济研究会、中国商业联合会会展联盟会员单位和商业联合会会展联盟的副主席单位。其有以下主要工作职能。

(1) 协调政府主管部门制定会展业中长期发展规划和年度计划。
(2) 制定和实施行业规范，维护会展业市场秩序。
(3) 加强政策研究，优化会展业市场秩序。
(4) 协助有关部门做好会展业的统计和展会评估，培植会展品牌。
(5) 培育市场主体，组织开展人员业务技术培训。
(6) 搞好会展资源开发，积极创办和引进新的会展项目。
(7) 开展会展行业内业务、信息与学术交流，加强对外合作。
(8) 组织开展业内特别是会员单位之间的联谊活动，努力为会员及企业提供各种行业服务。
(9) 参与重点展会项目的策划、筹备、组织和协调实施。

1.2.3 影响会展业发展的要素

成功发展会展业的城市有很多，将这些会展城市进行对比分析，会发现有多种因素影响会展业的发展。通过归纳总结全球会展业发展的经验和具体案例，可以将这些要素划分为两类：基本要素和增值要素。基本要素指会展业发展必不可少的要素，增值要素指有利于会展业加速发展或提升地区会展业发展潜力的要素。对某一城市或地区而言，基本要素是发展会展业的必备条件，如果不具备这些基本要素，该城市或地区会展业发展成功的可能性极小。然而，具备了基本要素只是说明具备了展览展示的基本功能，并不意味着会展业就必然能成功，如何形成自身独特优势，具备持续发展的能力才是会展业成功的关键，而这些优势和能力就是促进会展业发展的增值要素。影响会展业发展的要素如表1-1所示。

表1-1 影响会展业发展的要素

要素类型	名　称	具体含义
基本要素	基础设施	展馆、会议设施、交通、水电气设施等
	配套产业	商贸、餐饮、住宿、物流等配套产业
	办展人员	举办会展必需的布展、策划、服务和管理人员
	会展企业	筹划、组织或筹办会展活动的企业

续表

要素类型	名称	具体含义
增值要素	扶持政策	政府给予的免税、减税、补贴等经济扶持,以及公共安全、货物通关、工商管理等服务支持
	产业基础	本地及周边区域是否有与会展展品相关的支柱产业
	城市资源	对当地独特的环境、文化或旅游资源进行市场化运作或开发,使其在会展活动之外,能够持续吸引世界各地的会展组织者和参与者前往该区域
	综合配套	城市或展馆设施是否具有良好的交通、通关、金融、保险、邮电等综合配套服务
	品牌展会	是否正在培育或已经拥有国际知名的品牌展览会
	运作经验	以市场化的运作方式,利用国际化的办展经验为参展和观展者提供无微不至的贴心服务,并结合当地实际情况开发新的会展产品
	持续发展能力	以上各类增值要素是持续的,能够为会展业提供持续的支撑,促进展会实现对组展商、参展商和消费者的持续吸引的目标

1.3 会展经济

各种展会和大型活动的举办,往往需要运输、广告、公关、劳务、保险、安全保卫、旅行、餐饮、宾馆、银行、邮政、电信等部门为其服务,这些因举办会展活动而增加的相关服务收益的总和,构成了"会展经济"。

1.3.1 会展经济的概念

会展经济是某一特定地区通过举办大规模、多层次、多种类的会展活动,为本地区带来直接或间接经济效益和社会效益的一种经济现象和经济行为,是一种综合的经济效应。例如,会展活动自身带来的经济现象,由会展活动衍生出来的经济现象(酒店、餐饮等),因展会而促成的经贸交易活动,为促进会展业的发展而引发的经济活动(展馆建设等)。

从经济学角度看,会展经济最大的作用是降低交易成本,采购方与展销方都能在展会中获得利润的最大化。会展经济被认为是高收入、高盈利的行业,其利润率为20%～25%。

 相关链接

互联网+时代,展览会能发挥什么作用?

1-7拓展视频

互联网+时代,人们能在网络上通过各种渠道推广自己的企业销售自己的产品,粉丝经济、大数据驱动、新媒体运营等新兴营销手段层出不穷。乍看之下,展会作为传统的企业营销手段会被网络时代所抛弃,实则不然,展会作为企业与客户面对面交流的平

台、企业出国考察开拓国际市场的重要手段，不仅没有衰落，反而更受企业的欢迎，尤其是拥有知名品牌和优质产品的企业。那么，在互联网迅速发展的今天，展览会到底能发挥什么作用呢？

第一，展览会能强化买卖双方信任感。互联网时代虽然极大简化了买卖双方的交易条件，买卖双方可以不受时间空间限制自由贸易。但是当涉及大宗商品、贵重商品交易的时候，信任感会成为影响成交的重要因素。此时我们则需要一个真实的能够面对面交流的平台，于是展览会自然就成了我们最佳的选择。通过展览会，买卖双方能够真切感受对方的产品与服务、企业公司文化，能观察到对方的个人谈吐精神样貌等细节，这些都是会影响成交的因素。在经过面对面的洽谈之后，双方的信任感能够大大增加，人与人之间最重要的是信任，信任能降低交易成本，极大提高交易的效率，还能为日后的深度合作提供良好的土壤。

第二，展览会能更精准定位开拓市场。如今，展览会朝着细分化专业化方向飞速发展，组展公司会邀请行业中最具有实力的采购商、专业的从业者、高质量的观众等参与展会，由此营造了专业的交易氛围，通过这种专业的展会，客户市场变得更加精准且具有质量，因此也大大提高了交易双方的效率，减少了买卖双方互相试探、猜疑的时间。值得一提的是，展览会在精准定位这一方面的作用是网络营销渠道很难超越的，在网络上买卖双方交易沟通时，由于相关机制还不成熟，双方的信息无法公开透明，面对海量的客户信息，我们需要花费大量时间精力去筛选最符合我们要求的客户，对方究竟是供应商还是采购商，对方的产品或服务质量到底如何，对方到底能不能符合你的要求等。由此看出，比起网络交易，展会更能够为每一位参与者创造真正快捷和经济地拓展市场的方式，同时也创造了最具价值的商业关系。

第三，展览会能够加速新品推广。展览会能够把产品和服务真实信息更快速精准地传播给行业客户群，展品是参展企业给买方留下印象最重要的因素。因为在展会现场，通过布展，可以让买方真实地看到卖方的产品，无论是产品实物，还是图片资料、道具模型，再辅以装饰、照明、视觉设备等技术手段，可以多角度全面展示产品，给买方留下最为直观、最为深刻的印象，从而也可以简单地了解到卖方的技术水平、生产能力和行业特点等。作为卖方，也显示出企业自身的独到之处，能够同其他企业产品区分开来，为产品和服务占领市场打下良好的基础。无论是想利用展览来提高市场认知度，还是想拓展新市场渠道，还是想针对企业开发的新产品来试探市场的反映度，通过展会的平台，我们都能快速传递并迅速得到反馈和改进信息。特别是一些对新产品研究和开发速度关注的行业，这点展会就占了先机，它具有超强的市场穿透力。

第四，展览会提供平等的交流机会。卖家在网络上寻找客户的时候，虽然通过各种方式确认了自己的潜在客户，但是无论是发邮件、微信文章推送、还是电话联系等，都犹如石沉大海，销售人员经常为此苦恼不已，买卖双方的交流严重不平等，信息严重不对称。但展览会就不会有这样令人烦恼的现象，展会场上的买家会更愿意主动地联系卖家，这种交易双方的参与感和平等的交流权是网络暂时无法比拟的。

综上所述，展览会在互联网时代因其自身固有的魅力依然绽放着迷人的光彩，而且展览会未来一定会向着更加专业的道路发展，越来越多的从业者会通过参与展会获得最新的行业信息与趋势。

（资料来源：http://www.expowwy.com/nd.jsp?id=57，2021.9.8）

1.3.2 我国五大会展经济带

自改革开放以来，我国会展业在各城市发展迅速，目前发展最快、规模最大的三个城市是北京、上海、广州。同时，形成了"环渤海、长三角、珠三角、东北、中西部"五个会展经济产业带。

1. 环渤海会展经济带

以北京为中心，以天津、廊坊等城市为重点，其会展业发展早、规模大、数量多、专

1 会展概述

业化、国际化程度高，门类齐全，知名品牌展会集中。

2. 长三角会展经济带

以上海为中心，以南京、杭州、宁波、苏州等城市为依托的会展产业带已经形成。该产业带起点高，政府支持力度大，规划布局合理，贸易色彩浓厚，受区位优势、产业结构影响大，发展潜力巨大。

3. 珠三角会展经济带

以广州、香港为中心，以广交会为助推器，以深圳、珠海、厦门、东莞等会展城市群，形成了国际化和现代化程度高，会展产业结构特色突出，会展地域及产业分布密集的会展经济带。

4. 东北会展经济带

以大连为中心，以沈阳、长春等城市为重点的会展经济带，依托东北工业基地的产业优势及东北亚的区位优势，形成了长春的国际汽车博览、沈阳的中国国际装备制造业博览会等品牌展会。

5. 中西部会展经济带

以成都为中心，以重庆、西安等城市为重点的会展经济带，通过不断发展，现已形成了成都的中国西部国际博览会、重庆的中国重庆高新技术交易会暨中国国际军民两用技术博览会、西安的中国东西部合作与投资贸易洽谈会等品牌展会。

 资料库

会展学的学科性质

会展学是综合社会科学、技术科学、自然科学的一门交叉学科，既是理论科学，又是应用学科，是一门边缘科学。

1. 综合性交叉学科

会展学涉及信息学、管理学、经济学、旅游学、建筑学、运输学、广告学、艺术学、环境科学、安全科学、传播学、社会学、文化学、人类学、政治学、公共关系学、心理学等众多学科，会展学是这些学科交叉渗透的结果。

会展学是一门包括众多分支学科的综合性学科体系。各门分支学科在产生时间、表现形态、研究对象、研究内容和研究方法方面各有差异，它们彼此之间并非孤立无内在联系的离散物，而是相互关联作用形成一个有机的学科群体，这个学科群体有着各母体单一学科所没有的整体功能。各母体单一学科的知识环境和会展实践的社会环境不断作用于会展学，使会展学科理论体系内容日趋丰富完善。综合并不是将各学科与会展有关的方面所发表的各种零碎的、片段的、片面的、有限的看法拼凑在一起，这种"大杂烩"拼盘绝非一门科学，而是将构成会展学的内部各分支、各部分、各要素有机地结合起来，把客体因素和主体因素有机地结合起来。

2. 理论学科与应用学科

会展学来源于人类的会展实践活动，是人类会展实践经验的概括和总结。会展学研究主要解决人类社会会展实践活动中带有普遍性的问题，既包括基础研究，也包括应用研究。会展学是一门基础性理论学科，对会展性质、规律进行纯理论研究，认识本质，探索规律；会展学更是一门实践性应用学科，对会展的招展布展、经营服务等诸多实际问题进行研究，解决会展实际工作中提出的具体技术问题，具有

21

可操作性。

联合国教科文组织把学科群划分为五类：① 自然科学；② 工程技术；③ 医药科学；④ 农业科学；⑤ 社会科学和人文科学。据此，会展学总体上属于社会科学，又涉及工程技术科学（管理学、建筑工程），也含有自然科学因素（如涉及自然环境、信息技术），它是介乎社会科学、工程技术科学和自然科学三者之间的边缘科学。

3. 会展学的学科体系

对会展学科体系构成的研究具有重要的科学意义。会展学是多元即多学科文化融合，在高度分化基础上的高度综合，形成多个知识层次的综合性学科体系。

会展学学科体系由会展基础学科、会展应用学科、会展专题学科三部分组成。

（1）会展基础学科。

会展基础学科研究会展的基本理论和方法，以会展活动全过程的普遍性规律作为自己的研究对象，包括会展的本质与职能、会展的内容与目标、会展管理的原则与方法、会展史等基础内容。具体学科如会展学原理（会展学概论）、会展史学、会展社会学、会展文化学等。

（2）会展应用学科。

会展应用学科研究会展运作理论和方式。包括：会展管理学（会展营销管理、会展服务承包商管理、会展项目管理、会展后勤管理、会展场馆管理、会展风险管理、会展融资管理、会展预算管理、会展人力资源管理）、展示设计学、会展经济学、会展旅游学、会展信息学、会展策划学（展览策划、大型会议策划、体育运动会策划、大型文艺晚会策划）、会展心理学、会展传播、会展广告、会展政策法规、会展物流、会展统计、会展外语、会展文秘、会展建筑（会展场馆建设规划、建筑设计）、会展安全、会展环境、会展美学等。

（3）会展专题学科。

会展专题学科是对特殊会展问题或特殊行业会展活动作专门研究，如网上会展研究、庆典礼仪管理、体育运动会管理、文艺晚会管理、大型群众集会管理、节日聚会研究等。

许多学科参与对会展活动和会展业的研究，已经成为当前会展科学研究的必然趋势。这不仅体现在会展学使用了一些其他学科的概念和术语，更重要的是出现了一大批新的边缘学科。例如，会展经济学、会展心理学、会展管理学、会展美学等。会展学与众多关系密切的"姊妹学科"，在研究内容上互相交叉，互相渗透。会展学必须大量吸收姊妹学科的研究成果，不断完善和发展自己。会展学科研究的多元性、专门性和相互包容性，意味着将来许多新的分支学科还将不断产生于会展科学体系之中。

（资料来源：https://www.sjfzxm.com/news/zhanhui/20120609/296534.html，2021.5.6）

 **会展微电影**

国内首部会展人微电影——《约会椰城》

2018年7月28日下午，由海口市会展局出品，重庆巴地文化传播有限公司承制，并由海口市会展局局长蔡俏担任总策划的国内首部会展人微电影《约会椰城》上线发布会在海口万豪酒店举行。影片由海口市会展局出品，讲述了一名海口的会展女孩用真诚和专业的服务打动国内外客户的职场励志故事，填补了国内会展题材影视的空白。

改革开放四十年来，会展业在主场外交、产业发展、区域发展中扮演着举足轻重的作用。但会展人可能在很多公众脑海中还是比较模糊的印象。因为会展人做的多是幕后工作，从策划到执行，从设计到搭建，在每一场展会现场都有他们忙碌的身影。现在，在这个"全民造星"的时代，会展人也不再满足仅仅"居于幕后"，他们要为自己打 call，为行业宣传。

（资料来源：http://www.hinews.cn/news/system/2018/07/28/031486089.shtml，2021.9.7）

1 会展概述

综合案例

案例1　　　　　会展业对产业链带动的量化分析

会展业对相关产业的带动作用巨大，我们不妨以展览会一个标准摊位为例，做一个简单的静态量化分析。

目前杭州展览公司一个标准摊位（国际展和国内展平均）对外报价在4000元左右，其所带来的外地客商约为9人（展商3人、参观商6人），平均每人在杭停留时间约为3天（展商6天、参观商1.5天）。

(1) 住店消费：150元/人·天×（9人×3天）＝4050元。

(2) 餐饮消费（包括客户宴请）：100元/人·天×（9人×3天）＝2700元。

(3) 交通消费：（市内交通50元/人·天×（9人×3天））＋（返程交通800元/人×9人）＝8550元。

(4) 购物礼品消费：100元/人·天×（9人×3天）＝2700元。

(5) 游览消费：30元/人·天×（9人×3天）＝810元。

(6) 文化娱乐消费：60元/人·天×（9人×3天）＝1620元。

(7) 医疗保健消费：15元/人·天×（9人×3天）＝405元。

(8) 其他服务消费（洗衣、理发、美容、照相、修理等）：15元/人·天×（9人×3天）＝405元。

(9) 一个标准摊位平均物流费用：运输300元、仓储100元、保险100元、邮政50元、展位特装修500元、展览器材100元，总计1150元。

(10) 展商与参观商银行费用：100元。

(11) 展商与参观商信息费用：广告500元、咨询200元、书报出版物100元、通信600元，总计1400元。

以上客流、物流、资金流、信息流为产业链带来的总收入为23840元，会展业收入与相关产业收入比例约为1∶6。会展业对相关产业的带动作用可见一斑。

案例2　　　　　走进世界会展之都——汉诺威

1-8拓展视频

汉诺威是德国下萨克森州的首府，北德重要的经济文化中心，被誉为"世界会展之都"，拥有世界上最大的展览场馆——汉诺威展览中心，会展业每年仅展览创利就为汉诺威市带来超过数百亿美元的收入。

汉诺威展览中心占地面积100万平方米，室内展场建筑面积达495265平方米，室外展场面积57880平方米，是目前世界上现代化程度最高、规模最大的国际会展中心。汉诺威展览中心强大的原动力首先来自于政府的高度重视和支持；在产业定位上，汉诺威市政府把会展业作为城市的主题和特色，以"博览会城"作为汉诺威的城市特色，以"创意，绿色，文化"作为汉诺威的城市精神。每年各种各样的展会，极大地促进了汉诺威的经济发展和城市建设，汉诺威人民也受益于展会所带来的就业机会，整个城市有三分之二的市民直接或间接服务于展会经济。

汉诺威展览中心每个场馆都可以根据需要进行灵活间隔，中间有玻璃走廊和自动电梯通道连接，场馆内设有许多休闲场所；展览中心的停车场可停放5万辆汽车，场内还有一个直升机场。汉诺威地区还拥有丰富多样的酒店群，其酒店风格和规模多样化，参展商和游客可以根据自身需求，选择性价比最合适的酒店。

汉诺威地区有非常完善的公共服务，该地区在欧洲的交通网中占据枢纽位置，贯穿本地的A2和A7号高速公路是欧洲中部最重要的公路干线。汉诺威机场拥有100条以上的直航航线，而德国最长的人工河道中部运河则联系起汉诺威与欧洲大陆上最重要的海港及内河港口。汉诺威还拥有四个港口，是北德最大的内陆港。

除了发达的海陆空交通系统，汉诺威的城市公共交通网络也是德国公共交通的典范，10条城郊线和6条快速城郊线把汉诺威的郊县与市区很好地连接起来，市内交通更是由14条轨道交通（地铁）线以及超过100条的公共汽车线路组成；地铁是这里的主要公共交通工具，它延伸到城市的每个角落。汉诺威展览中心周边交通设施先进便利，拥有专用火车、电车和四通八达的通行道路，连接机场、中心火车站，客商可直接到达展览场地。同时，高效的物流网络也是汉诺威会展活动最重要的基础保障之一；汉诺威地区是德国最具活力的物流中心之一。

在会展管理方面，德国展览行业也建立起完善的管理机制，设有国家级展览管理机构——德国经济展览和博览会委员会（AUMA），代表参展商、参观者和展览会组织者三方利益，具有很强的协调、监督和管理作用，其职责具有唯一性、全国性和权威性的特点，汉诺威的展览行业接受AUMA的统一管理。为了维持展览会市场的良性竞争，AUMA对展览会的类别、展期、展会地点等方面都进行了协调，从而保证了参展商、参观者和展览会组织者的良好合作。AUMA同时还是政府和展览业之间沟通的桥梁，为德国政府赞助本国企业参展提供各种有效建议和非常重要的参考作用。

（资料来源：http://www.hzchs.org/show.asp? id＝4650，2021.9.6）

习题与训练

理论自测题

一、名词解释

1. 会展
2. 会展业
3. 会展经济
4. 直接会展企业
5. 间接会展企业
6. 会展组织

二、填空题

1. 展览业属于第_____产业中的_____业。
2. 会展是指在一定地域_____，由_____人聚集在一起形成的_____和_____交流活动。
3. 会展活动包括_____、_____、_____和_____。
4. 目前我国会展业发展最快、规模最大的3个城市是_____、_____和_____。
5. _____是会展的灵魂。
6. 会展活动作为触摸世界的_____，具有极强的_____功能。
7. 会展深刻地影响当今人类社会发展的各个方面，作为经济的_____、文化的_____和环境的_____，发挥着不可替代的作用。
8. 会展活动涉及的行业、部门众多，既有国民经济的_____，又有_____。
9. 导致会展代表消费水平高的因素有_____、_____、_____和_____等。

1 会展概述

三、多项选择题

1. 导致会展代表消费水平高的因素有（　　）。
   A. 会展代表身份高、收入高、消费档次高
   B. 拉动相关产业发展
   C. 会展代表价格敏感度低
   D. 会展代表逗留时间长
   E. 会展代表消费范围广

2. 直接会展企业包括（　　）。
   A. 举办会展活动的专业公司
   B. 会展场馆经营企业
   C. 会展设计与搭建工程及会展服务公司
   D. 物流公司
   E. 酒店

3. 下列属于会展经济作用的是（　　）。
   A. 拉动相关产业发展
   B. 促进信息交流和先进科技知识的传播
   C. 改善会展举办地的社会和自然环境
   D. 提高会展举办地的知名度和美誉度
   E. 产生巨大的直接经济效益

4. 会展集中性特点带来的积极影响有（　　）。
   A. 使资源利用率提高，由此产生成本的节约、收入或效用的增加
   B. 使展商产生竞争
   C. 使会展活动成为反映各行各业最新发展动态的"镜子"
   D. 使会展活动和会展场所规模化
   E. 使会展活动举办地社会秩序更加稳定

5. （　　）对会展的兴起和发展具有重大作用。
   A. 经济增长　　　B. 环境改善　　　C. 科技进步
   D. 思想解放　　　E. 政治稳定

四、论述题

1. 通过分析会展活动实例，说说你对会展含义的理解。
2. 解释会展的集中性特点，并说明会展集中性带来的积极影响。
3. 分析会展活动能够产生显著经济效益的原因。
4. 分析会展活动更可能在会展举办地的旅游淡季举行的主要原因。

实务自测题

1. 搜集和分析省（国）内品牌展会的相关信息。
2. 请说出至少3家我国大型会展公司。
3. 请说出至少3个国内最有知名度的展览或会议。

4. 请说出至少 3 家会展媒体。
5. 请说出本地区的主要会展场馆，介绍并比较各场馆的情况。
6. 请说出本地区与会展有关的政府部门、行业组织及教育机构。
7. 以一个你所熟悉的展会为例，分析该展会对举办地有哪些影响。
8. 搜集一些数据，说明 2008 年北京奥运会对北京城市建设与发展有哪些积极意义。

小论文

1. 我眼中的会展/我说会展。
2. 会展在城市发展中的作用。

中外会展发展历史和现状

学习任务

- 了解会展的起源和展览的基本原理。

知识要点

- 会展的起源。
- 中外会展发展过程。
- 世界会展发展格局。
- 会展业发展趋势。

知识结构图

本章主要知识结构图如图 2-1 所示。

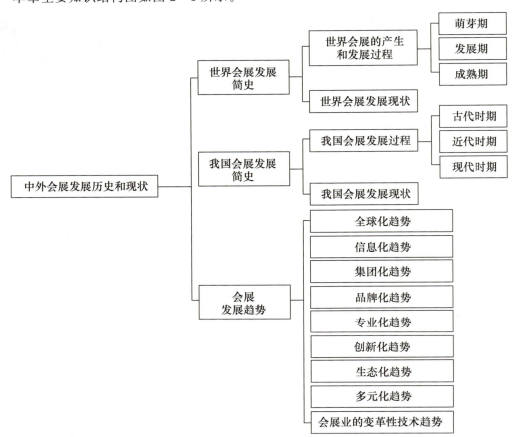

图 2-1 "中外会展发展历史和现状"知识结构图

开章案例

1992 年塞维利亚世博会 阿拉米罗大桥成经典

西班牙 1992 年在塞维利亚举办了一届综合性世界博览会，110 余个国家和地区、23 个国际组织和西班牙 17 个自治区参展。历时 176 天的展期，观众达 4100 多万人次。

塞维利亚世博会期间，塞维利亚市通过举办文艺演出、学术报告和科学研讨会等多种形式活动，吸引了大量国际知名人士参与。全球 60 个电视频道转播了开幕式盛况，8500 家新闻媒体的 2.4 万名记者前往报道，发表有关文章 4 万多篇，其宣传效益如折合成广告费用高达数亿欧元。这次全球性的盛会，有效提升了西班牙的国际形象和声誉。

举办世博会成为塞维利亚乃发展的一个契机，积极推动了当地经济社会发展与基础设施建设。为迎接世博会，西班牙建造了一条从首都马德里通往塞维利亚的高速铁路，扩建了塞维利亚机场，并建造了连通周边省份的高速公路，使西班牙南部地区的交通彻底改善，大大促进了旅游业的发展。

没有 1992 年塞维利亚世博会，就不会有现在被誉为经典的阿拉米罗大桥（图 2-2）。阿拉米罗桥是世界著名的无背索斜拉桥,与巴黎埃菲尔铁塔、布鲁塞尔原子球、大阪太阳塔等并列,被誉为世博会历史上经典建筑之一。该桥桥身全长 200 米,由一个 142 米高、倾斜约 58 度的斜拉梁所承载,该梁用 13 对钢链拉住桥身。整座大桥犹如一只昂首的天鹅或一架巨大的白色竖琴,典雅美观,散发着高雅的神韵。西班牙著名建筑师圣地亚哥·卡拉特拉瓦的大胆设计,被奉为结构和艺术的经典结合。自从塞维利亚世博会后,阿拉米罗桥成为了塞维利亚的现代城市标志。

图 2-2　西班牙阿拉米罗大桥

(资料来源:https://2010.qq.com/a/20100303/000061.htm,,2021.9.6)

引例说明:举办世博会,给举办国创造巨大的经济效益和社会效益,宣传和扩大了举办国家的知名度和声誉,促进了社会繁荣和进步。

课前热身

1. 说出你所在城市及世界性重要会展活动。
2. 你认为世界会展活动起源于哪个国家和地区?

2.1　世界会展发展简史

会展活动的产生与发展具有深刻的社会经济背景,并始终伴随着人类社会经济的发展而发展。会展既是人类社会发展到一定历史阶段的产物,又不断促进着人类社会向前发展,无论在哪个历史阶段,它都以不同形式表现出持续发展的生命力。目前,会展活动在全球范围内蓬勃发展,且已经形成以欧美为主导的全方位、多元化和高增长的发展格局。会展业和会展经济逐渐成熟、壮大,在世界经济中占据十分重要的地位,并保持着持续高速发展的趋势。

2.1.1　世界会展的产生和发展过程

纵观会展的产生和发展过程,我们可以将会展的发展过程分为萌芽期、发展期和成熟期三个阶段,无论在哪个阶段,展览的原理基本没变,但展览的形式在不断更新。

1. 萌芽期(原始社会末期至 1640 年)

原始社会末期,随着社会生产力的发展,出现了剩余产品和社会分工,为人类集体性的物质文化交流提供了可能。人们使用以物易物的方式,换得自己所需要的物资。这种原始的、偶然的物物交换，其形式包含了展览的基本原理：通过展示来达到交换的目的。因此，物物交换也是展览活动的起源。人类早期的原始集市活动，宗教、祭祀活动（图2-3），国家间的政治会盟，以及进贡与分封活动等都是会展活动的萌芽。

图2-3 半坡人祭祀遗迹

随着生产力的不断发展，物物交换逐渐发展成为集市。人们在一定的地区内，自发地将剩余的物品拿到集市，进行最原始的商品陈列和交换。所以说，集市是展览会的雏形。集市初级阶段的主要功能是物品的现场交易，人们参加集市的主要目的是为了满足生产活动和生活需要而进行物物交换。后来，集市规模不断扩大，交易物品的种类和参加人员越来越多，集市上的人文气息越来越浓，人们就把规模较大的定期集市称为展览会。

集市是展览会的雏形。从历史角度看，欧洲的集市具有十分悠久的历史，是现代展览业的源头。欧洲集市源于希腊，希腊最初的集市是交换买卖奴隶的集市。到了古奥林匹克时期，希腊有了常规的集市，与奥林匹克运动会同时举行。古罗马时期，出现了每周举行一次的集市贸易。图2-4为古罗马集市遗址。

图2-4 古罗马集市遗址

到中世纪，作为展览会前身的贸易集市已经盛行于一些人口集中、商业较为发达的欧洲城市了。欧洲公认的最早的国际性集市，是公元629年法国巴黎近郊圣丹尼斯举办的交易会。11世纪后，欧洲集市进入鼎盛时期。此时欧洲集市的规模较大，举办时间较长，功能齐全，具有零售、批发、国际贸易、文化娱乐等功能。在12～13世纪时，法国北部的香槟集市是最著名的国际性集市，许多现代闻名的欧洲大型综合性博览会都源于这一时期。德国莱比锡博览会号称最古老的博览会，始于1165年，1894年由传统的集市转变为样品博览会，1918年发展成为工业技术博览会。

14世纪以后，批发商的兴起和工业的迅速发展改变了传统集市的经营方式，集市渐渐地演变为样品博览会和展览会。

16世纪"地理大发现"时代的来临，使各大洲的经济和文化交流迅速密切起来，随着欧洲国家的殖民扩张和全球性贸易活动的发展，欧洲早期的会展活动也扩展到世界其他地区。

2. 发展期（1640—1945）

1640年以后，人类跨入资本主义时代，商品经济逐渐上升为占统治地位的经济形式，早期会展形式也开始发生根本变化。1667年，法国举办了第一个艺术展览会。与以往的传统集市相比，这是一个纯展示性质的展览会，不以商品交换为目的。

在18世纪末开始的工业革命的推动下，出现了具有很强展示性和宣传性，并有着严密的组织体系的工业展览会。1798年，法国政府举办的"共和国工业产品展"是世界上第一个由政府组织的国家工业展览会。1851年，英国的"万国工业展览会"被称为第一届世界博览会，并被认为是现代展览会的开始。这是第一次发展到国际规模的工业展览会，即第一届世界博览会。该博览会在伦敦海德公园的水晶宫（图2-5）内举办，展期为161天，展出面积约10万平方米。

图2-5 伦敦水晶宫

万国工业博览会的主要目的是向各国商贸人员、社会名流和旅游观光者等各类观众展示和宣传工业革命带来的新的科技成果和新的生活理念。这次博览会堪称展览会历史上的里程碑。它不仅规模空前，而且打破了以往国家工业展览会以促进本国经济发展为目的，视其他国家为威胁的思维，强调通过国家间的合作和贸易来促进各国社会和经济的共同发展。这次博览会对扩大国际贸易起到了积极的推动作用,并且促进了国际科技文化交流。

在展览期间,还进行了展品评比和工艺展示活动,内容丰富多彩。首届世界博览会取得了巨大成功,产生了深远的社会经济影响,并奠定了日后各届世博会的基本模式。此后,各国竞相争举办世博会。不同时期举办的世博会都留下了社会、文化、科技、建筑等方面的时代印记。世博会对人类社会、经济、科技和文化的发展起着重要的引导和推动作用,因此被视为和平与进步的象征。

1928年11月,来自31个国家的政府代表在巴黎签订了《国际展览公约》。1931年,正式成立了公约的执行机构——国际展览局。

19世纪末至第一次世界大战(以下简称一战)前,展览会和博览会成为发达国家争夺世界市场的场所。由于工业展览会强调展示与宣传功能,缺乏市场功能,而传统集市又无法满足大批量交易的需要,于是1894年德国莱比锡举办了第一届国际工业样品博览会。这种新型展览形式兼具集市的市场性和工业展览会的展示性,即以展示为手段,以交易为目的。这次博览会被认为是现代贸易展览会的最初形式。现代展览业由此走上规范化和市场化的轨道。

19世纪末至20世纪初,资本主义各国经济的发展促进了对商务会议的需求,有关政治、宗教、科技、文化、休闲等各个领域的会议也日益增加。

在美国,成立和加入社团、协会的情况非常普遍,这主要根源于美国的传统文化。1896年,美国底特律成立了世界上第一个会议局。1914年,美国成立了国际会议局协会,宗旨是便于各个会议局之间相互交流信息,提高会议业的招徕和服务水平。

1894年6月,在法国教育家皮埃尔·德·顾拜旦的倡议下,在巴黎举行了国际体育运动代表大会,与会的12个国家的代表在大会上通过了"复兴奥林匹克运动会"和成立"国际奥林匹克委员会"的决议。1896年,第一届现代奥运会(图2-6)在希腊雅典举行。

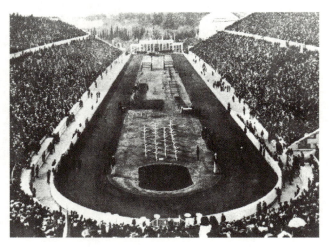

图2-6 第一届现代奥运会

3. 成熟期(1945年至今)

第二次世界大战(以下简称二战)结束后,一批因战争而停办的会展活动重整旗鼓,为世界经济复苏注入了勃勃生机。世界各国在二战后都致力于经济建设和科技教育事业的发展，社会劳动分工越来越细，产品更新速度明显加快，现代展览会开始向专业化方向发展。到 20 世纪 60 年代，专业性展览会已成为展览业的主导形式。汉诺威国际信息及通信技术博览会（图 2-7）就是从汉诺威工业博览会脱离出来的专业博览会。

图 2-7　汉诺威国际信息及通信技术博览会

20 世纪 70 年代以后，随着国际分工体系日益深化，经济全球化日趋明显，会展活动在全世界范围内蓬勃发展起来，会展业也逐渐发展成为全球化产业。进入 20 世纪 90 年代，以信息技术为核心的新一轮科技革命，又推动世界会展业朝着信息化和高科技化方向发展。进入 21 世纪，世界各国掀起了一股发展会展经济的热潮。

如今，会展业已经成为在各国国民经济中占有相当比重，并对各国经济发展产生重要影响的成熟的经济部门。

2.1.2　世界会展发展现状

1. 世界会展发展的基本格局

一方面，会展活动和会展业在全球范围内均有不同程度的发展，呈现出全方位、多元化和高增长的发展格局。另一方面，由于各国经济总体规模和经济发展水平不一，世界会展发展也呈现出很不平衡的状况。总体而言，欧美发达国家凭借其在科技、交通、通信和服务业水平等方面的优势，在当今世界会展业中处于主导地位。

（1）欧洲。

欧洲是世界会展业的发源地，经过 100 多年的积累、发展、充实和完善，已日趋成熟，形成了国际化、市场化、专业化的大格局；欧洲会展经济整体实力最强，规模最大。在欧洲，德国、意大利、法国、英国都是世界级的会展业大国，其中德国是世界头号会展强国。总体而言，欧洲凭借其在科技、交通、通信和服务业水平等方面的优势，在当今世界会展业中有着举足轻重的地位。具体表现在以下几方面：

① 场所固定化。各地都有大小不等的会展中心，会展活动都集中在会展中心举办。

② 人员职业化。伴随着会展业的发展，欧洲涌现出大量的以会展组织与服务为职业的专业机构和会展活动家。

③ 主体企业化。组织和参与单位的主体是企业，行政部门与行业协会逐步淡出。

④ 内容专业化。欧洲举办了很多综合性博览会，但更多的是以一种技术、一种商品为主题的专业性会展活动。专业化成为会展活动的基础，有利于提高展会的针对性和操作性，增强吸引力，以较小的投入取得较大的效果，从而为广大客商和参展商所欢迎。

⑤ 运行市场化。会展活动在相当大的程度上已成为市场行为。欧洲各博览、展览会，甚至一些专业会议，都按照市场经济规律，面向市场、利用市场、服务市场、开拓市场，运用市场机制，实行公司运作，从而使会展业充满活力，长盛不衰，生机勃勃。

⑥ 发展产业化。会展以当地产业为依托，推出既富有当地特色又为世界所接受的会展活动。会展业成为促进当地特色产业发展的龙头和对外交流的窗口。会展业沿着产业化的道路发展，逐步形成了各具特色的会展经济。

⑦ 范围国际化。国际化是会展业成熟与完善的显著标志。国际化也是会展辐射区域的最大化，意味着影响力已超越一地、一国。欧洲各地的许多会展中心和会展活动都着眼于国际化，起点高、影响范围大。

小资料

欧洲作为最主要的会展目的地的原因

目前欧洲是世界范围内最主要的会展目的地，其有以下主要原因：① 欧洲地区所拥有的会展场地数量多、规模大、设施先进，而且最近几年又新建和改建了许多会展设施；② 欧洲地区拥有丰富的自然、人文景观和特色鲜明的民族文化，具有很大的旅游吸引力；③ 欧洲地区是现代会展业的发源地，其会展业的发展历史较长，行业经验丰富，会展人才充足；④ 世界经济最发达的欧美地区是会展消费的主力军，每年都会产生许多会展旅游者；⑤ 欧洲国家的企业，尤其是跨国企业，有许多会议、展览和奖励旅游活动是在国外进行的；⑥ 欧洲是许多国际协会组织和政府间组织的总部所在地，而这些国际协会组织和政府间组织又是经常举办国际会议的主体。

（资料来源：http://wenku.baidu.com/view/6b89ac82e53a580216fcfe9d.html，2021.9.6）

（2）美洲。

北美洲的美国和加拿大是世界会展业的后起之秀。举办展览最多的城市是拉斯维加斯、多伦多、芝加哥、纽约、奥兰多、达拉斯、亚特兰大、新奥尔良、旧金山和波士顿。

根据美国展览业研究中心报告显示，2000年美国和加拿大举办的13 185个展览的展出面积共达4 561万平方米（其中美国占3 498万平方米），展出面积在9 290平方米以上的展览843个，会展业的直接收入为104亿美元（其中美国90亿美元）。

小资料

里约热内卢成为奥运史上首个主办奥运会的南美洲城市

2016年里约热内卢奥运会，又称第31届夏季奥林匹克运动会，于2016年8月5日—21日在巴西的里约热内卢举行。里约热内卢成为奥运史上首个主办奥运会的南美洲城市，同时也是首个主办奥运会的葡萄牙语城市；此外，这次夏季奥运会也是继2014年世界杯后又一巴西体育盛事。

巴西是世界十大旅游创汇国之一，游客多来自拉美、美国和欧洲。里约热内卢旅游资源丰富，旅游景点多，其中以里约市为最，最著名的景观为里约热内卢的耶稣像。

里约热内卢是巴西第二大城市，仅次于圣保罗，面积 1256km^2，人口 6094 183 人（2005），也是巴西的旧首都，（在1960年以前为巴西首都，首都后迁至巴西利亚），风景优美，每年吸引大量游客到此观光，市境内的里约热内卢港是世界三大天然良港之一，而里约热内卢的耶稣像也是世界新七大奇迹之一。里约热内卢濒临大西洋，海岸线长 636 千米。沿海地势较平坦，内陆多为丘陵和山地。属热带海洋性气候，全年气温在 17℃～39℃，年平均气温 25℃。里约热内卢不仅是巴西的重要门户，同时也是巴西及南美经济最发达的地区，素以巴西重要交通枢纽和信息通信、旅游、文化、金融和保险中心而闻名。

（资料来源：http://baike.so.com/doc/5436898-5675201.html，2020.11.5）

（3）亚洲。

亚洲会展经济的规模和水平比拉丁美洲和非洲要高，其仅次于欧美。亚洲会展经济以日本、新加坡、中国、阿拉伯联合酋长国为代表，它们凭借广阔的市场，巨大的经济发展潜力，发达的基础设施，较高的服务业发展水平，较高的国际开放度，以及较为有利的地理区位优势，分别成为该地区的展览大国。

日本会展业发展水平很高，展览业主要集中在东京、大阪、千叶、神奈川和爱知等地。其中东京的展览会项目数占日本全国展览项目总数的50%以上，东京展览净面积占日本全国展览净面积的60%以上，充分体现了展览业在空间组织结构上的集群化发展趋势。日本展览会的主办单位通常有一套完整的展览会分析评价系统，包括参展商的数量、企业分类、展出产品类别、来自的国家和地区、参展目的、展览会期间的洽谈联络情况、收到的效果、对参观者和展览会的满意程度等；同时对参会者也进行详细的统计分析，包括地区、从事行业、职业职位、参观目的、洽谈企业数、留场时间、收集到的信息及在场内活动情况、感兴趣的产业、对展览会的评价、对展出者的满意度、达成意向数、一年内的继续联络情况及对本次展览会的满意程度和其他建议等。根据这些收集到的调查分析材料，主办单位事后对展览会进行总体分析评价，完善组织工作，同时把有关情况的建议反馈给参观、展出双方，使参观、展出双方在以后的展览会中有针对性地改进参展工作，提高展览会的效果。

新加坡一直被列为最具优势的展览城市，许多世界知名专业展览组织公司，如励展博览集团、杜塞尔多夫展览有限公司等都在新加坡设有公司，并选择新加坡作为亚太地区总部。新加坡的会展业起步于20世纪70年代中期，时间并不算早，但新加坡政府对会展业十分重视，新加坡会议展览局和新加坡贸易发展局专门负责对会展业进行推广。

中国香港是"国际会展之都""全球最佳会议中心"。中国香港玩具展览会，其规模仅次于纽约和慕尼黑的玩具展览会，排名世界第三；香港钟表展览会、香港珠宝首饰展览会名列世界第一。

中国是世界会展经济的新秀。随着中国与世界各国经济往来的进一步加强，中国的会展经济近年来发展迅速，已成为新的经济增长点。经过多年的经营和培育，中国一批拥有知名品牌和发展价值的展览会逐步发展起来，对中国会展业的发展起着极大的作用。尽管中国会展业尚显稚嫩，但勇往直前的勃勃生机，却让中国成为国际会展业期待的新焦点。

2010年上海世界博览会的举办，被业内人士公认为是中国会展业蜕变的契机。

（4）大洋洲。

2-1拓展视频

大洋洲的会展业发展水平较高，仅次于欧美，但是其规模与亚洲相比则略逊一筹。该地区的会展强国是举办2000年悉尼奥运会的澳大利亚。悉尼奥运会可谓是澳大利亚会展发展史上的重要里程碑。此次盛会不但给澳洲带来了超过60亿澳元的经济收入，而且大幅度地推动了亚太地区会展业的发展，使其在国际会议市场上所占的份额由3％提高到了7％。

澳大利亚目前至少有107个展览馆、106家展览会主办机构、120家展览会服务机构。该国每年大约举办300个大型展览会，吸引超过5万家参展商和660万参观者。据估算，该国每年展览行业的平均收入大约为25亿澳元，因而会展业在其国民经济中的比重日益突出。值得一提的是，澳洲举办的专业性会展具有很强的国际竞争力，每年高水平的专业性会展都可以吸引大批高素质且十分具有购买力的专业买家为该国带来丰厚的经济效益。

（5）非洲。

整个非洲大陆的会展经济发展情况基本上与拉丁美洲相似，主要集中于经济发达的南非和埃及。南非凭借其雄厚的经济实力及对周边国家的辐射能力，其会展业在整个非洲南部地区处于遥遥领先的地位，每年举办300多个展览会。但近年来，南非经济持续衰弱，货币大幅度贬值，进口成本大幅度增加，参加展览会进行贸易洽谈的商人急剧减少。原来展出效果较好的南非国际贸易展览会，已不再有往日风光，展出面积和效果都大幅度缩水。北部非洲的会展业以埃及为代表，埃及凭借其在连接亚欧和沟通中东、北非市场的极有利的地理位置，会展业近年来发展突飞猛进，展览会的规模和国际性大大提高，每年也举办很多大型展览。当然，由于种种条件所限，大型展览会一般都集中在首都开罗举办。与世界其他地区相比，非洲展览业的发展较为滞后，除南非和埃及外，整个西部非洲和东部非洲的会展活动规模都很小，而且多以综合性展览会为主，展品可以零售，观众多为普通民众。每个国家举办的展览会数量很有限，而且受气候条件的限制，这些展览会不能常年举办。

纵观世界会展经济在全球发展的情况，我们不难看出，一国举办会展的经济实力和发展水平是与该国综合经济实力、总体经济规模、服务业水平等密切相关的，其在世界会展经济发展过程中处于主导地位，占有绝对的优势；而随着发展中国家及地区经济实力的增强，其会展业也在蓬勃发展。

2. 世界主要会展强国简介

（1）德国。

德国有"世界展览王国"的美誉，是世界会展第一大国，因具有一流的展馆和严格的行业管理而闻名。世界上绝大多数大规模的展览会都在德国举办。受德国经济展览和博览会委员会委托，德国经济信息研究所（IFO）注册协会于2009年秋季递交了一份关于会展活动对德国经济影响的调查。此次通过对1.55万名参展商和7.1万名观众进行问卷调查，整合运用宏观经济模型，以确定展会对整体经济的影响，或称投入产出分析。调查显示，会展活动每年推动德国经济直接增长235亿欧元，提供22.6万个全职岗位，贡献38亿欧元的联邦税收。博览会是德国服务行业的重要支柱和促进德国经济发展和对外贸易增长的有效手段。

从本质上说,最终推动德国会展业发展的是专业会展对全球企业,特别是工业企业所具备的卓越营销功能。会展业已成为德国乃至全球工业经济运转的重要一环,为各个行业上游制造商与下游采购商和消费者搭建了一个最直接的交流平台。

展会主题随着工业经济的发展而及时转变,这正是德国会展业蓬勃发展的根本所在。例如,二战后德国展览会以机械、汽车、消费品等为主;20世纪80年代后伴随着IT产业的兴起,汉诺威信息技术展成为德国展览会的头号品牌;近年来随着IT高潮的退去,德国一批新兴的房地产、生物、新能源等会展品牌逐渐崛起。

德国会展业成功的另一个关键因素就是组织模式、产业结构的成功。德国会展业在长期发展中构建了以行业分工为主、地区分工为辅、面向全球的强大会展网络。德国展览会设立的首要原则就是行业细分市场必须明确。尽管德国每年有上百个展览会,但在德国展览委员会等权威行业协会的统一协调下,各展览会的目标非常明确。即使同样在电子行业,德国汉诺威国际信息及通信技术博览会和德国柏林消费类电子产品及家电展览会的观众群也有明显区分,前者以采购商等专业客户为主,后者则以终端消费者为主要对象。

德国会展产业经过多年的发展已经相当成熟。上至各级政府、行业协会的管理,下到展览公司、参展商、观众之间的多方协调,以及专业会展人才教育、媒体合作、国际交流等外部支持,德国已经基本形成了一整套功能完备、核心突出、配套齐全的会展产业体系。同时,德国会展企业也积极研究行业的价值链,紧紧抓住行业利润最丰厚的环节,大力发展增值服务,最大限度地发掘会展经济的盈利空间。

德国会展行业的发展与德国政府等各个方面的支持是分不开的。我国的会展行业正处于欣欣向荣的发展阶段,德国会展业的成功经验和许多做法值得我国学习和借鉴。

德国会展业具有以下三个特点。

① 展览中心规模大。全球5大展览中心中有4家在德国。世界前10家营业额最大的展览公司中有5家位于德国。现代化的会展中心及与其相配套的技术设施,加上发达的交通网络和德国所处欧洲中心的地理位置,为展览会的成功举办创造了良好的前提。

② 知名度高,吸引力强。全球150个世界顶级的行业博览会中有2/3在德国举办。最具盛名的有CeBIT,法兰克福消费品博览会,科隆五金展(科隆亚太交易采购会),柏林国际旅游博览会,慕尼黑国际建筑机械、建材设备及工程车辆博览会,纽伦堡国际玩具博览会等。在经济全球化和信息化时代,世界顶级的行业博览会依然是企业树立形象、发布产品未来发展趋势及与客户和观众交流、沟通的重要平台。

③ 国际性和专业性强。德国举办的展览会内容丰富,涵盖了各个行业和门类,能满足国际厂商和专业人士的需要,外国参展商比例平均超过50%。一些展览会在对公众开放之前专门向采购商、生产厂家、行业工程人员、新闻记者等专业观众开放,从而使参展商和专业观众能够充分交流。

(2) 英国。

英国展览业的历史可追溯到19世纪50年代,现已发展成为一个很成熟的行业。英国政府对展览业没有专门的法律法规及管理规定,只是在展览消防、电气安全、建筑安全、健康安全、有害物质等方面有具体的技术指标。展览业的行为准则多是通过行业自律的方式确定。

从 20 世纪 70 年代开始，英国政府逐渐认识到会展业不仅本身极具经济价值，并且对旅游、贸易和投资、外汇增长及就业等产业有很好的拉动作用，于是英国政府将会展业作为主要产业重点发展。20 世纪八九十年代，英国各主要城市均建立了会议局，专门为会展业的发展提供咨询和服务；加大基础设施投入，在财政上给予补贴，自此英国会展业步入一个高速发展期。目前，英国已拥有 8 000～10 000 个大小会展场所，其中 12% 为大型会展场所，60%～70% 为酒店的会议室。伦敦、伯明翰、格拉斯哥、爱丁堡等已成为著名的会展城市。

英国会展产业主要包括会议、展览、赛事及奖励旅游四个方面，涉及 20 多个种类，250 多个行业。因会展业几乎涉及所有行业，英国政府和会展业协会从一开始便有意建立与金融服务、旅游业、创意产业、节日经济、建筑业等产业相联系的多层次平台，将会展业打造成促进英国各主要产业发展的纽带。英国行业协会都建立了会展业的联系单位，英国金融城、旅游局、创业园及各种节日经济都把会展作为其重要的推介手段，经过多年的实践，这些行业借助会展业平台，相互融合，形成了从金融服务、创意设计、会展刺激到带动旅游、贸易、娱乐等各行业的综合配套发展模式。

当今，英国会展业不再享有特殊的政府财力贴补，只有如曼彻斯特等经济相对发达的地区政府为了争取重要会展的"落地"权，采取一些优惠政策。在英国的会展管理模式中，政府对会展业基本不做行政干预，主要依靠行业协会来实现自律管理。主要表现在两个方面：

① 各类会展协会众多，实行行业自律管理。英国政府对会展业未设专门的法律法规及管理规定，会展业的行为准则多是通过行业自律的方式确定。

② 会展行业协会在行业管理中发挥了重要作用。会展业务链上的主体，如会展组织者、场馆提供者、会展服务提供商都有自己的协会，各类协会制定规范，对会员起指导和约束作用。

（3）新加坡。

新加坡共有 40 多家专业会展公司，其中最大的一家为新加坡展览有限公司，其展览项目份额占新加坡展览市场份额的 29%。许多世界著名专业展览组织，如励展博览集团、杜塞尔多夫展览有限公司都在新加坡设有公司，并选择新加坡作为亚太地区总部。

新加坡的新达城会展中心（图 2-8），是滨海湾地区具代表性的建筑之一。它是 20 世纪 80 年代由 11 位香港商业巨子向李光耀总理提议建立的。新加坡深受汉文化影响，风水学盛行，这个建筑群是典型风水学的体现，4 座 45 层和一座 18 层的大楼环立，象征人的五指，中间一座世界上最大的喷泉，有"财源滚滚"之意。所有建筑物的雨水都汇集起来用来灌溉花草和洗车，既环保又有"肥水不外流"之意。该中心总面积 10 万平方米，新加坡最大的无支柱会议大厅就建在这里，可容纳 1.2 万名会议代表，还配备先进的翻译、通信、传播系统。许多国际高峰会议都在这里举行。

新加坡的会展业属于政府主导型，是以政府为经营主体的会展产业发展模式。新加坡的会展业起步于 20 世纪 70 年代中期，时间并不算早，但新加坡政府对会展业十分重视，新加坡会议展览局和新加坡贸易发展局专门负责对会展业进行推广。新加坡本身又具有发达的交通、通信等基础设施、较高的服务业水准、较高的国际开放度以及较高的英语普及

图 2-8　新加坡的新达城会展中心

率，所以新加坡曾于 2000 年被总部设在比利时的国际协会联合会评为世界第五大会展城市，并连续 17 年成为亚洲首选会展举办地城市，每年举办的展览会和会议等大型活动近 4 000 个。

2.2　我国会展发展简史

我国会展业虽然起步较晚，但进入 20 世纪 90 年代后走上了发展的快车道，并以旺盛的发展势头和巨大的发展潜力令世界瞩目。当前，我国会展业发展取得了巨大的成就，同时也面临着诸多不利因素，与会展业发达国家存在一定的差距。

2.2.1　我国会展发展过程

1. 古代时期（原始社会末期至 1840 年）

我国会展的产生迟于欧洲，但与欧洲会展一样源于集市，并以集市为主要形式一直持续到 19 世纪末。我国展览会的历史可以追溯到 2000 多年前的古代集市，如图 2-9 所示。

我国古代集市起源于宗教性的集会。早在西周就有了陕西岐山凤雏山村的宗庙会，一年一次，会期三天。元代时，大都（今北京）的集市多达 30 多个，今北京钟鼓楼一带是元大都繁荣的集市所在地。明代，北京集市依然繁荣。城隍庙、隆福寺、护国寺、白云观等地是定时庙会场所。明代还与北方少数游牧民族进行国家控制的互市，即茶马市。清代，北京的白塔寺、隆福寺和护国寺是著名的三大庙会。清代在传统集市的基础上，又逐步发展了全国规模的一些专业集市，如无锡、芜湖的米市，最典型的是河北安国的药市，春秋两次。作为专业的药材集市，安国药市已初步具备近代专业博览会的形式和内容。

2. 近代时期（1840—1949）

1851 年，当英国即将举办世博会的消息传到上海商人徐荣村的耳中时，颇具商业头脑的他敏锐地捕捉到了这个消息背后所蕴藏的商机。于是，他将自己所经营的"荣记湖丝"包装 12 包，紧急运至英国伦敦。"荣记湖丝"素以质优闻名，而徐荣村选送参会的更

图 2-9 我国古代集市（《清明上河图》局部）

是上品中的上品。

1867年，清政府首次受邀参加巴黎世博会，但是"轻商"的观念使中国政府对此未加理会。结果，当时避居海外的王韬却有幸以游客的身份亲历了这一世博会。无论是徐荣村还是王韬，都是以个人身份参加或参观世博会的。

1873年，清政府第一次以官方的名义组织并派代表出席了奥地利维也纳世博会。在特殊的历史背景下，中国第一次由官方组织参展世博会的事务是由洋人经办的。清政府授权中国海关负责参加世博会事宜，当年的中国海关总税务司由英国人赫德担任，他于当年委派广州海关副税务司包腊代表中国参加维也纳世博会。

1876年，中国海关代表李圭参加了美国费城世博会，写下了《环游地球新录》一书。此后，中国陆续参加了多届世博会。从这届世博会开始，组委会允许各国设立独立展馆，逐步取代了原来的主题展馆。美国费城世博会中国展区，如图2-10所示。

清政府尽管以政府的身份参加了奥地利维也纳世博会和美国费城世博会，但是这段时期，中国参加世博会的事宜依然把持在英国人所控制的海关手中。

直到1904年，清政府绕开了海关，派出了由亲王溥伦带队的政府代表团参加美国圣路易斯世博会，并花巨资修建了具有浓郁民族风格的中国村和中国展馆，外国媒体称此为"中国政府正式登上世博会舞台的开端"。中国官方在世博会的首张照片如图2-11所示。

1905年，清政府颁布《出洋赛会通行简章》，对出国参加国际性博览会作出规定，并于当年派出以钦差大臣杨兆鋆为首的代表团参加比利时列日世博会。在这次世博会上，中国获得金银各等奖牌共100枚，得奖数量与英、美、奥、意等国不相上下。不过，鸦片、烟枪、裹脚布等代表着落后、愚昧的展品也激起了当时海外留学生的强烈抗议。同年，清政府在京设"京师劝工陈列所"，展示各地工业品，这是中国展览会的雏形。

1910年，清政府在南京举办"南洋劝业会"，掀开了中国近代展览史的第一页。南洋

2　中外会展发展历史和现状

图 2-10　美国费城世博会中国展区

图 2-11　中国官方在世博会的首张照片

劝业会是中国历史上第一个具有现代展览概念的商业博览会。博览会分设各省、纺织、茶叶、工艺、武备等馆，会期3个月，观众达20多万。

1915年，当时的国民政府参加了巴拿马世博会。在这一次世博会上，中国成了得奖大户，共获奖1211项，在31个参展国中独占鳌头。中国的茅台酒和张裕酿酒公司的"可雅白兰地"获奖，"可雅白兰地"由此更名为"金奖白兰地"，而茅台酒则被评为世界第二名酒。巴拿马世博会中国馆全景，如图2-12所示。

1926年，在美国费城世博会上，除了传统的丝、茶、绣等产品外，在现代工商业方面，中国也有印刷工艺、化妆品、革制品、电器、铜钢制品等展品参展。上海天厨味精厂的"佛手"牌味精在这届世博会上获得了金奖，这标志着中国在化学工业上的飞跃。在这次费城世博会后，中国逐渐退出世博会，直到1982年，中国才重返世博舞台。

1929年的西湖博览会是我国历史上规模最大的展览盛会。2000年起，西湖博览会继

41

图 2-12 巴拿马世博会中国馆全景

续在杭州举办，每年一届。

抗战时期，也曾举办过一些展览会，主要目的是显示成就、鼓舞士气、促进经济发展、抵抗日本的侵略，这对经济发展有一定促进作用，但在流通领域的作用并不大。

小 资 料

美国1915年旧金山世界博览会

1915年2月，在西海岸的旧金山市举办了"巴拿马太平洋万国博览会"。历时280余天，共有31个国家参加，参展品20多万件，参展人数达到1900万，历时九个半月。1915年的博览会是为纪念巴拿马运河开通而举办的。

博览会共分11个展馆。中国展馆按照典型的东方建筑风格构成，中国展品由当时的南京国民政府农商部向全国征集，钦州坭兴陶艺品由广东省公署派员选送。来自全国19个省的10万件参赛物品中，精挑4 000件，2 000多吨展品，分两批运往旧金山。

这届世博会，第一次让中国真正地在世博会上扬眉吐气了一回。在对所有国家送来的展品评奖时，中国展品获得各种大奖74项，金牌、银牌、铜牌等共1200余枚，在整个三十多个参展国中独占鳌头。此次参展，中国特产种类的丰富、品质的优良、工艺的精湛、价格的低廉都引起轰动，以至于外国人评价中国为"东方最富之国"，更有人称为"东方大梦初醒、前途无量之国"。

旧金山世博会对中国来说，是一次意义重大的盛会。当时的国民政府，为了把高质量的土特产推出国际市场，使我国产品在世博会上，既要有参赛之名，又要获取与赛之益，真正能展示中华民族五千年文明程度，拓宽产品销售渠道，促进中国工商外贸的发展。

（资料来源：https://baike.so.com/doc/3661603-3848539.html，2020.11.3）

3. 现代时期（1949年至今）

中华人民共和国成立后，由于实行计划经济，经济贸易展览在国内经济中失去存在、发展的土壤，只有个别展览会是贸易性质的，如中国进出口商品交易会（简称广交会）。改革开放后，社会主义市场经济推动了展览活动极大的发展，中国的展览业逐步发展，特别是经过20多年的迅猛发展，展览业已成为国民经济的新兴产业。

1951年3月，中国首次参加莱比锡春季博览会，标志着中华人民共和国展览业的开端。1953年,中国贸促会接待德意志民主共和国工业展览会,这是中华人民共和国接待的第一个来华展。1978年在京举办的十二国农业机械展览会是中华人民共和国首次举办国际博览会,标志着我国展览业从"单国展览时期"向"国际展览时期"过渡。

1982年,中华人民共和国出现在美国诺克斯维尔世博会上。美国诺克斯维尔世博会是中华人民共和国首次参加的世博会,也是改革开放后中国在大型国际展览会上的首次亮相。但是,中国此时面对的已非传统的世博会,没有展台,没有展品,更没有"巴拿马金奖",有的只是一个大型的主题公园。一个国家一个展馆,每个国家的展馆布置都是其综合国力的体现,展现了这个国家的风采。初次亮相的中华人民共和国在中国馆的布置中,以工艺美术品为主,辅以新能源技术,陈列在馆外的轻便、精致的太阳灶具吸引了许多人的目光,而在一幅气势磅礴的巨幅照片下面陈列长城砖和秦兵马俑更是独具匠心,中国馆博得了满堂彩。美国媒体评论说:"中国正在利用长城砖同1982年世博会的观众建立友谊。"

1993年,中国参加了韩国大田世博会,并设有中国馆(图2-13)。中国馆以浓郁的民族格调为主线,巧妙地将悠久灿烂的中国传统文化与现代科技成果融合为一体,设计独树一帜,展品丰富多彩;既紧扣世博会主题,又颇具针对性,引起韩国各阶层、各年龄段人士的兴趣。整个世博会期间,中国馆共接待观众3 523 251人次,约占世博会观众总数的1/4,在各外国馆中名列榜首。参观者在参观后说:"韩国人一直认为中国很穷,要比韩国落后20多年。参观中国馆之后,他们不相信这是中国人的展馆,不相信中国已掌握了诸如运载火箭、人造卫星等高科学技术。他们自此开始对中国有了新的认识,认为中国很了不起。"

图2-13 大田世界博览会中国馆

在1988年澳大利亚布里斯班世博会上,中国馆内首次搭建了360°环幕电影馆,放映《华夏掠影》。在18分钟的放映中,观众似乎跨越了数千年时间和数万千米的距离,既可回顾中国的历史,又可想象中国的未来。在这届世博会上,中国馆先后被评为五星级展馆及最佳展馆,这是中国参加世博会以来获得的最高荣誉。

1999年,A类专业博览会——云南昆明园艺博览会举办,这是中国第一次主办高等级世博会。2010年,中国上海首次成功举办综合性世博会。

2.2.2 我国会展发展现状

1. 我国会展发展的基本状况

20世纪90年代以来,我国会展业在各方面取得重大突破。

(1) 境内展览规模不断提升,各区域发展差异化显著。

2018年,中国展览行业发展势头良好,办展数量和办展面积均实现稳步增长。据不完全统计,在已采集到面积信息的展览中,2018年,中国境内共举办经贸类展览3 793个,较2017年增加130个,同比增长3.5%;举办展览总面积为12 949万平方米,较2017年增加570万平方米,同比增长4.6%。

各区域展览数量和展览面积发展不平衡,华东地区办展数量和办展面积均领先于其他地区,占比分别为45.0%和41.0%;东北地区办展数量同比增速最快,达37.4%;华南地区办展面积同比增长最快,达17.1%。在省市方面,上海、广东和山东办展数量和面积均位居前三强,办展数量占比分别为19.5%、13.3%和9.5%,办展面积占比分比为20.6%、21.1%和7.6%;上海举办展览数量最多,广东省举办展览面积最大。在中国境内举办的所有规模展览中,5万平方米以上中大型规模展览合计占比达51.3%,中国展览行业正逐渐向规模化办展转变。不同行业展览举办数量和规模差异化明显,轻工业展览在办展数量和办展面积上均位居所有行业之首,占比分别为39.9%和43.7%;服务业展览办展数量和办展面积实现双增长,同比分别增长13.4%和17.2%。

(2) 赴境外参办展数量平稳增长,"一带一路"国家量质齐增。

2018年,中国出国参办展总体增速相对2017年有所回升,总体保持稳定增长,参展项目数量不断增多,展览面积稍有下降,参展企业数量与去年持平。截至2018年11月13日,全国92家组展单位共赴66个国家参办展1 672项,较2017年增加123项,同比增长4.89%;展出面积83.02万平方米,较2017年减少1.96万平方米,同比下降2.31%;参展企业5.9万家,与去年持平。

同时,"一带一路"建设进入提速阶段,中国赴"一带一路"沿线国家参办展稳步提升,全国76个组展单位共赴33个"一带一路"沿线国家组织参办展718项,占参办展项目总数的42.9%,同比增长14.3%;展出总面积37.7万平方米,占参办展总面积的45.4%,同比下降2.8%;参办展企业数2.6万家,占参办展企业总数的44.5%,同比增长0.6%。

(3) 境外自办品牌展日趋成熟,国际市场空间不断拓展。

2018年,中国各行业协会以及同行密切合作,努力构建会展经济交流平台,赴境外举办国家级品牌自办展会。截至2018年11月13日,37家组展单位共赴45个国家举办自办展153个,同比增长11.7%,赴巴西、印度尼西亚和俄罗斯办展项目数最多,均为9项,共占出国办展项目总数的17.6%。其中,由中国贸促会主办并邀请中非发展基金、肯尼亚工业贸易与合作部、肯尼亚投资局联合主办的2018中国(肯尼亚)产能合作品牌展览会在肯尼亚首都内罗毕举办,本次展会汇聚了来自中国15个省、市、自治区的81家企业,展览面积达4 300平方米,旨在推进国际产能和装备制造业合作,提升肯尼亚的自主发展能力,展出内容涵盖核电技术、工程机械、农产品加工及设备、汽车装备等众多领域,最终吸引了非洲国家约6 400人次参观展会,订单数约92个,成交及意向金额达

750万美元。

(4) 展馆总供应量增速趋缓，市场整体租馆率提升明显。

据统计，2018年中国展览馆的数量与面积均保持增势，国内展览馆数量为164个，同比增长7%；室内可租用总面积约983万平方米，同比增长5%。年新建展馆数量虽然还保持10个左右的增长，但是年度新增展馆面积从2017年的113万平方米下降到2018年的48万平方米，增速下滑约8%，体现出新经济形势下，展馆总供应量的增速趋缓。

同时，2018年全国展览馆市场整体租馆率提升明显，有104家展馆租馆率提高，比2017年增加4个，占比达到63%，表明展览馆利用率整体提升的发展趋势。其中，新疆国际会展中心2018年租馆率增加约35个百分点，是租馆率增量最大的展馆；临沂国际博览中心2018年租馆率增加约26个百分点，位居第二；广东（潭州）国际会展中心2018年租馆率增加约17个百分点，排名第三。这三家展览中心都是2018年新建成或新进入完整运营年度的，反映出新建场馆强大的市场生命力。

(5) 首届进博会成绩斐然，北京世园会成功举办。

首届中国国际进口博览会（简称进博会）创造了多项国际博览会纪录，参展国别范围、展位面积、企业数量、企业质量、采购商规模、嘉宾人数都超出预期，共有156个国家、3个地区和13个国际组织参加，其中20国集团成员、金砖国家、上合组织国家全部参展，58个"一带一路"沿线国家和35个最不发达国家参展，15名外国国家元首、政府首脑和王室代表出席开幕式；汇聚了3 617家境外企业参展，其中220家世界500强和行业龙头企业参展，展览总面积达30万平方米，130多个参展国家成交总额超过578亿美元，其中与"一带一路"沿线国家累计意向成交47.2亿美元。

2019年中国北京世界园艺博览会（简称2019北京世园会），是经国际园艺生产者协会批准，由中国政府主办、北京市承办的最高级别的世界园艺博览会，是继云南昆明后第二个获得国际园艺生产者协会批准及国际展览局认证授权举办的A1级国际园艺博览会。2019年4月28日，在中国北京世界园艺博览会开幕式上，中华人民共和国主席习近平发表了题为《共谋绿色生活，共建美丽家园》的重要讲话；10月9日晚，北京世园会举行闭幕式，闭幕式主题为"收获的礼赞"。北京世园会汇聚了世界园艺精华，集中展示了全球花卉园艺新理念、新品种、新技术和特色文化，诠释了绿色发展理念，加强了各国文明互鉴，在推动构建人类命运共同体方面发挥了积极作用。

(6) 展览业发展环境不断优化，发展新动能不断增强。

会展法规政策由管理类向促进类转变。从1999年大连会展业进行管理立法以来，中国在会展业方面的法律法规以及政策一直以政府管理为导向；然而，随着会展法律政策的逐步深入和中国政府职能转化，会展法律法规和政策开始由管理类向促进类转变。2018年部分省市会展法律法规和政策明显体现了这种倾向。例如，《河南省人民政府办公厅关于进一步促进展览业改革发展的实施意见》《洛阳市人民政府关于促进会展业转型发展的实施意见》《杭州市人民政府关于深化会展管理体制改革的实施意见》《济南市促进会展业发展若干措施》《武汉市会展业发展专项资金管理办法》、北京市商务委员会等部门关于印发《关于进一步促进展览业创新发展的实施意见》的通知、《淮南市加快展览业改革发展实施方案》等。

各省市积极落实《国务院关于进一步促进展览业改革发展的若干意见》（国发〔2015〕

15号)。为了进一步促进展览业改革发展,更好发挥其在稳增长、促改革、调结构、惠民生中的作用,各地在坚持专业化、国际化、品牌化、信息化方面继续推进和落实国务院会展15号文件。2018年进一步出台关于落实国务院15号文件的省、市有合肥市、河南省、洛阳市、杭州市、北京市、淮南市和云南省等,这些政策文件为:《合肥市促进会展业规范发展办法》、河南省人民政府办公厅《关于进一步促进展览业改革发展的实施意见》、洛阳市人民政府《关于促进会展业转型发展的实施意见》《杭州市人民政府关于深化会展管理体制改革的实施意见》、北京市商务委员会等部门关于印发《关于进一步促进展览业创新发展的实施意见》的通知、《淮南市加快展览业改革发展实施方案》和《云南省展览业发展联席会议制度》等。展览业的深化改革以及地位和功能作用已经越来越受到重视。以北京《关于进一步促进展览业创新发展的实施意见》为例,北京对展览业进行重新定位:展览业是服务北京"四个中心"建设的重要载体之一,已经成为构建现代市场体系和开放型经济体系的重要平台,具有服务经济、绿色经济、总部经济的产业特点,对社会和经济发展起到了引领、聚集、辐射的作用。

2. 中国会展业发展面临的问题

尽管中国会展业取得了良好的成绩,但与发达国家相比,仍有一定的差距,尚处于会展大国向会展强国的转型期,会展业发展存在的问题主要体现在以下几个方面。

(1) 场馆建设盲目化,整体利用率偏低。

部分地区展馆建设缺乏科学统一规划,存在低水平盲目重复建设、场馆利用率偏低现象,最终造成场馆闲置和社会资源浪费;部分地方政府对展览业发展,规划带有很大的盲目性,建设过多、过快,在建设展馆时并未考虑自身的区位、资源条件、当地展览市场需求及展览业发展的规律,为带动地方经济发展,纷纷建设新的展馆,最终导致区域性重复建设,甚至出现同一城市拥有多个展馆的局面。

根据中国贸促会信息中心与中展集团中国展览信息统计数据,2018年中国展览馆室内可租用总面积约为983万平方米,发展规模和速度已超过许多展览大国,但是场馆的利用率普遍偏低。一般而言,展馆利用率达到50%~60%才可能发挥出较好的市场效益。然而,我国多达一半以上的展馆利用率低于10%,仅为顶级展馆利用水平的1/6,仅有14%的展馆能达到30%以上的利用率。

(2) 区域分布不平衡,产业结构不合理。

当前,中国会展业发展不平衡现象依然存在,沿海与内地、东部与中西部发展差距仍然较大,不同产业展览举办数量和规模差异化明显。其中,东部沿海地区借助于发达的经济水平,优越的地理位置,展览业发展处于领先地位;然而,中部,特别是西部地区由于社会经济发展水平限制,对外开放程度不高,导致中西部地区展览业的整体发展较东部地区相差甚远。

根据中国贸促会信息中心统计数据,2018年,中国在境内举办的展览主要集中在华东、华南和华北地区,三地区展览数量和面积均超过70%,而华中、西南、东北和西北地区占比相对较低;在展馆分布的地区差异上,展览中心基本分布在东部沿海省份,中西部地区除典型的几个城市之外,分布较为松散,且不集中。在产业结构分布上,2018年,中国举办的展览主要以第二产业中的轻工业和重工业展览为主,两者展览数量占比65.2%,展览面积占比70.0%,而作为第三产业的服务业展览占比较低,占比仅在20%左右。

(3) 专业化人才匮乏，管理效率较低下。

会展人才是指具备会展方面的专业知识、较强的组织及策划能力、良好的语言能力和人际交往能力并具备较强创新能力的会展从业人员。

当前，中国从事会展业的专业人才，尤其是项目组织、管理和策划等高素质人才较为稀缺，严重影响了展览经济的质量和最终效益。

从专业人才培养看，面对日益增长的展览人才需求，在目前培养体制下，展览类专业性人才输送不足，开设此类专业的高校较少；从展览从业人员的构成看，展览人才尚未形成职业化，从事展览行业的工作人员大部分是从其他行业转过来的，展览经验欠缺，且流动性大；从管理结构看，展览从业人员缺乏系统的展览知识和相应的操作技能，造成展览的组织和管理混乱，同一批人员既是展览组织者，又是展览管理者和展览项目的实施者，从展品征集、宣传促销到展场布置、活动安排，甚至为参展商提供住宿、饮食等服务均由同一批人承担，大大降低了展览的效率。

(4) 配套设施不健全，服务水平较滞后。

当前，中国会展配套设施较滞后，服务内容单一，服务水平较低。在配套方面，中国各项设施尚不健全，场馆设计和运作未做到人性化，仅考虑到场馆的建设，并未将住宿、餐饮、交通、银行、翻译、旅游等配套贯穿于整个展览的前、中、后各个不同阶段。以交通系统为例，国外展览业成熟国家交通网络完善，配置有专用货运站和集散中心，有的国家甚至设有专业机场，而中国大多数展览举办地交通拥堵，公共服务设施欠缺，配套设施落后。比如，北京国家展览中心位于人口聚集区，周边人口车辆流动频率较高，展览举办期间，极易造成拥堵，且展馆距离地铁口较远，给参展企业和观众带来很大不便。

(5) 国际化程度较低，市场地位不突出。

相比于德国汉诺威展览中心举办的汉诺威工业博览会、汉诺威世界汽车及车载装备展览会等国际一流品牌展会，中国北京、上海、广州虽然也举办类似主题展览，但是真正意义上的世界级品牌展览数量相对较少，而且国际化的展商比例较低，国际影响力不够。许多展览仅局限于国内某个区域，规模偏小，综合效益低，市场竞争能力有限。

此外，政府对于展览活动的干预较多，市场作用并未真正发挥，在境内外举办的展览大多由政府、国有部门主办或参办。在二三线城市展览业发展过程中，政府行政手段干预过多，往往采取强制命令方式办展，造成企业成本过高，展览质量低下，展览市场主体尚未真正形成，一些展览业机构产权界定不清、治理结构不合理、缺乏明确的经营策略，最终导致不能完全按照市场化方式独立经营。

3. 中国会展业前景展望

2-4拓展视频

随着科学技术的进步、经济社会的变革和人文条件的发展，世界会展业正在发生深刻的变化。国际展览业协会（UFI）一项调查分析显示，世界展览业正在发生九个方面的变化：① 参展商需求从一般性统一标准化服务向个体性定向服务演变；② 参观者需求从信息获取型向现场体验型演变；③ 会展市场格局从区域化向国际化、全球化转变；④ 会展展示技术从实物、实体展览到跨媒体、多媒体展示转变；⑤ 会展形式从传统展览展示向展览展示与展览会议推介活动融合演变；⑥ 会展运营模式变化从摊位销售向理念创新、引领行业发展演变；⑦ 会展参与人群年龄结构以"60、70后"为主向"80、90后"为主变化；⑧ 会展设施场馆从供不应

求向供大于求转变；⑨会展业资本运营从自我积累向金融跨界演变。

今后一段时期，中国会展业发展必将遵循世界会展业发展的轨迹和趋向，出现一些新的动向和新的特征，创新发展成为主旋律，题材创新、模式创新、理念创新和服务创新引领中国展览业高质量发展。

（1）题材创新。

首先，国家战略催生新的会展题材。中国国际进口博览会的成功举办对中国展览业产生了巨大的促进作用，可以预见，服务国家经济战略、外交战略、产业发展战略、区域发展战略的展会将会数量增多、质量提升、规模影响扩大。第二届中国国际进口博览会将会按照习近平总书记的要求越办越好，一些地区和城市也可能推出区域性进口题材展会；广东海上"丝绸之路"博览会移师广州，规模影响将进一步扩大，众多机制性展会、传统例展已经或可能充实"一带一路"内容，服务一带一路建设；"一带一路"倡议的推进和实施，为企业开拓国际市场和优势产能输出提供了重要契机，同时也为出展带来新的题材和机遇。其次，新兴产业发展带来新的会展题材。依据国家"十三五"时期有关支持战略性新兴产业发展的意见，近年来节能环保、新一代信息技术、生物、高端装备制造、新能源、新材料、新能源汽车等产业快速兴起，给展览市场带来了新的题材。瞄准产业变革方向，服务企业展示交易需求，抢占未来竞争制高点成为展览业界竞争制胜的法宝。服务新兴产业发展，一批人工智能、节能环保、新一代信息技术、生物、高端装备制造、新能源、新材料等以新兴产业为题材的展会将会涌现。最后，区域发展战略催生新的会展题材。随着京津冀、粤港澳、长江经济带和长三角经济协作区等战略的提出和付诸实施，将可能出现以区域发展战略为题材，或包含促进区域协同发展内容的会展活动。国际贸易摩擦升级等对中国展览业发展提出了新的挑战，同时也带来新的发展机遇和题材。可以想象，今后一段时期，发挥会展功能，利用会展武器，搭建会展平台，突破贸易摩擦禁锢将成为展览业，特别是出展义不容辞的责任，通过会展带动企业、产业"走出去"将成为中国出展的主要任务之一。

（2）模式创新。

第一，除传统工业展继续发展以外，伴随国内消费需求的扩大和消费市场的兴盛，一批服务大众的消费类展览会将继续发展壮大，提高实际效果，B2B、B2C同时并举，B2B2C融合发展。第二，随着人们对精神文化消费需求的提升，一些文化产业、文化市场类展会，以及以特定文化消费为主题的文化特展活动将会出现、成长、发展起来，形成新的展会内容和展会模式。第三，会＋展、展＋会，展会与论坛、展会与推介、展会与演艺、展会与赛事等相关活动融合，展会内容丰富、形式多样，展会综合效应进一步提升。第四，展会与展会合作，不同展会同期、同馆举办，互为上下游，互为专业买家，相互借势，抱团取暖，展会规模效应提高。第五，跨界与跨界融合进一步发展，生产厂家、销售渠道介入会展活动加速，阿里、腾讯、京东办展办会成为常态，花样不断翻新，影响力持续攀升；红星美凯龙与中国对外贸易广州展览总公司合作，通过"平台＋展览会"的资源对接，共同运营中国家博会（上海）和建博会（上海）；居然之家在北京主办北京国际家具展、筹划建材展的模式将会导致扩展效应，更多生产厂家和渠道机构将可能会涉足会展，参与到展览业界中来。跨界发展与合作为展会注入了新动能和新的发展模式。

（3）理念创新。

二十大报告指出，"必须牢固树立和践行绿水青山就是金山银山的理念，站在人与自

2 中外会展发展历史和现状

然和谐共生的高度谋划发展。"

第一，绿色会展理念形成共识，化为行动。在国家倡导推进和行业龙头企业示范带动下，"绿色、低碳、可持续"的理念已逐步深入产业链各个环节，成为行业共识和行动。展览行业主管部门和展览产业链上下游经营主体必将继续采取行之有效的措施推动绿色会展理念的深入；政府部门会将会展扶持政策与绿色会展进一步联系起来，支持绿色办展；行业中介和龙头企业将会组织或牵头研制绿色会展行业标准、团体标准，逐步完善绿色会展标准体系；展览主办单位将在展览会现场应用现代信息技术，减少一次性材料使用；展览工程服务企业将会加快绿色展具的研发设计和生产，探索共享租赁等模式，推出节能降耗解决方案。第二，会展场馆建设理念创新，会展综合体、会展产业园、会展功能集聚区建设趋势凸显。会展场馆设施建设突破简单展览场所建设的传统理念，集展览展示、论坛会议、餐饮住宿服务功能于一体的会展设施综合体涌现，围绕会展产业链服务提供、城市服务功能融合的会展产业园区、会展产业集聚区、会展功能集聚区、会展生态区建设理念开始出现。深圳新国际会展中心将于近期建成投入运营，西安新丝路会展中心即将建成，天津国家会展中心建设已经开始启动，济南发布消息将与绿地集团合作建设大型会展设施；杭州国博提出要打造会展集聚区，四川提出建设国际会展功能区，厦门提出建设会展生态区。

2-5拓展视频

2-6拓展视频

（4）服务创新。

信息技术发展创新了会展服务手段，更新了会展服务理念，增加了会展服务价值。智慧会展、会展信息化、会展服务智能化成为业界发展的新动能。会展信息化建设包括：运用"互联网＋"思维，采用互联网技术，推动信息共享，促进供需匹配，提升互动体验，实现展会管理、服务智慧化，信息利用智慧化；通过信息化建设，拓展会展服务领域，延伸会展服务手段，提高会展服务效率，实现管理互动升级，让会展更具粘性，提高会展整体质量和水平；利用互联网技术对目标受众进行深度分析，了解客户需要，量身打造，提供精准定制服务；了解展会供给需求、双方交易项目需求，针对性地提供交易服务，开展网上配对，增强交易合作匹配度，提高展会实际交易成效；利用大数据技术，建设展会跟踪服务体系，实现客户关系管理智能化、智慧化；利用网络系统，推进展会流程程式化、智能化、规范化和管理自动化；应用最新二维码签到、移动互联网LBS、人脸识别技术，完善、提升现场服务；应用3D技术、直播互动、VR、AR、MR等再造展会现场（ZR），让用户全景感受展会氛围和认知展会品牌和企业；建设经济有效、自由方便、快速准确、具有极强互动性的网络平台，加强展前、展中、展后服务全过程管理，实现主办方、参展商、服务商和观众的互动体验和信息共享，实现多方共赢；利用互联网技术为客户提供增值服务，推广使用O2O2O，提供线上线下展示、交易，线上线下金融、物流服务，节约交易成本，提高交易效率。所有这些，已经、正在、必将成为展览业界发展共识和趋势，引领会展服务升级、增值。

2.3 会展业发展趋势

在全球经济一体化背景下，世界会展业总体上呈温和上升态势，会展业重心正由欧美向亚太转移，目前中国正在成为新的全球会展业高地。会展业与产业发展的正相关关系更加突出，展会组织形式向产业链上下游企业的纵向细分发展。展会功能日趋多元，航向标意义更加突出，产业交易地成为继生产地、消费后新的会展业聚集地。

1. 全球化趋势

加入世界贸易组织（World Trade Organization，WTO）后，会展业所受到的冲击不会像金融、农产品、制造业等行业那样强烈，但并不等于没有影响。《服务贸易总协定》要求各成员对服务贸易执行与货物贸易相同的无歧视和无条件的最惠国待遇，作为一种特殊的服务行业，会展业自然也要受此协定的约束。

另外，加入WTO后国内会展业能够学习先进的管理经验和办展经验，WTO能够为会展业的配套服务部门怎样分工协作、会展业与旅游业如何实现有效对接等问题上提供新的参考依据，提高国内会展管理部门的调控水平。面对加入WTO后所带来的机遇和挑战，中国会展界应做好两方面的准备，即对内抓紧制定行业法规，对外尽快熟悉国际规则。

2. 信息化趋势

信息化既是中国会展业与国际接轨的一个重要衡量标准，也是会展业发展的必然趋势。这里的"信息化"有两层含义：一是要尽可能地掌握国际会展业最前沿的东西，包括行业最新动态、理论研究成果、展会信息或专业设备等；二是在会展业中充分利用各种信息技术，以提高行业管理和活动组织的效率。

人类社会已经迈入知识经济时代，作为第三产业成熟后迅速兴起的会展业更应该跟上时代的步伐。知识经济的主要标志就是信息化。中国会展业要实现信息化发展还有许多事情可做。首先，加强与国际会展组织或世界知名会展公司之间的交流与合作，并定期向国外发布我国的会展信息，以及时掌握全球会展业的最新动态。其次，在会展业中积极推广现代科技成果，逐步实现行业管理的现代化、会展设备的智能化和活动组织的网络化。最后，充分利用国际互联网，推动国内会展业的信息革命，如开展网络营销、举办网上展览会等。

3. 集团化趋势

集团化是国内各个产业部门急需解决的共同问题，它是伴随市场竞争而产生的一种企业经营战略。尽管会展业在中国还是一项新兴的产业，但在中国加入WTO的产业背景下会展业必须从开始就走集团化发展的道路。

中国推进会展业集团化的最终目的是为了使会展企业之间实现优势互补，从而提高全国会展业的国际竞争力。会展企业的集团化不是企业和企业的简单相加，而是整个行业在资产、人才、管理等方面全方位的融合与质的提升。我国会展行业的集团化可以分三步走：一是采取横向联合、纵向联合、跨行业合作等灵活多样的组织形式，组建会展集团；二是开展品牌竞争，即会展集团应以统一的企业文化和品牌开展经营管理，以逐步提高品牌的知晓度及价值含量；三是实行海外扩张。积极向海外扩张是会展企业集团化达到较高水平的一项重要竞争策略，它能使国内会展企业在国际市场竞争中保持主动。海外扩张主要有设立办事机构、合作主办展览、移植品牌展会、投资兴建展馆四种形式。

2　中外会展发展历史和现状

4. 品牌化趋势

品牌是会展业发展的灵魂，也是中国会展业在 21 世纪实现可持续发展的关键。综观世界上所有会展业发达国家，几乎都拥有自己的品牌展会和会展名城。例如，在德国慕尼黑，高档次的展览会为慕尼黑赢得了大批参展商，也增加了对旅游者的吸引力。为增强中国会展业的国际竞争力，品牌化是必由之路。

值得欣慰的是，国内已初步涌现出一批具有知名品牌的会展企业或展会，如北京国际会展中心、上海国际会议中心、大连星海国际会展中心、北京国际汽车展等，这些品牌企业或展会为我国其他城市发展会展业积累了宝贵的经验。然而，这些民族化的会展品牌与会展先进国家的国际性会展公司或展览会相比，无论在品牌的知晓度上，还是在品牌的无形价值或扩张程度上，均存在着巨大的差异。品牌化将作为一项重要任务提上中国会展业发展的日程。而且，中国会展业的品牌化应主要围绕培育品牌展会、建设会展名城等方面来进行。

5. 专业化趋势

"只有实现专业化才能突出个性，才能扩大规模，才能形成品牌"已成为国内会展界的共识。在过去相当长一段时期，我国会展业追求的都是综合化，强调小而全，并希望以此吸引更多层次、更多类型的参展商，结果造成展览会特色不鲜明、规模普遍小、吸引力不强。而且，正因如此，我国的国际知名展会才比较缺乏。

2-7拓展视频

专业化是中国会展业发展的必然选择。近几年来，国内会展界已在这方面做了大量有意义的探索。一是展会内容的专题化。展会必须有明确的主题定位，否则就吸引不了特定的参展商和观众，国内绝大多数展会主办者都意识到了这一点。以我国著名的海滨旅游城市大连为例，1996 年全市专业展览会只占展会总数的 48%，而到了 1999 年便上升为 80%。二是场馆功能的主导化。除了会议或展览需要有明确的定位外，场馆也应该有比较清晰的主导功能定位。在会展发达国家，一些国际性的品牌展会总是固定在某个或几个场馆举行，这样既便于会展公司和场馆拥有者之间开展长期合作，又有利于培育会展品牌，我国会展企业应吸取其中的成功经验。三是活动组织的专业化。随着中国会展业的发展尤其是与国际会展市场的进一步接轨，国内会展业必将在展会策划、整体促销、场馆布置、配套服务等方面走上一个新台阶，各类专业会展人才也会越来越多，组展过程将呈现出专业化、高水平的特点。

小 资 料

中国烘焙展览会

中国烘焙展览会创立于 1997 年，是中国烘焙行业第一个专业展览会，最初为"全国烘焙业原辅料及设备展示会暨中国国际烘焙甜食西餐材料及设备展览会"，先后于成都、北京、武汉、广州、上海等地巡回办展，多年来积累了行业最资深的人脉资源。由于当时办展场馆限制了展会的迅速发展，所以自 2003 年第七届起确定每年 5 月在广州广交会展馆举办，并于 2005 年第九届更改展会名称为"中国烘焙展览会"。自创办以来，历经近 20 年风雨，如今，中国烘焙展览会已成为国内最具规模、最具人气的烘焙展览会，受到海内外广大烘焙同仁尤其是中国南部地区和东南亚地区烘焙业者的热切关注。

现每年5月定期于广州琶洲广交会展馆举办的"中国烘焙展览会（广州）"，参展展商覆盖了烘焙原辅材料、添加剂企业、烘焙机械设备、器具模具企业、烘焙包装设备及设计生产、食品冷链物流、餐饮管理培训服务等烘焙行业的整条产业链。

作为中国第一个烘焙行业专业展览会，中国烘焙展览会首先提出在国内食品类展会按产品类别划分展览区域的思路，迈出了与国际接轨的步伐；而参展东盟展团规模的持续不断扩大，以及与国际华联烘焙总会建立的全方位密切合作，充分说明了中国烘焙展在国际烘焙领域巨大的影响力。

中国烘焙展览会已成为国内烘焙业同仁捕捉行业投资机遇，进行烘焙技术与文化交流的最广阔平台。凭借多年来在烘焙行业的深耕细作，未来的展会将呈现崭新的面貌。

（资料来源：http://www.haozhanhui.com/exhinfo/exhibition_jjjlk.html，2020.11.5）

6. 创新化趋势

21世纪是创新的世纪，在这样一个追求个性的时代里，一种事物如果不能常变常新就不能获得持续发展的能力。会展业在中国是一项新兴的经济产业，并且与会展发达国家相比竞争力明显不足，因而唯有不断创新才能突出自身的特色，最终达到"以弱胜强"的效果。

中国会展业的创新可分为四个主要方面，即经营观念创新、会展产品创新、运作模式创新和服务方式创新。经营观念创新是指我国会展企业应树立"不求最大，但求最佳"的经营思想，即在最大限度地满足参展商和观众需求的前提下，实现企业综合效益的最大化；会展产品创新主要包括不断开发新展会和大力培育品牌展会；运作模式创新即在组织方式或操作手段上进行变革，以适应新的市场形势，如推进会展企业上市，向海外移植品牌展览会，开展网上展览等；服务方式创新则指按照"以人为本"的原则，并充分利用各种现代科技成果，为参展商和观众提供更超前、更便捷的配套服务。在今后的一段时间里，推进创新将成为我国各主要城市发展会展业必须坚持的一项重要原则。

7. 生态化趋势

二十大报告指出，"坚定不移走生产发展、生活富裕、生态良好的文明发展道路，实现中华民族永续发展。"

可持续发展是人类社会永恒的话题。任何一项经济产业要获得持续、健康的发展，都必须寻求经济效益、社会效益和生态效益的统一。可以预见，生态化将成为会展业发展的必然趋势。中国会展业的生态化主要体现在以下四个方面：① 注重场馆的生态化设计。投资者在兴建会展场馆时将从会展场馆选址、建筑材料选择到内部功能分区，突出生态化的特色，有关管理部门也会对此制定相应的规范。目前，"绿色会展场馆"的概念在国内已经相当时兴。② 大力倡导绿色营销理念。会展城市在组织整体促销或展会主办者在对外宣传招徕时，都将更加强调自身的生态特色和环保理念，以迎合参展商和大众的环保需求心理。③ 强化环境保护意识。除积极建设绿色场馆外，展会组织者和场馆管理人员将比以前更加注重节能降耗和三废处理，在布展用品的选用上也应做到易回收的材料优先。④ 以环保为主题的展览会将备受欢迎。随着中国会展业的日益成熟，国内会展产品中必将涌现出大量与环保相关的专业会议或展览，并且这些展会具有极大的市场潜力。

8. 多元化趋势

从整体上看，世界会展业正在向多元化方向发展，具体包括产品类型的多行业化、活动内容的多样化和经营领域的多元化。首先，会展业的蓬勃发展对会展产品类型提出了越来越高的要求。中国会展企业应根据当地的产业经济基础和自身的办展实力，积极开发新的专业性展会。专业内容可涉及汽车、建筑、电子、房地产、花卉等各个行业，关键是要尽快形成自己的品牌。其次，会展形式正在从传统的静态陈列转向融商务洽谈、展会参观、旅游观光、文化娱乐等项目于一体，这是全球会展业发展的必然趋势。最后，面临激烈的行业市场竞争，我国的绝大多数会展公司都会努力拓展本企业的经营项目，形成"一业为主，多种经营"的格局，以分担经营风险，增强企业综合竞争力。

9. 会展业的变革性技术趋势

这是一个令人振奋的时代，技术变革使得成千上万的想法、应用和创新不断涌现，进而帮助会展策划人员、参展商、场地方和其他会展行业的从业者们把工作做得更好。

（1）各种移动应用（Mobile Event Apps）成为主流。

会展活动中的移动技术使用呈现爆炸性增长，移动会展应用的供应商们正在提供和优化越来越多的应用选择。很多应用的开发都聚焦在对现有流程的替代上。

① 替代纸质会议/展览计划、日程、参会者名单、展览指南或者是演讲提要。

② 替代对键盘式投票和纸张调查问卷的需求。

③ 替代指示标志和活动地图。

④ 移动会展应用还改进了如下一些场合的流程：现场社交媒体连接；面向群体或针对特定人群的警示和广播；改进点到点的信息交流、预约和商务联络交流过程；改善对接平台和联络机会；集成游戏化应用；继续教育学分（CEU）的追踪；参与社交媒体；移动会展应用不只是改进现有流程，它们还可以提供全新的服务。

（2）低功耗蓝牙和 iBeacon 将为会展策划人员和参会者提供众多新的选择。

iBeacon 技术可以为几乎所有的移动会展应用开发者提供相应的手段，具体包括以下几方面。

① 位置信息和导航辅助。地理防护技术能够帮助观众/参会者识别自己在地图上的位置，并对其给出路线指引。根据到达情况给出个性化的欢迎信息和其他基于位置的提示信息。例如，当参会者进入某个地理防护区域时，通过应用向胸卡打印处发出信息，进而帮参会者及时打印出胸卡。

② 社交媒体的联络和信息分享。因为 iBeacon 通信是双向的，因此在用户许可的情况下，手机应用可以发送联络信息、社交媒体描述、特定会议室访问信息、就餐跟踪、食物喜好等。观众/参会者之间的沟通也可以借助附近参会者的提示/图片/信息得到增强。

③ 参展商可以加入时间测试。因为人们在某个展位停留时间越长，他们越有可能对产品感兴趣。

④ 本地信息和交易。只要观众/参会者愿意接收，本地商家可以向他们发送打折券。

⑤ 防止物品丢失。场馆方可以运用连接地理防护系统的无线射频（RFID）标签，来避免未经许可的设备搬移。

⑥ 观众/参会者行为分析。基于提示信息或对各种问题的处理，譬如过长的注册登记等候队伍或者穿过展厅的人流，组织方能够追踪观众/参会者的时间利用情况。

然而，会展策划师和活动应用的开发者们必须谨慎而明智地使用 iBeacons，才能为活动参与者们提供最大的价值。而且，如果观众/参会者感到这一技术侵犯了自己的隐私，没有什么好处，或者仅仅像广告弹出设备，他们将果断地关掉蓝牙接收设置甚至卸载该应用。

（3）数据分析将作为会展移动应用最重要的优势而凸显出来。

现场会议或展览会往往是会展数据管理的"黑洞"，因为策划师们在会议或展览会前后都采用计算机进行分析统计，唯独在活动期间是盲人摸象。例如，纸质调查问卷已经发出去了，但要到活动结束之后才能收回并汇总，无法在活动中实时收集。

而今天，移动会展应用可以提供前所未有的数据量——有用的、实时的信息"金矿"将有助于改善会展体验，甚至每一次点击都可以跟踪到！

概括而言，应用分析工具可以在会展期间随时回答下述常见问题：最热门的话题是什么？谁是最重要的演讲人？哪些展位的参观者最多？展厅的人流分布如何？哪些演讲人和参展商最受喜爱？谁是关键联络人/影响人？应用程序的哪些功能和特性最受欢迎？谁在使用这些应用？他们在什么时间、什么地方、为什么以及如何使用这些应用？对于特定调查或投票所涉及的问题，参会者的评价情况如何？

随着移动活动应用在商业实践中逐渐普及，对数据即时分析的能力成为移动应用的最为重要的优势和价值。而且，这些分析能力还可以进一步扩展，与在线登录和会员管理系统结合起来，提供更加个性化的选择，并对观众/参会者行为进行更深入的分析。

（4）大数据将是会展营销和设计的关键元素。

在这个高度互联的时代，几乎所有行为都能被追踪到：浏览者访问网站、移动设备上的每次点击、每个点赞、在线发帖、个人简介更新、用奖励积分进行的采购甚至监控摄像头等。大数据分析将把来自各种源头的追踪数据合并起来，分析出趋势并辅助业务决策以及改善客户互动体验。据此，麦肯锡全球研究院认为，大数据是提高"创新、竞争力和生产力的下一个前沿阵地"。

大数据遇到的最大挑战在于需要大量的计算处理和存储资源——之前只适用于大型的有钱的实体组织。然而，大数据即服务（BDaaS）的出现，让云端提供商可以为小型机构和协会提供更加经济的大数据流访问。例如，ICCA（国际大会与会议协会）通过和Human Equation合作，可以为其会员提供BDaaS服务。会员们可以搜索到740万名学术作者撰写的4.36亿篇文章，还可以找到当地最优秀的领导型企业来帮助开发会议或跟踪趋势，同时还可享受其他各种深度数据搜索服务。

随着BDaaS日趋普及，整合分析将是很自然的下一步，这将使以前认为大数据项目可望不可及的许多企业能实施大数据项目。这些大数据综合服务同样也适用于会展活动，通过整合注册系统和移动技术，主办方可以凭借在注册期间以及由网站点击、展商交互、移动应用行为、游戏化、社交媒体行为、调查问卷等产生的众多数据流，进行更深入的分析，并为观众/参会者提供个性化服务。

（5）黑客将可能把目标对准会展行业。

作为会展策划者，应该确保所选用的注册登记公司符合PCI规范，并采取其他一些措施来保护观众/参会者的信息被盗用。作为观众或与会者个体，一些常见的预防手段包括：采用难度系数更高的口令、警惕钓鱼网站、保持防病毒软件的实时更新、考虑采用身份盗用保护服务以及必要时采用双重认证服务等。

（6）实时的自动语言翻译工具将用于会议中。

联合国式的语言翻译间将越来越多地出现在国际会议的现场。2007年，谷歌翻译作为一种免费文本翻译工具正式上线，目前可双向翻译的语言超过80种。自那以后，很多移动应用开始增加类似的功能。

（7）会议和酒店的 Wi-Fi 无处不在。

根据 Hotel.com 于 2014 年 4 月发布的调查结果，免费 Wi-Fi 是最被期望的酒店客房服务。随着成百上千的移动应用在会展业中出现，Wi-Fi 和蜂窝连接已成为会展活动联络的基础。

酒店和其他会场经营者都在努力满足爆炸性增长的 Wi-Fi 需求，会展活动的主办方和供应商应该充分地了解这是一项综合任务。

好消息是新的技术现在已经可以为大型团体提供非常高密度的、高速的 Wi-Fi 连接了，很多会展设施正在开始部署 Wi-Fi 了。活动策划人员开始越来越多地考察目标会场提供高质量、易使用且收费合理的 Wi-Fi 和蜂窝连接的能力，并将其作为会场选址决策的重要因素之一。

另外，会展活动的规模越大尤其是在大型展览会现场，观众/参加者越容易发现 Wi-Fi 的连接效果比较差，但我们相信，经过 2～3 年，随着场馆方对 Wi-Fi 需求的消化准备，这也不会成为问题。

 资料库

资料 1　　　　　　　　　世博会及举办国城市选举规则

世博会是由一个国家的政府主办，有多个国家或国际组织参加，以展现人类在社会、经济、文化和科技领域取得成就的国际性大型展示会。其特点是举办时间长、展出规模大、参展国家多、影响深远。

自 1851 年英国伦敦举办第一届世博会以来，世博会因其发展迅速而享有"经济、科技、文化领域内的奥林匹克盛会"的美誉。按照国际展览局的最新规定，世博会按性质、规模、展期分为两种：一种是注册类（以前称综合性）世博会，展期通常为 6 个月，每 5 年举办一次；另一种是认可类（以前称专业性）世博会，展期通常为 3 个月，在两届注册类世博会之间举办一次。注册类世界博览会不同于一般的贸易促销和经济招商的展览会，是全球最高级别的博览会。

国际展览局是专门从事监督和保障《国际展览公约》的实施、协调和管理举办世博会并保证世博会水平的政府间国际组织。国际展览局下设机构有执行委员会、条法委员会、信息委员会和行政与预算委员会。1993 年 5 月，国际展览局正式接纳中国为第 46 个成员国。根据选举规则，国际展览局成员国无论大小，各拥有一票的选举权。在第一轮投票中，如果某候选国城市获得 2/3 以上的选票，该城市将成为下一届世界博览会的举办城市。如果第一轮投票中没有任何一个候选国城市获得所需的选票，则将进行第二轮投票，但在首轮投票中得票最少者将不再参加角逐。在第二轮投票中，获得 2/3 以上选票的候选国城市当选。如若仍没有城市获得 2/3 以上的选票，则继续按照上述方式进行第三轮投票，直至选举出 2 个得票最多的城市。最后的角逐将由这 2 个城市进行，其中得票较多的获得举办权。

（资料来源：http://expo2010.sina.com.cn/facts/knowledge/20090619/1736749.shtml，2020.12.1）

资料 2　　　　　　　　　会展业主要业务内容

会展业主要开展以下业务：

（1）策划和举办各种规模、各种性质、各种目的和各种层次的国际和国内会议。

（2）策划和举办各种规模、各种性质、各种目的和各种层次的国际和国内的展销会、展览会、交易会和博览会。

（3）策划和举办各种规模、各种目的和各种层次的奖励会议和奖励旅游活动。

（4）策划和举办各种规模、各种性质、各种目的和各种内容的节事活动。

（5）提供上述各项会议、展览、奖励旅游和节事活动所需要的各种场馆和设施及其配套的内在服务，如会务、货运、仓储、报送、报检、保险、法律、金融、通信、信息、展台设计与搭建、翻译等。

（6）安排和提供上述会议、展览、奖励旅游和节事活动的参与者所需要并能令人满意的住宿、餐饮、交通、游览、娱乐、购物等各种生活接待服务。

徐荣村——世博会中国第一人

徐荣村（1822—1873，图2-14）名瑞珩，字德琼，号荣村，广东人。上海开埠后，第一批来沪闯荡的商人，在英商"宝顺洋行"（DENT COMPANY）担任买办。他以"货则上品，售之上价"为经商之道，在沪经营丝绸、茶叶，蜚声商界。

图2-14 中国世博第一人"徐荣村"

如果没有世博会，在万商云集的十里洋场，徐荣村也仅仅是颇有名气而已，而世博会的举办，则使这个广东商人身价倍增，闻名遐迩，并从那以后在世博会历史上留下了闪光的一页。

1851年，远在大西洋彼岸的英国宣布举办世界博览会，当时的英国政府对这届世博会很是重视，维多利亚女王以国家的名义，通过外交途径，邀请十多个国家参展，在此期间，还进行展品和工艺评比活动。这一消息远涉重洋，当然也传到了隔洋相望的中国。

徐荣村立即敏锐意识到了蕴藏其中的巨大机会。于是，快速将自己经营的"荣记湖丝"装成12捆，紧急托运往英国。

可是，由于"荣记湖丝"包装太粗陋，在世博会上并未受到重视包装的西方人的任何青睐。所幸徐荣村选送的湖丝乃丝中精品，所幸世博会举办时间长达半年之久，"荣记湖丝"历经时间的考验，终于质压群芳，脱颖而出，在首届世界博览会上披金戴银，独得金银大奖。英国维多利亚女王亲自颁奖，并赠送"小飞人"画幅以示赞誉。

（资料来源：http：//baike.baidu.com/view/618853.htm，2020.12.1）

欧美展会的风格差异

受历史传统、地域和文化因素的影响，世界各国的展览会呈现明显的地域特点，具有各自不同的办展风格。从总体上看，欧美地区展览会的质量、贸易效果和办展水平都高于其他地区，基本代表了当今世界展览业发展的最高水准，我国企业出境参展最多、最集中的也是欧美展览会。然而欧美展览会在办展方式和展览会风格方面，存在明显的差异，形成各自不同的特点。

2 中外会展发展历史和现状

从展览会数量和规模的角度比较，欧洲的展览会明显具有数量多、规模大的特点。据统计，每年在欧洲举办的贸易展览会约占世界总量的60%，而且欧洲展会规模巨大，参展商数量和观众人数众多，绝大多数世界性"航母"级超大型和行业顶级展览会都在欧洲举办。

从历史的角度比较，欧洲的展览会是从中世纪的"周市"发展而来。周市是指每周举办一次的集市贸易，如古罗马的鱼市、米市、油市等，都是专门为买卖双方的交易活动作为宗旨，因而欧洲的展览会一直具有很强的贸易性。

北美展览会始于18世纪，起源于专业协会的年度会议，展览只作为年度会议的一项辅助活动，而且只是一种信息发布和形象性展示，展览会的贸易成交和市场营销功能曾在很长一段时间里并不为企业所重视。这就是为何现在仍有许多美国展览会与专业协会年度会议合在一起同时举办的原因。由于北美展览会的贸易性不及欧洲，因此贸易展览会在欧洲企业开展市场营销和贸易促销中所发挥的作用大于其在北美所发挥的作用，从而导致欧美企业对展览会的重视和利用程度也存在较大的差异。据统计，欧洲企业编制市场营销费用年度预算中，用在参加展览方面的费用约占其总预算的50%，而美国企业用在这方面的费用只占其年度市场营销费用预算的16.5%。

参加欧洲展览会的参展商和参观者经常有一个共同的感受——参展商来自世界各地，而且观众也同样来自五湖四海，在那里，展览会影响早已超出国界和地域的限制，成了名副其实的国际盛事。与欧洲相比，美国虽然是世界经济强国，但展览会的国际性远不及欧洲。在大多数情况下，美国展览会更多的是为了满足美国各州间贸易往来的需要。在美国展览会上，最活跃的交易是在批发商和零售商间进行，外国参展商的成交常常是小批量的，单笔合同成交额一般都小于欧洲。尽管如此，由于美国市场容量巨大，美国展览会对国外参展商的吸引力仍然不小。

欧美展会形成了各自不同的风格和特点，欧洲的展览馆或会展中心一般都由专门的博览局来管理和经营，它们除自己举办展览会，向一些专业协会组织或私有展览公司出租展馆外，有的还拥有自己的专业展览服务部门，可以向其他展览会组织者和参展企业提供相关展览服务，如道具租赁和展馆施工等，这与美国的做法也有很大的不同。美国展览场地的所有者与展览会的组织者截然分开，展览馆出租展览场地和设施，没有自己的展览项目，而展览会组织者一般没有自己的展览馆，办展时需要从展览场地的所有者那里租用展览馆和设施。还有就是欧洲绝大多数国家的政府都十分重视展览业的发展，因此欧洲展览业在经济生活中的影响力及政府对展览业的支持力度常常超过美国。

（资料来源：www.douban.com/note/445157068/2020.12.1）

习题与训练

理论自测题

一、名词解释

1. 国际展览局
2. 世博会

二、填空题

1. 展览的基本原理是通过_____达到_____目的。
2. _____是展览活动的起源。
3. _____是展览会的雏形。
4. 1928年11月，来自31个国家的政府代表在_____签订了_____。
5. 1931年，正式成立了国际展览公约的执行机构——_____，简称_____。

57

6. 国际大会和会议协会的简称为_____，国际展览联盟的英文缩写是_____，国际奥林匹克委员会的英文缩写是_____。

7. _____年，英国在伦敦首次举办了"万国工业博览会"，即第一届世界博览会。中国商人_____和一些_____以_____身份，参加在伦敦举行的首届世博会。

8. 代表中国政府参加国际展览局的各项工作的是_____。

9. _____是世界第一号会展强国。

10. 中华人民共和国第一次在世博会上亮相是在_____年的_____的世博会。

11. 国际展览局下设机构有_____、_____、_____和_____。

12. 奥运会是世界上_____、_____、_____的国际性综合运动会。

三、论述题

1. 分析第一届世博会在会展发展史上的重要意义。
2. 分析欧美地区在当今世界会展发展中居于主导地位的原因。
3. 为什么说德国是世界会展第一大国？
4. 举例说明我国会展业发展过程中面临哪些主要问题？
5. 阐述欧洲作为最主要的会展目的地的原因有哪些？

实务自测题

1. 走访本地会展企业，并参考网络、报刊等媒介，搜集你所在的城市会展业发展信息资料，上交一份数据翔实的调查分析报告（每组6～8人，分工协作，以小组为单位上交调查报告）。
2. 了解会展最新信息，写一份会展业最新动态报告。

小论文

1. 会展的昨天、今天和明天。
2. 网络对会展业的影响。

3 会 议

学习任务

- 学会编制会议议程和会议日程。
- 掌握会议通知的格式和写作要素。
- 了解会议证件的种类。
- 学会核算会议成本。

知识要点

- 会议的定义。
- 会议产业的定义。
- 会议的类型。
- 会议的构成要素。

知识结构图

本章主要知识结构图如图 3-1 所示。

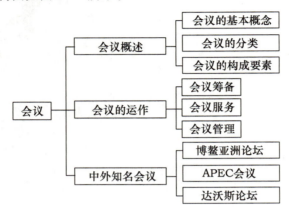

图 3-1 本章主要知识结构图

开章案例

开会的学问

小 A 大学毕业，进入公司之后，他所处理的很大一部分工作是会议组织事务。

由于公司领导众多，会议也多，时间和场地总是会出现冲突，会议期间还总是产生议程混乱、议而不决、会议冗长低效的情况。领导不止一次地批评了小 A，小 A 也很委屈。

忧心忡忡的小 A 来到了李教授的办公室，就他所遇到的问题进行请教。

小 A，以下简称 A。

李教授，以下简称李。

A：李教授，怎样才能组织好一场会议呢？

李：首先你要对会议的性质有所了解。按参会人员来分类，会议基本上可以简单地分成公司外部会议和公司内部会议。公司外部会议，可以分成产品发布会、研讨会、座谈会等。内部会议包括定期的工作周会、月会，年终的总结会、表彰会以及计划会等。

A：每次开会前我总是手忙脚乱，好像有一堆事情需要确定，但却总是等到最后一分钟才定下来，还经常漏掉一些事项。

李：在会议前的准备工作中，需要注意以下方面：

when（时间），你要告诉所有的参会人员会议的开始时间和结束时间。这样能够让参加会议的人员很好地安排自己的工作。

where（地点），是指会议在什么地点进行，要注意会议室的布局是否适合这个会议的进行。

who（人物），以外部客户参加的公司外部会议为例，会议有哪些人物来参加，公司这边谁来出席，是不是已经请到了适合外部会议的嘉宾来出席这个会议。

what（会议的议题），就是要讨论哪些问题。

others（会议物品）的准备，就是根据这次会议的类型、目的，确定需要哪些物品，如纸、笔、笔记本、投影仪等，是不是需要用咖啡、小点心等。

A：还有一个问题让我经常受领导批评，座位怎么排，怎么坐都很有讲究，可是我一点也不懂。

李：在中国传统文化中，十分讲究长幼尊卑之分，同样在会议服务中也会面临这种需要排定坐次的情况。一般情况下，会议座次的安排分成两类，即方桌会议和圆桌会议。

在方桌会议中，特别要注意座次的安排。如果只有一位领导，那么他一般坐在这个长方形的短边的这边，或者是比较靠里的位置。就是说以会议室的门为基准点，在里侧是主宾的位置。如果是由主客双方来参加的会议，一般分两侧来就座，主人坐在会议桌的右边，而客人坐在会议桌的左边。

还有一种是为了尽量避免这种主次的安排，而以圆形桌为布局，就是圆桌会议。在圆桌会议中，则可以不用拘泥这么多的礼节，主要记住以门作为基准点，比较靠里面的位置是比较主要的座位，就可以了。

A：在会议进行过程中，大家总是没有重点，东拉西扯，该解决的问题没有解决，无关紧要的话说了很多，最后使大家精疲力尽，不了了之。

李：这就需要一个会议主持人作为议程管理的核心了。一个有经验的会议主持人应该起到介绍参会人员、控制会议进程、避免跑题或议而不决、控制会议时间等作用。

A：谢谢李教授，听完您这番话，我对以后的工作充满了信心，不会再犯像以前那样幼稚的错误了。

李：在会议完毕之后，还应该注意以下细节：会谈要形成文字结果，哪怕没有文字结果，也要形成阶段性的决议，落实到纸面上，还应该有专人负责相关事务的跟进；赠送公司的纪念品；参观，如参观公司或厂房等；如果必要，合影留念。

有始有终，才是一个负责任的会议组织者。

（资料来源：http://zhidao.baidu.com/question/73803513.html，2021.5.6）

引例说明：组织会议是一个系统工程，要想组织好一场会议，既要明确会议的类别，同时要在会前、会中和会后做大量细致具体的工作。

课前热身

结合你参加过的各种会议，谈谈自己对会议的认识和看法。

3.1 会议概述

会议是人们为了解决某个共同的问题或出于不同的目的聚集在一起进行讨论、交流的活动，它往往伴随着一定规模的人员流动和消费。作为会展业的重要组成部分，大型会议特别是国际性会议在提升城市形象、促进市政建设、创造经济效益等方面具有特殊的作用。

3.1.1 会议的基本概念

1. 会议

会议是指3个人或3个人以上参与的、有组织、有目的的一种短时间聚集在一起进行讨论、交流的集体活动（见图3-2）。

作为一种管理工具，会议已经成为现代社会的经常性活动之一。会议具有决策、协调、组织领导、资讯服务、联络感情等功能，它是提供信息、聚集信息、讨论与解决问题、宣传、培育训练的重要途径。会议的

图3-2 会议

表现形式很多，只要是在一定时间内有目的、有组织地把有关人员召集起来，传递信息、协商事项、研究问题、布置工作、交流经验等，都可以称为会议。在竞争激烈的当今社会，每天都在进行着各种繁多的会议活动，从国家之间的大会议到家庭内部的小会议。会议已经成为人们相互沟通的生活形态，无论是面对面、通过电子媒体或是通过卫星，它已经深刻地影响着我们的生活。

3-3拓展知识

2. 会议产业

会议产业是指提供会议产品和服务的企业集群。其核心层是 PCO（Professional Conference Organize，专业会议组织者），外围层是提供各种会议相关服务的 DMC（Destinati Management Company，目的地管理公司）。

PCO 主要是指为筹办会议、展览及有关活动提供专业服务的公司。PCO 的具体工作内容包括：会议或展览活动的策划、政府协调、客户招徕、财务管理和质量控制等。

PCO 主要办理行政工作及技术顾问相关事宜，其角色可以是顾问、行政助理或创意提供者，在组委会和服务供应商之间起到纽带的作用。在整个会展活动决策方面的事务还是要由组委会掌控和定夺。

DMC 属于一种新兴产业。自 19 世纪 70 年代以来，会议和展览的数量激增带动了对各种新型服务的需求。交通公司发现对各类交通工具（公共汽车、豪华轿车等）的需求量不断上升，同时也意识到市场对其他辅助服务的需求。"地面经营商"一词充分反映了这种状况。

最初，"地面经营商"基本上只做地面工作——为一群人在地面上提供服务并管理交通运输工具。后来，会议策划人就开始要求他们提供更多的并且更丰富的目的地服务项目——礼品、娱乐、会址外场所、餐饮和包机旅游等。

从地面经营商提供类似新型服务开始，DMC 一词也就应运而生，因为这个词能够更准确地定义 DMC 的真正工作内容。

今天，DMC 凭借着对当地情况的了解，主要负责会展活动在主办地的现场协调、会务和旅行安排等工作。

PCO 和 DMC 都是会展业发展不可缺少的重要内容。国际会展的举办通常都是由 PCO 进行组织，在选定会展目的地城市之后，将会展服务及会展奖励旅游和主题活动交给 DMC 负责。

会议产业承办方的盈利来源有会议的策划、服务和管理等主营会议活动收入，还有会刊广告、现场广告、冠名、实物赞助、晚宴等活动营销收入，以及旅游、陪同人员活动、食宿、周边消费等会议其他活动收入。

会议产业主办方的盈利来源主要有注册费和各种赞助等。

3.1.2 会议的分类

1. 根据举办单位性质划分

按照举办单位性质划分，可将会议分为公司类会议、协会类会议和其他组织会议。

（1）公司类会议。

公司类会议规模大小不一，小到几个人，大到上千人。公司类会议的数量极其庞大。

有关机构在作会议数量统计时,很难准确统计公司类会议的数量,因为很多公司并不愿意对外宣传内部会议;如果将公司类会议比作冰山,那么它们被纳入统计资料的仅是冰山一角。公司类会议通常以管理、协调和技术等为主题,具体可分为销售会议、经销商会议、技术会议、管理者会议及股东会议等。

(2) 协会类会议。

协会类会议在会议市场中同样占有相当重要的位置。协会因人数和性质而互不相同,它们的规模从小型地区性组织、省市级协会到全国性协会乃至国际性协会不等。协会大致可以划分为行业协会、专业和科学协会、教育协会和技术协会等类型。其中行业协会被认为是会议业最值得争取的市场之一,因为协会的成员多为业内成功管理人员。协会类会议常常与展览结合举行。例如,我国定期举行的旅游交易会每次都吸引大批来自全国各地乃至境外旅游企业的参与。

(3) 其他组织会议。

这类会议的典型代表是政府机构会议,对小型会议室、套房和宴会等设施也有一定需求。在省市一级、中小规模的政府机构,会议的召开十分频繁,从而形成了可观的市场。在很多国家,工会同样是重要的会议举办者。

2. 根据会议举办时间划分

根据会议举办时间划分,可将会议分为定期会议和不定期会议两种。

(1) 定期会议,又可称为经常性会议或例会,到预定时间若无特殊情况,就必须按期召开,如我国各级人民代表大会、上市公司的股东大会和董事会等。

(2) 不定期会议,又可称为临时性会议,会议召开没有固定的时间间隔或者该会议仅召开一次就完成了其特定的任务。

3. 根据会议规模划分

根据会议规模划分,可将会议分为小型会议、中型会议、大型会议、特大型会议和国际会议。

(1) 小型会议,出席人数和列席人数量较少,一般在100人之内,与会者之间有条件进行个别的交流,与会者通常都能有一定发言时间的会议。

(2) 中型会议,出席人数为100~1 000人的会议。

(3) 大型会议,出席人数为1 000~10 000人的会议。

(4) 特大型会议,出席人数在万人以上的会议。

(5) 国际会议,国际会议相关组织及各国会议协会对国际会议有不同的定义和评定标准。

国际大会和会议协会(The International Congress and Convention Association,ICCA)对于国际会议的评定:固定性会议,至少3个国家轮流举行,与会人数至少在50人以上。

国际协会联盟(The Union of International Association,UIA)对于国际会议的评定:至少5个国家参加且轮流举行会议,与会人数300人以上,外国与会人士占全体与会人数40%以上,会期3天以上。

国际会议中心协会(AIPC,International Association of Congress Centers)对于国际

会议的评定：固定性会议，至少5个国家参加且在各国轮流举行，会期1天以上，与会人数至少在50人以上，外国与会人数占25%以上。

综合上述定义，我们说国际会议举办的条件应该有以下几点：至少3个国家参加，与会人数至少50人，外国与会人士至少占20%以上，会期1天以上。

由于国际会议在提升举办地形象、促进当地市政建设和经济发展等方面所起的巨大作用，世界上各个国家都在积极争取承办国际会议，平均每个国际会议的申办国家都在10个以上。

4. 根据会议本身性质划分

按照会议本身性质划分，可将会议分为营利性和非营利性两类。

（1）营利性会议是指通过会议的举办，主办方直接从会议中获取一定的利润；营利性会议的策划者则要充分考虑潜在参会人员的可接受费用预算，并据此选择合适的会议举办地。营利性会议不一定收取费用。

（2）非营利性会议则不以会议盈利作为直接目的，如政府会议、专业学术会议等。对于非营利性会议，会议策划者将在会议主办方的总体预算的基础上进行项目预算分解，确定会议项目的内容，然后决定与预算相当的举办地。非营利会议不一定不收取费用，主办单位从长远来说不一定不盈利。

5. 根据会议活动特征划分

按照会议活动特征划分，可将会议划分为商务型会议、度假型会议、展销会议、专业学术会议、政治性会议和培训会议等。

3-4拓展视频

（1）商务型会议。

一些公司、企业因其业务和管理工作发展需要在饭店召开的商务会议。出席这类会议的人员素质比较高，一般是企业的管理人员和专业技术人员，他们对饭店设施、环境和服务都有较高的要求，且消费标准高。召开商务会议一般选择与公司形象大体一致或更高层次的饭店，如大型企业或跨国公司一般都选择当地最高星级的饭店。商务型会议在饭店召开，常与宴会相结合，会议效率高，会期短。

（2）度假型会议。

公司等组织利用周末假期组织员工边度假休闲、边参加会议，这样既能增强员工之间的了解，以及企业自身的凝聚力，又能解决企业所面临的问题。度假型会议一般选择在风景名胜区的饭店举行。这类会议通常会安排足够的时间让员工观光、休闲和娱乐。

（3）展销会议。

参加商品交易会、展销会、展览会的各类与会者入住饭店，住店天数比展览会期长一两天，同时，还会在饭店举办一些招待会、报告会、谈判会和签字仪式等活动，有时晚间还会有娱乐消费。另外，一些大型企业或公司还可能会单独在饭店举办展销会，整个展销活动全在饭店举行。文化交流会议，各种民间和政府组织组成的跨区域性的文化学习交流的活动，常以考察、交流等形式出现。

（4）专业学术会议。

专业学术会议是某一领域具有一定专业技术的专家学者参加的会议，如专题研究会、学术报告会、专家评审会等。

（5）政治性会议。

政治性会议是国际政治组织、国家和地方政府为某一政治议题召开的各种会议。会议可根据其内容采用大会和分组讨论等形式。

（6）培训会议。

培训会议指用一个会期对某类专业人员进行的有关业务知识方面的技能训练或新观念、新知识方面的理论培训，可采用讲座、讨论、演示等形式。

6．根据会议形式划分

根据会议形式划分，可将会议划分为"有会有议"的会议和"会而不议"的会议。

（1）有会有议的会议，如圆桌会议上通常与会者平等地议事。

（2）会而不议的会议，如报告会、传达会、表彰会、纪念会、动员大会等。

3.1.3 会议的构成要素

会议的形式要素有会议的名称、时间、地点、方式、规模、主持人等。

会议的内容要素主要指会议的指导思想、会议主题、会议议题、会议任务和完成会议任务的措施等。

会议的人员要素有主办者、承办者、与会者、贵宾、与会议有关的人员（秘书处、策划委员会、地方会议及访问者办公署、总体服务承包商、主席台就座者），会场临时工作人员。

3.2 会议的运作

现代会议正朝着多元化方向发展，很多都是直接带有商业目的并能产生巨大经济效益的，如各种高峰论坛、专家培训会议等。

会议运作的一般操作流程是：会议的主办者制订举办会议的计划并委托给承办者，承办者将围绕既定的主题进行精心设计，并在市场上联系会议的买家（目标与会者）、相关人员（如政府官员、演讲嘉宾等）及举办场所，最后自己接待会议或将业务分包给会务公司。

3.2.1 会议筹备

为保证会议顺利高效召开，在会前必须做细致的筹备工作。在会议筹备过程中，要确定会议的主题、时间、地点、人物、议程及附加的会场安排、经费的预算、多媒体设备等各方面的准备工作。

1．会议主题和议题

会议主题表达的是关于会议要研究解决的主要问题、达到的目的，是贯穿于会议中各项议题的主线，它是为实现会议目的服务的。会议主题要精确、简明、有号召力、引人注目。

会议议题是会议所要讨论的题目，即所要解决的一个个具体问题。议题必须具有必要性和重要性，又必须具有明确性和可行性。会议围绕这样的议题展开讨论，进行研究，才容易取得共识或最后表决通过。每次会议的议题应该尽可能集中、单一，不宜过多，不宜太分散。尤其是不宜把许多互不相干的问题放在同一会议上讨论，使与会者的注意力分散，不利于解决问题。有些重大的代表会议，先由代表提出"提案"，由秘书或秘书处汇总，再提交主席团或专门的"提案审查委员会"审议通过，才能成为列入会议议程的正式议题。

2. 会议名称

正式会议必须有一个恰当、确切的名称。会议的名称要求能概括并能显示会议的内容、性质、参加对象、主办单位或组织、时间、届次、地点或地区、范围、规模等，如"2011年浩佳公司全体员工总结大会"。

会议名称既用于会前的"会议通知"，使与会者心中有数，做好准备；又用于会后的宣传，扩大会议的效果；更用于会议过程中，使与会的全体成员产生凝聚力。大中型会议名称被制作成横幅大标语，置于会议主席台的上方或后方，作为会议的标志，简称"会标"。会标必须用全称，不能随意省略，以免不通，产生误会。

3. 会议时间

确定会议的最佳时间，要考虑主要领导是否能出席，确定会期的长短应与会议内容紧密联系。不宜选择在企业的生产关键时期、学校的开学和考试时期、农村的农忙季节、节假日前后或休息日等时间召开会议。

4. 会议地点

会议的成功与会议地点（会议目的地）的选择关系密切。我们可以根据会议的规模、规格和内容等要求来确定会议地点。国际性或全国性会议，要考虑政治、经济、文化等大因素；专业性会议，应选择富有专业特征的城乡地区召开，以便结合现场考察；小型的、经常性的会议就安排在单位的会议室。此外，会议地点选择还要考虑会场设施、交通条件、安全保卫、气候与环境条件等因素。会议目的地成功要素如图3-3所示。

3-5拓展视频

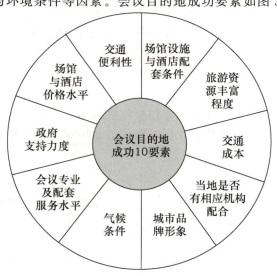

图3-3 会议目的地成功要素

经常举办会议的场所有以下几类：

（1）会议中心。会议中心是为大型会议而专门设计和建造的场所，提供各类会议所需要的全部设施，包括各类功能性房间、各类设备、卧室、餐厅及娱乐区，拥有能够随时为会议承办者提供帮助的专业人员。

（2）商务型酒店。商务型酒店是以商务客人而非旅游度假客人为主的酒店。商务型酒店的位置主要处于城市中央商务区（Central Business District，CBD），相关商务设施必须配备齐全，如多功能会议厅、网络宽带、传真机等。

（3）度假型酒店。度假型酒店主要是为宾客旅游、休假、开会、疗养等提供食宿及娱乐活动的一种酒店类型，此类酒店一般都建在风景优美的地方。随着社会的发展，度假型酒店也能提供相应的会议设施和各种代表地方、季节特色的活动。

（4）高等院校。很多高等院校都拥有专门的会议场所，这些会议场所除供教师和学生使用外，大多对外开放。许多院校的会议场所具备与商业会议中心和酒店相当的规模及设施，而且在会议举行过程中学校往往会提供一些必要的帮助。

（5）轮船。有一些轮船是为会议而特别设计的。

相关链接

让人爱上开会的邮轮会议

一次会议要考量的因素非常多，而场所就是其中之一。我们会把会议与富丽堂皇的会议厅关联起来，但很少想起船上的会议。其实，船上的会议一样精彩。

1. 中国的船上会议由此走来

近代以来，有几次在船上召开的会议对中国影响至深。

会议的地点从来没有固定不变，在清朝被西方船舰打开大门后，船上会议曾见证了一个旧时代的陨落和一个时代的开启。

在1842年，由中英两国代表，在南京下关的英国军舰"皋华丽"号上签订的《南京条约》，中国由此进入长达一百年既屈辱又奋进的近代史。

1945年9月2日，日本参加投降签字仪式的人员乘美军"兰斯多思"驱逐舰到达，登上"密苏里"号战列舰举行日本投降签字仪式。从此，中国结束外侮，走向一个新的自主时代。

此外，共产党的成立也与一次船上的会议紧密相关。1921年7月23日，中国共产党第一次全国代表大会在上海开幕。7月30日晚，"一大"会场遭法租界巡捕搜查。经代表们商定，8月2日，中共"一大"最后一天的会议在嘉兴南湖一条画舫上举行，一来防止偷袭打扰，二隐秘安全，最终圆满落幕。

2. 现代模式下的邮轮会议

进入和平年代之后，船上举行的会议不再是签订军事条约，而是在邮轮上惬意地开着各色的商务会议。

对于现代的商务人士来说："开会"就是工作，就是生意，就是生活方式。他们总会经历各式各样的会（酒会、茶会，室内的、室外的），都已司空见惯，难以引发更大兴趣。

然而邮轮会议无疑让企业或者个人找到了新感觉。作为风行欧美近百年的高档会议旅游模式，它正以其新奇、时尚和高雅的格调被越来越多的人所青睐。邮轮商务会议在发达国家早已是主要会议旅游的重要形式，随着世界各大顶级邮轮公司相继进入中国，邮轮会议旅游也成为现代人会议不二的选择。

不信，来看看"海娜"号商务会议室的这些优点，绝对让你爱上度假开会：

邮轮会议环境可控性高，商务会议室、贵宾中餐厅等一应俱全，旅游、娱乐融为一体。不用天天打包、换酒店、赶飞机，便能轻松到达多个目的地，在开会中轻松变换目的地，让会议与旅游观光完美结合。

在邮轮上从事商业活动,可以一改以往陆上会务的刻板与严谨,将商务活动融入轻松惬意的海上旅途中,开完会,在"海娜"号上你可以享受苍丝剧场各种惊险刺激、奇异梦幻的魔幻世界。

各类房型提供豪华的住宿品质,让海浪声伴你入睡。丰富的活动安排,茶会、SPA、健身、酒吧,任何一个地方都可以改变会议的方式,使你拥有惬意自由的好心情。活动安排紧凑,充满世界风情,让会议不再只是会议,而是度假的回忆。

(资料来源:https://www.sohu.com/a/36745241_114812,2021.5.6)

(6) 疗养地和主题公园。大多也都具备各种会议设施,可以提供会议服务,如北戴河、庐山、青岛、承德避暑山庄等地的疗养地和主题公园。

(7) 公司内部的会议场地。

相关链接

2013年《财富》全球花落成都

2012年4月9日,《财富》全球论坛杂志在北京宣布"2013年《财富》全球论坛"8年之后将再次聚焦中国,西部城市成都成为继新加坡、巴黎、华盛顿、上海、香港、开普敦等城市之后,全球第12个举办这一论坛的城市。

《财富》杂志总编辑苏安迪介绍,2013年6月《财富》全球论坛的主题是"中国的新未来",将聚焦于中国经济的演进、西部地区的发展及中国在全球视野中所扮演的新兴角色。中心议题包括中国世纪、资源解决方案、创新与技术、全球金融与经济复苏。

这一商业盛会继1999年在上海、2001年在香港和2005年在北京举办后,这是第四次落户中国,也是《财富》全球论坛的西部首秀。

在新闻发布会上,国务院新闻办副主任王仲伟表示,现在世界经济还处于不稳定时期,中国西部经济社会的发展速度却不断加快,《财富》杂志再次把目光聚焦中国、聚集成都,体现了整个国际社会对中国特别是对中国西部发展的关注和信心。

于1995年创办的《财富》全球论坛,已成为全球经济的风向标。不定期选择在全球经济界最受关注和最具吸引力的地点举行,邀请全球跨国公司的主席、总裁、首席执行官,世界知名的政治家、政府官员和经济学者参加,共同探讨全球经济所面临的问题。

成都是中国西部最具发展潜力的城市,其经济总量占整个中国西部经济总量的8%。作为中国内陆地区的国际性城市,截至2011年年底,世界500强企业中已有207家在成都市落户。美国、德国、法国等9个国家在成都设立了领事机构。

(资料来源:http://www.eeo.com.cn/2012/0410/224207.shtml,2021.5.6)

5. 会议议程与会议日程

3-6拓展视频

会议议程是会议主要活动的安排顺序,它主要是对议题性活动的程序化,即将会议的议题按讨论、审议和表决的次序编排并固定下来,反映议题的主次、轻重、先后。会议议程起着维持会议秩序的作用。

例如,某公司销售会议议程为:① 推选销售部经理的人选;② 年度销售活动的总结;③ 有关销售问题的发言;④ 制订下年度销售目标;⑤ 销售人员的招聘和重组。

会议日程是把一天中会议议程规定的各项活动按单位时间具体落实安排,它不仅细化围绕会议议题的全部活动,还包括会议过程中其他的辅助活动,如聚餐、参观、考察、娱乐等。会议日程表明会议发展的进程，同时也对完成各项议程需要的时间进行预测和必要的限制，以提高会议的效率。

某股份公司召开股东大会会议日程如表3-1所示。

表3-1　某股份公司股东大会会议日程

日期	时间	内容安排	地点	主持人	参加人	备注
3月8日	9：00	报到	华天酒店大会议厅	李主任	与会者	
	9：30	会议开始，董事长致开幕词	华天酒店大会议厅	张董事长	与会者	
	13：30	年度经营报告	华天酒店大会议厅	财务总监	与会者	
3月9日	9：00	年度决算表	华天酒店大会议厅	总会计师	与会者	
	11：00	会议结束	华天酒店大会议厅			

会议议程是整个会议活动顺序的总体安排，但不包括会议期间的辅助活动，其特点是概括、明了；会议日程则是将各项会议活动（包括辅助活动）落实到单位时间，凡会期满一天的会议都应当制定会议日程。

6. 编制会议预算

编制会议预算能提供定量的会议财务计划，预算的结果收入应该大于支出，否则就要努力寻找其他会议经费，以保证会议最终不出现财务亏损。因为会议许多支出都发生在会议获得收入前，通过预算可以清楚地了解会议启动资金需要的金额，避免由于启动资金不足而影响了会议的正常筹备。

（1）编制会议预算的程序。

编制会议预算的程序为编制会议的支出、会议的收入和预算总结。会议的支出包括固定支出和可变支出，需要由有一定举办会议的经验和掌握其他会议的一些历史数据的人，在了解现行各种价格并考虑到未来通货膨胀的因素后再进行编制。根据会议的人数和支出，计算出会议的注册费的收费水平，加上会议可能的其他收入，就可以计算出会议的收入。会议的收入和支出计算完成后，就可以得出会议的预算总结，可以提交给会议组织委员会审批。

（2）会议预算的内容。

会议预算主要由会议收入和支出两部分组成，支出部分又分为固定支出和可变支出两大部分。固定支出和可变支出两者之间并没有一个统一的划分标准，只要便于在以后的会议筹备中能够随时掌握和调整预算即可。

● 会议主要固定支出项目。

① 初期申办费用：主要是指在申办和竞标会议时所支出的费用。目前，我国申办国际会议时的费用大部分来自行政事业费，因而在编制会议预算时通常不将这笔费用计入会议的总支出。

② 市场宣传费：在国内外杂志刊登广告费用；会议通知、招贴画等宣传品的印刷、邮寄、散发费用；第一轮、第二轮会议通知，招贴画等宣传品的印刷费用、邮寄费，在相近的其他国际和国内会议上散发宣传单也需要食宿、交通费等。

③ 考察活动的相关费用：旅费（考察人员在考察期间所支付的城市之间的交通费）、

住宿费（考察人员在考察期间所支付的住宿费）、餐饮费、交通费（考察人员在考察城市所支付的交通费）。

④ 特邀演讲人的参会费用：会议通常对大会的特邀演讲人提供旅费、住宿费、餐费、交通费和演讲费，费用的标准可与演讲人协商。

⑤ 会场和设备的租金：通常而言，场地的租赁已经包括某些常用设施，如激光指示笔、音响系统、桌椅、主席台、白板或者黑板、油性笔、粉笔等，但一些非常规设施并不包括在内，如投影设备、临时性的装饰物、展架等，需要加装非主席台发言线路时也可能需要另外的预算。租赁特殊设备，如投影仪、笔记本电脑、移动式同声翻译系统、会场展示系统、多媒体系统、摄录设备等，租赁时通常需要支付一定的使用保证金，租赁费用中包括设备的技术支持与维护费用。值得注意的是，在租赁时应对设备的各类功效参数提出具体要求（通常可向专业的会议服务公司咨询，以便获得最适宜的性价比），否则可能影响会议的进行。另外，这些会议设施由于品牌、产地及新旧不同，租赁的价格可能相差很大。

⑥ 会场布置费用：如果不是特殊要求，通常而言，此部分费用包含在会场租赁费用中。如果有特殊要求，可以与专业的会议服务商协商。

⑦ 基本办公费用：购置办公设备费（购置计算机、打印机、传真机和复印机等设备）；租用办公室的费用、文具费、交通费、印刷费和招待费等；通信费（随着互联网广泛应用到会议筹备中，传真费用占会议总支出的比例越来越少，将来可能在预算中把它合并到办公费用中）；财务管理费（为会议提供会计服务工作的机构的财务服务费）。

⑧ 人工费用：支付给会议工作人员的工资、奖金和其他福利费用。包括专职工作人员的工资（大型会议聘用的专职工作人员，他们的工资、福利、社保基金和医疗保险应作为固定支出）；兼职人员的劳务费（会议机构中大部分工作人员都是兼职人员，在会议筹备期间，大量的节假日和业余时间被占用，应发给他们审稿费、编辑费和劳务费等）；会议期间临时员工的劳务费、交通和通信补助、翻译费用（国际会议需要书面翻译和口头翻译，需要支付翻译人员的翻译费。有些国际会议安排同声传译，还要支付同声传译译员的费用）。

其他费用：保险、税收、购物、储存、礼品、车辆接送、法律服务和各种不可预见的临时性开支。

● 会议主要可变支出项目。

会议可变支出指随着会议代表的数量变化而变化的支出。会议可变支出主要包括以下方面。

① 餐饮费。餐饮费是会议可变支出中比例最大的一笔费用，一般能占到注册费收入的65%左右。

② 会议资料印刷费。会议资料包括论文集、会议内容摘要、会议资料汇编、最终程序手册和会议指南、注册通知书（第三轮会议通知）等。

③ 邮寄费。论文录取通知书邮寄费、注册通知书邮寄费、签证邀请信邮寄费等。

④ 代表用品费用。名卡、请柬和各种票证费用、文具费用、资料包费用等。

⑤ 付给PCO的服务费。如果是按注册的人数来支付PCO的服务费，这笔费用可计算在可变支出中。

⑥ 同声传译接收器租用费用。

- 会议主要收入项目。

会议注册费是会议最主要的收入，是决定会议能否做到收支平衡的绝对因素。注册费包括代表注册费（会议正式代表交纳全额注册费）、会员注册费（有的会议为吸引代表加入该组织，该组织的会员可适当地减少一些注册费）、会议演讲人注册费（有些会议对演讲人进行奖励，免收或者降低他们的注册费）。

赞助费、补助费：要使会议的财务预算做到平衡，考虑寻求对会议的赞助和补助。目前，我国举办的各类会议或多或少都能得到一些赞助或补助，包括企业赞助、基金赞助和政府部门的补助。

另外，还有宾馆的佣金、旅游收入和展览收入等。

会议经费的筹措途径包括行政事业经费划拨、主办者分担、与会者分担个人费用、社会赞助、转让无形资产使用权。

(3) 会议预算总结。

按以上的程序编制出的会议预算，如果预算总结中收入大于支出，预算可以通过；如果收入小于支出，就要进行调整，调整的方法也已经做了介绍。会议的预算编制完成后，由会议秘书处报组织委员会审查批准，如果是国际组织的会议，有时还需要经国际组织批准。

会议预算经常采用列表的形式编制，在表格中列出收入和支出项目，通常包括序号、项目、价格、数量、预算金额和实际金额等。

例1：某会展公司举办一个培训会议，收入主要是学员的参会费，每人500元，会议场地租金10 000元（可容纳400人），专家讲课费10 000元，每人每天食宿费85元，会议共2天，资料费每人30元。公司定位的目标利润为40 000元，请问为达到公司的利润，最低参会人数为多少人？

解答：

设最低参会 m 人，可以获得利润40 000元

则：$500m = 10\ 000 + 10\ 000 + 85 \times 2 \times m + 30 \times m + 40\ 000$

$(500 - 170 - 30)m = 60\ 000$

$300m = 60\ 000$

$m = 200$（人）

最低200人参加此次会议，公司可获得利润40 000元。

 相关链接

会议常用预算表

会议常用预算表如表3-2~表3-5所示。

表3-2　收入预算　　　　　　　　　　　　　　　　单位：元

序号	项目	预算金额	实际金额
1	注册费		
2	赞助费		

(单位：元）续表

序 号	项 目	预算金额	实际金额
3	展览费		
4	广告费		
5	旅游收益		
6	住房佣金		
	收入合计		

表 3-3 固定支出预算　　　　　　　　　　　　　　　　单位：元

序 号	项 目	预算金额	实际金额
1	申办费用		
2	市场宣传费用		
3	考察活动费用		
4	征文通知费用		
5	特邀报告人费用		
6	会议机构活动费用		
7	会场设备租金		
8	基本办公费用		
9	人工费用		
10	工作人员劳务费		
	支出合计		

表 3-4 可变支出预算　　　　　　　　　　　　　　　　单位：元

序 号	项 目	预算金额	实际金额
1	餐饮费		
2	印刷费		
3	邮寄费		
4	征文通知费		
5	代表用品费		
6	服务费		
	支出合计		

表 3-5 预算总结　　　　　　　　　　　　　　　　　　单位：元

序 号	项 目	预算金额	实际金额
1	收入合计		
	减去		
2	固定支出		
3	可变支出		

（单位：元）续表

序　号	项　　目	预算金额	实际金额
4	支出合计		
	剩余收入		

7. 制发会议通知

会议通知是向与会者传递召开会议信息的载体，是会议组织者同与会者之间会前沟通的重要渠道。制发会议通知是会前准备的重要环节。

会议通知的结构一般包括标题、称呼、正文及落款。

（1）标题。写在第一行正中。可只写"通知"二字，如果事情重要或紧急，也可写"重要通知"或"紧急通知"，以引起注意。有的在"通知"前面写上发通知的单位名称，还有的写上通知的主要内容，如"关于召开×××会议的通知"。

（2）称呼。写被通知者的姓名、职称或单位名称。在第二行顶格写（有时，因通知事项简短，内容单一，书写时略去称呼，直起正文）。

（3）正文。另起一行，空两格写正文。正文因内容而异。一般要写清开会的缘由、开会的时间、地点、参加会议的对象、报到时间、报到地点，还要写清要求、注意事项、联系方式等。

（4）落款。分两行写在正文右下方，一行署名，一行写日期。

会议通知的方式有书面、口头、电话、邮件。通知下发后，应掌握人员出席、请假情况并及时向领导汇报。

以下为某公司安全会议通知。

通　知

各分公司、各分厂：

　　为贯彻市政府安全工作会议精神，研究落实我公司安全生产事宜，总公司决定召开2021年年度安全生产工作会议，现将有关事项通知如下。

　　参加会议人员：各车队队长，修理厂厂长。

　　会议时间：5月3日，会期1天。

　　报到时间：5月2日—5月3日上午8时前。

　　报到地点：第一招待所101号房间。

　　联系人：武爱国。

　　各单位报送的经验材料，请打印10份，于4月20日前报公司技术科。

××总公司
2021年4月5日

---

8. 制作会议证牌

会议证牌包括座位牌、主席证（列席证）、工作证、车辆通行证、奖状、证书、文件袋等。会议证件的内容有会议名称、与会者单位、姓名、职务、证件号码等。有些重要证件还应贴上本人照片，加盖印章。

9. 准备会议文件资料

会议文件资料主要有议程表和日程表、会场座位分区表和主席台及会场座次表、主题报告、领导讲话稿、其他发言材料、开幕词和闭幕词、其他会议材料等。

10. 布置会场

3-7拓展视频

会场的地点和大小是否合适，设施是否齐全，会场的布局是否合理，会场营造的气氛是否与会议主题内容一致，对会议效果会产生直接的影响。

会场布置的基本要求：一是要强化主题，即会标、会徽及旗帜的选择、布置要与会议主题一致；二是要勤俭节约，尽量降低会议成本。

会议室的会场控制台上应安装灯光控制器，以便根据会场需要对光照进行相应的控制，调节光亮程度。需要昏暗的光线是因为室内照明也会直接影响投影画面显示质量，如果会议室环境亮度高，会使投射画面对比度低，画面模糊，影响投影质量。显然会议室环境的照明与显示媒体的亮度需要细心权衡，全盘考虑，才能取得较好的视觉效果。需要光亮的光线是因为如果参加会议的人长期处于光线较暗的环境中，会带来视觉系统的疲劳，不能引起与会者大脑的兴奋，从而使参加会议的人很容易昏睡。况且大多数会议在过程中需要用投影的时间并不是很长，所以除了需要投影等昏暗光线的要求外，会场一定要保证足够的光照。另外，通风、温度和湿度也要注意，通风不良会使二氧化碳的浓度增加，而且还会导致环境温度和湿度的偏高，引起有些人头痛、疲倦等不适反应，所以会场的温度保持在20℃～25℃较为理想，相对湿度为30%～60%为宜。

然而对于噪声控制及声学处理的办法有很多，对于声学处理，应考虑频率特性控制、回声控制及噪声控制。频率特性控制和回声控制，可通过控制室的调音台，用增设的优质功率放大器，控制高、中、低音，并可通过扬声器环绕放置会场四周，使与会者有身临其境的感觉。噪声控制主要是隔音与吸音效果控制，隔音主要是指选用双层窗户隔离外界噪声，一些电器设备的主要部件安装在控制室，以避免电感性电气设备噪声；吸音指室内应铺地毯、吊天花板，会议室四周墙壁不宜太光滑，最好装有隔音材料并用软布包装，保证室内噪声小于40分贝。麦克风与音箱应保持合适距离及方向，降低会议室的回声以形成良好的开会环境。

11. 主席台布置

主席台座位要满位安排，不可空缺，未能参加者的座位应及时撤掉；主席台有多排，第一排为尊席；我国传统以第一排中间为贵宾，由中间按左高右低顺序往两边排开；国际惯例以右高左低顺序往两边排开，涉外会议应灵活使用；桌前应安放好姓名牌，注意中英文格式；座位之间不能太挤。

12. 讲台布置

讲台位置要设在前排左侧（正面）台口，不能放在中央；讲台上应放置话筒和花卉；讲台上应放发言稿和相关材料。

13. 后台

主席台台侧和后台设就座领导和与会者的休息室；休息室应事先排好上台就座次序，

以免造成混乱；后台可以成为休息室，也可成为临时会议室。

3.2.2 会议服务

会议服务贯穿于整个会议的会前、会中、会后等各个不同的阶段，广义的会议服务既包括发生在会议现场的租赁、广告、保安、清洁、展品运输、会场布置等专业服务，也包括餐饮、旅游、住宿、交通等相关行业的配套服务。

1. 会前服务

会前服务是服务流程中的第一个环节，这一环节工作的质量直接影响以后各环节工作的开展。

（1）会场布置。不同形式的会议，会场布置有很大不同。会场布置原则：① 以人为本，标志显著、明确，通道畅通无阻，座位便于进出；② 环境幽雅、空调适中、适量绿色植物或鲜花（尽量不用假花）装饰；③ 符合礼仪规范，注意座次排列，国际通行居中为上、以右为上、面门为上；④ 事先做好预案并征得主办者首肯，避免临时改变。

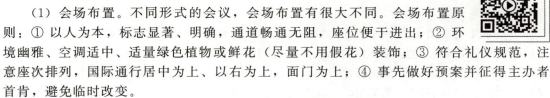

3-8拓展视频

（2）报到与签到服务。掌握与会人员抵达情况、发放会议资料。

2. 会中服务

（1）会议接待。负责会议接待的人员要提前到岗，专人负责机场和车站的礼仪、接站、公关等服务。提前在酒店、会议室摆放好欢迎条幅、欢迎牌、签到台、指示牌等。

（2）会议场所。专人到会议室检查会议室条幅、灯光、音响、茶饮等。

（3）会议住宿。会议住宿安排应根据实际情况，按照规定标准，尽可能地满足与会人员住宿上的要求。

（4）会议餐饮。会议饮食管理本着"卫生第一、保证营养、适合口味、方便节约"的原则，做好伙食预算和伙食搭配与烹调工作。

（5）会议茶歇。会议茶歇对于一般的大型会议而言可能不需要，中、小型会议，特别是公司或者组织高层会议，会间茶歇是很重要的。茶歇的定义就是为会间休息兼气氛调节而设置的小型简易茶话会，当然提供的饮品可能不限于中国茶，点心也不限于是中国点心。

（6）会议旅游。旅游线路行程、用车、导游、是否增加景点等确认。

（7）会议娱乐。娱乐消费形式、消费标准、娱乐地点的确认。

（8）会议资料。会议代表合影留念、会议后的资料收集，根据客户要求制作会议通讯录或花名册等。

（9）会议记录。时间、地点、与会人、议题、重要发言、行动方案、会议决策或结论、完成时限。

（10）会议交通。安排好会议用车，为会议提供完备的交通服务。

3. 会后服务

会后服务是会议服务流程中最后一个环节，是前面会议服务工作的延续，它能保证会议取得的成果，增加与会人员的美好印象。

（1）结账。提供会议过程中的详细费用发生明细及说明，由专人与客户进行核对并结账。

（2）送行。会议结束后为与会者订购返程票，并安排相关人员送站。

(3) 会议物品清退。会议结束后将会议所用设备进行清点、整理，及时清理退还租用设备。

(4) 会议资料归档。会议结束后将会议过程中一整套文件资料，包括会议通知、领导讲话、会议记录和会议报道等资料，进行汇集并归档。

4. 特殊与会者相应的服务要求

(1) 国际与会者。应努力为国际与会者参加会议提供方便，如在会议通知中说明签证的细节、翻译、饮食服务等。

(2) 行为障碍者。需要比其他与会者提供更多的针对性帮助，如盲人与会者特殊的会议简介、上下电梯的帮助等，乘坐轮椅与会者需要坡道及其他类型方面的设施，听障与会者需要手语帮助等。

(3) 老年与会者。需要特别考虑到老年人的一些特殊要求，如紧急医疗保障、使用不同以往的视听设备以适应老年人的视力、听力的要求等。

(4) 女性与会者。需要注意她们在某些需求上与男性与会者不同，如住宿酒店的房间增加女性用品（如乳液、洗发用品、化妆镜）及女性楼层，在停车设备方面加强车场灯光与安全设施。

(5) 贵宾。采取保密措施避免在会议过程中因贵宾出现引起骚乱或受到恐怖袭击，安排会场保安人员。

 相关链接

中国·红岛国际会议展览中心正式开馆投入使用

中国·红岛国际会展中心，由青岛国信集团投资建设，是山东省新旧动能转换重大项目库第一批优选项目，也是青岛市"一带一路"建设重点项目和国际时尚城建设的重要载体之一，项目位于青岛北部新城红岛高新区，建筑面积48.8万平方米，总投资额67亿元，历时22个月顺利竣工。

中国·红岛国际会议展览中心坚持国际标准、高端定位，由国际一流设计公司德国gmp建筑师事务所规划设计，坚持绿色环保的建设理念，突破多项技术难关，自主创新使用"跳仓结合间歇法"等先进施工工艺，36米超大跨度的有黏结预应力梁、1万平方米张弦鱼腹式玻璃幕墙、4万平方米世界最大反装膜结构、9万平方米屋面太阳能光伏板、"双首层"概念应用、能源中心一多项先进技术和理念的实践取得国际、国内新突破。

历经两年多科学规划、攻坚克难，项目共采用10大项、60小项创新技术，12项特色创新研发，50余项BIM应用技术，成功申报2项国家发明专利和多项工法。先后荣获中国钢结构金奖、绿色建筑设计三星标识、山东省优质结构、山东省建筑施工安全文明示范工地等荣誉。一流的定位与设计、一流的组织与管理、一流的技术与质量、一流的理念与运营，将中国·红岛国际会展中心项目打造成为青岛这座开放、现代、时尚、活动之城的新地标。

中国·红岛国际会议展览中心将由青岛国信集团旗下的青岛国际会展中心运营管理，项目定位于环渤海地区最富竞争力的第五代会展经济综合体，首次实现会议、展览、体育、休闲、旅游、文化、商贸等各功能区之间的无缝链接，将成为山东省内举办超级会展、大型国际会议和专业展会的首选场所。

展馆室内展览面积15万平方米，室外展览面积20万平方米，设有1个2万平方米登录大厅和14个展厅。展馆设计有效融入了"互联网+"思维的先进理念，积极打造全国领先的智慧展馆。

随着中国·红岛国际会议展览中心投入使用，与现有的青岛国际会展中心将互动形成高端会展产业集群，"双馆运营"后的会展中心展馆面积达21万平方米，占青岛市总展览面积的47%，成为青岛市乃至山东省最大的展会运营商。

国信集团将在青岛市"双招双引"和"国际时尚城建设"等攻势中，加快打造成市场竞争力强、资源配置能力强、重大任务承载力强的市场化产融结合型城市专业投资运营商，进一步发挥产业优势，将会展中心双馆的资源聚集、时尚聚合作用最大化，继续推动青岛市会展产业发展再上新台阶，开启青岛纵深开放的全新机遇之窗，让世界走进青岛，让青岛融入世界。

（资料来源：https://www.sohu.com/a/315599372_100083586，2019.5.8）

3.2.3 会议管理

3-9拓展视频

1. 会议成本管理

会议成本是指与会人员及服务人员花费在会议期间的时间量价值，相当于工作量价值及其经费开支的总和，即时间成本、损失成本和直接会议成本。

时间成本由与会者的会议准备时间、到达会场的旅行时间及会议工作人员（包括会议秘书）的时间和与会者的人数等几个相关因素组成。有时，这种时间成本可能由于各种因素（如与会人员的准备时间太长且零碎）而难以统计和计算，我们可以把它转化为金钱成本。金钱成本由与会者人数和与会者的平均工资构成。

损失成本是由于与会者参加会议，离开原来的工作岗位造成的生产、管理、市场反应的滞后等产生的损失。这个成本比较隐蔽，很多时候会被忽略，但它形成的结果又实实在在地存在。

直接会议成本也可以称为会议花费，这些花费包括与会者到达会场的旅行费用，会议期间的住宿、交通等费用，会场的租金，相关文件资料的费用等。这些花费都比较直观、清晰，也比较容易预估和统计。

目前，国外流行的一个会议无形成本（时间成本＋损失成本）计算公式如式（3-1）所示。

无形会议成本＝每小时平均工资的3倍×2×开会人数×会议时间（小时） （3-1）

式（3-1）中平均工资之所以乘以3，是因为劳动产值高于平均工资；乘以2是因为参加会议要中断经常性工作，损失要以2倍来计算。

例2： 某家公司的老总年薪是50万元，部门经理级别有10个人，平均年薪是10万元。那么，这11个人开会，1个小时的无形成本是多少？

解。

老总每小时工薪＝50万元÷12个月÷24天÷8小时＝217元

部门经理每小时工薪＝10万÷12个月÷24天÷8小时＝43.4元

（说明：按每月24个工作日计算）

因为，每个小时会议成本＝小时工资×3×2×开会人数

所以，老总和10个部门经理开一小时的会议无形成本如式（3-2）所示。

$$217×3×2+43.4×3×2×10＝3\,900（元） \quad (3-2)$$

也就是说，如果11个人开一小时的会议，其费用就是3 900元，尚不包括场地租金以及水电的费用。该公司的中、高层领导者如果每天平均开3个小时的会议，每个月直接开支就高达28万元。

2. 会议保密管理

涉密会议音响设备应符合保密要求，严禁使用无线话筒，未经批准不得录音、录像，不得携带有拍照、录音功能的移动电话进入会场，必要时应对参会人员的移动电话统一管理并使用会议保密机。

涉密会议的文件、资料要统一编号，分发时要履行签发手续并妥善保管，记录会议内容必须使用保密本。经允许形成的会议录音带、录像带应按同等密级文件进行管理。

涉密会议结束时，主办部门要认真清理文件、资料，记有会议内容的废纸要及时销毁。会议内容一般不宣传报道，必须宣传报道时，要由主办部门提出申请，经主要领导批准后方可进行宣传报道。

涉密会议开始前，要对参会人员进行保密教育，宣布保密纪律；会后，要对会议场所（包括参会人员的住宿房间）进行保密安全检查。

3. 会议危机管理

二十大报告指出，"坚持安全第一、预防为主，建立大安全大应急框架，完善公共安全体系，推动公共安全治理模式向事前预防转型。"

为保证会议安全顺利举办，会议管理者要针对不可预见的问题与可能出现的会议危机，准备好解决方案，将最坏的结果罗列出来，然后逐一提出解决方案。

会议风险预测包括人员风险预测、场地风险预测、设备风险预测、资料风险预测、健康与安全风险预测等。

4. 会议视听设备管理

各种类型的会议都需要使用视听设备，尤其是国际会议，在视听设备方面的要求更是严谨，不管是音响、麦克风、放映机等，都要有一定的质量标准，因此更需要专业人员的协助规划管理。

3.3 中外知名会议

在开放性的会展市场竞争中，品牌已成为会展行业内竞争的焦点，塑造良好的品牌形象，并在外延和内涵上延伸其价值，对于会议的举办方在竞争中赢得优胜是十分重要的。

3.3.1 博鳌亚洲论坛

1. 论坛概况

博鳌亚洲论坛（Boao Forum for Asia，BFA），或称为亚洲论坛、亚洲博鳌论坛，其是一个非政府、非营利、定期、定址的国际会议组织。博鳌亚洲论坛以"平等、互惠、合作和共赢"为主旨，立足亚洲，推动亚洲各国或地区间的经济交流、协调与合作；同时又面向世界，增强亚洲与世界其他地区的对话与经济联系，为政府、企业及专家学者等提供一个共商经济、社会、环境及其他相关问题的高层对话平台。博鳌亚洲论坛如图3-4所示。

近半个世纪以来，亚洲各国或地区通过自身努力，在经济与社会发展方面取得了显著成就，在国际和地区事务中的影响力日益上升。特别是近二三十年来，亚洲经济总体发展

3　会议

图 3-4　博鳌亚洲论坛

迅速，东亚经济实现了腾飞，创造了令世人瞩目的"东亚奇迹"，并成为世界最具经济发展活力的地区。

由于亚洲大多数国家和地区现已实行开放政策，彼此间的贸易和投资联系日益密切，双边、区域、次区域及跨区域的合作逐步展开；各国（地区）间工商、金融、科技、交通、文化等领域的合作与交流不断增加；东亚地区合作已进入实质性阶段；东盟内部经济一体化、澜沧江—湄公河流域合作、图们江流域合作等次区域合作正在进行；亚太经济合作组织（Asia-pacific Economic Cooperation，APEC）、亚欧会议、东亚-拉美论坛等跨区域合作也在向前推进。可以预言，亚洲经济发展与合作的前景十分广阔。

跨入 21 世纪，在经济全球化和区域化不断发展，欧洲经济一体化进程日趋加快、北美自由贸易区进一步发展的新形势下，亚洲各国或地区正面临巨大的机遇，也面临许多可以预见和难以预见的严峻挑战，一方面要求亚洲国家或地区加强与世界其他地区的合作，另一方面也要求增进亚洲国家或地区之间的交流与合作。如何应对全球化对本地区国家带来的挑战，保持本地区经济的健康发展，加强相互间的协调与合作已成为亚洲各国或地区面临的共同课题。

亚洲国家和地区虽然已经参与了亚太经济合作组织、太平洋经济合作理事会等跨区域国际会议组织，但就整个亚洲区域而言，目前仍缺乏一个真正由亚洲人主导，从亚洲的利益和观点出发，专门讨论亚洲事务，旨在增进亚洲各国或地区之间、亚洲各国或地区与世界其他地区之间交流与合作的论坛组织。鉴于此，1998 年 9 月，澳大利亚前总理霍克、日本前首相细川护熙和菲律宾前总统拉莫斯倡议成立一个类似达沃斯"世界经济论坛"的"亚洲论坛"。

"亚洲论坛"的概念一经推出即获得了有关各国或地区的一致认同。1999 年 10 月 8 日，胡锦涛主席在北京会见了专程为"亚洲论坛"来华的拉莫斯和霍克。胡锦涛主席在认真听取两位政要有关"论坛"构想的介绍后，表示中国政府一贯重视和支持多层次、多渠道、多形式的地区合作与对话，认为论坛的成立有利于本地区国家或地区间增进了解、扩大信任和加强合作。中方将对"论坛"的设想进行认真研究和积极考虑，并尽力提供支持和合作。同时，胡锦涛主席还强调，中国也希望进一步了解其他国家或地区的反应，因为论坛的建立必须得到有关国家或地区政府的重视、理解和支持。此后，亚洲有关国家或地区的政府均对成立"亚洲论坛"做出了积极反应。

在此背景下，博鳌亚洲论坛成立大会于2001年2月26—27日在中国海南博鳌举行，包括日本时任首相中曾根康弘、菲律宾时任总统拉莫斯、澳大利亚时任总理霍克、哈萨克斯坦时任总理捷列先科、蒙古时任总统奥其尔巴特等26个国家时任政要出席了大会。此外，中国时任国家主席江泽民、马来西亚总理马哈迪尔、尼泊尔时任国王比兰德拉、越南国家副总理阮孟琴等作为特邀嘉宾出席了成立大会并发表重要讲话。大会宣布博鳌亚洲论坛正式成立，通过了《博鳌亚洲论坛宣言》《博鳌亚洲论坛章程指导原则》等纲领性文件，取得圆满成功并受到了国际社会的广泛关注。

论坛总部选择在中国海南博鳌，其是第一个永久定址在中国举办的国际会议组织。这是亚洲地区的一些时任领导人向中国高层领导提出的建议。他们认为，海南作为中国最大的经济特区，是中国深化与国际社会联系的实验区；海南省以建设生态省为目标，说明它当前和未来的发展重点是生态产业，这是亚洲和国际社会所看重的领域，符合世界经济发展潮流；海南博鳌是一个专门为论坛设计的集生态、休闲、旅游、智能和会展服务为一体的综合功能区，有着十分宜人的自然地理环境；2004年4月，博鳌亚洲论坛理事会成员达成一致意见，今后，论坛年会将于每年4月的第三个周末定期举行。

2. 历届论坛主题

2002年4月12—13日，博鳌亚洲论坛举行首届年会，主题是"新世纪、新挑战、新亚洲——亚洲经济合作与发展"。此后，论坛每年定期在博鳌召开年会。

博鳌亚洲论坛2003年年会于2003年11月2—3日举行，主题是"亚洲寻求共赢：合作促进发展"。

博鳌亚洲论坛2004年年会于2004年4月24—25日举行，主题是"亚洲寻求共赢：一个向世界开放的亚洲"。

博鳌亚洲论坛2005年年会于2005年4月22—24日举行，主题是"亚洲寻求共赢：亚洲的新角色"。

博鳌亚洲论坛2006年年会于2006年4月21—23日举行，主题是"亚洲寻求共赢：亚洲的新机会"。

博鳌亚洲论坛2007年年会于2007年4月20—22日举行，主题是"亚洲寻求共赢：亚洲制胜全球经济——创新和可持续发展"。

博鳌亚洲论坛2008年年会于2008年4月11—13日举行，主题是"绿色亚洲：在变革中实现共赢"。

博鳌亚洲论坛2009年年会于2009年4月17—19日举行，主题是"经济危机与亚洲：挑战与展望"。

博鳌亚洲论坛2010年年会于2010年4月9—11日举行，主题是"绿色复苏：亚洲可持续发展的现实选择"。

博鳌亚洲论坛2011年年会于2011年4月14—16日举行，主题是"包容性发展：共同议程与全新挑战"。

博鳌亚洲论坛2012年年会于2012年4月1—3日举行，主题是"变革世界中的亚洲：迈向健康与可持续发展"。

博鳌亚洲论坛2013年年会于2013年4月6—8日举行，主题是"革新　责任　合作：亚洲寻求共同发展"。

3 会议

博鳌亚洲论坛 2014 年年会于 2014 年 4 月 8—11 日举行，主题是"亚洲新未来：寻找和释放增长新动力"。

博鳌亚洲论坛 2015 年年会于 2015 年 3 月 26—29 日举行，主题是"亚洲新未来：迈向命运共同体"。

博鳌亚洲论坛 2016 年年会于 2016 年 3 月 22—25 日举行，主题是"亚洲新未来：新活力与新愿景"。

3.3.2 APEC 会议

APEC 是亚太地区最具影响的经济合作官方论坛，成立于 1989 年。1989 年 1 月，澳大利亚时任总理霍克访问韩国时建议召开部长级会议，讨论加强亚太经济合作问题。1989 年 11 月 5—7 日，澳大利亚、美国、加拿大、日本、韩国、新西兰和东南亚国家联盟 6 国在澳大利亚首都堪培拉举行亚太经济合作会议首届部长级会议，这标志着亚太经济合作会议的成立。1993 年 6 月改名为亚太经济合作组织。

APEC 会议宗旨：保持经济的增长和发展；促进成员之间经济的相互依存；加强开放的多边贸易体制；减少区域贸易和投资壁垒，维护本地区人民的共同利益。

APEC 会议精神：APEC 的大家庭精神是在 1993 年西雅图领导人非正式会议宣言中提出的。为本地区人民创造稳定和繁荣的未来，建立亚太经济的大家庭，在这个大家庭中要深化开放和伙伴精神，为世界经济做出贡献并支持开放的国际贸易体制。

在围绕亚太经济合作的基本方针所展开的讨论中，以下七个词汇出现的频率很高：开放、渐进、自愿、协商、发展、互利与共同利益，被称为反映 APEC 精神的七个关键词。

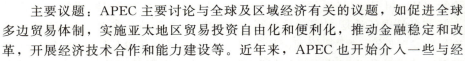

3-12 拓展视频

主要议题：APEC 主要讨论与全球及区域经济有关的议题，如促进全球多边贸易体制，实施亚太地区贸易投资自由化和便利化，推动金融稳定和改革，开展经济技术合作和能力建设等。近年来，APEC 也开始介入一些与经济相关的其他议题，如人类安全（包括反恐、卫生和能源）、反腐败、备灾和文化合作等。

合作方式：APEC 采取自主自愿、协商一致的合作方式。所做决定须经各成员一致同意。会议最后文件不具法律约束力，但各成员在政治上和道义上有责任尽力予以实施。

工商参与：APEC 工商咨询理事会成立于 1993 年，是工商界参与 APEC 合作的主要渠道。理事会的主要任务是，就如何为 APEC 贸易投资自由化和经济技术合作创造有利的工商环境提出设想和建议。理事会由各成员选派的 3 名工商界代表组成，主席由当年 APEC 会议东道主担任。理事会每年召开 4 次会议，理事会设有常设秘书处，位于菲律宾马尼拉。理事会较为活跃，为 APEC 合作发挥了积极的推动作用。

运作：亚太经济合作组织是经济合作的论坛与平台，其运作是通过非约束性承诺、开放对话、平等尊重各成员意见，不同于世界的其他政府间组织。世界贸易组织及其他多边贸易体要求成员签订具有约束性的条约，但亚太经济合作组织与此不同，其决议是通过全体共识达成，并由成员自愿执行。

APEC 现有 21 个成员，分别是中国、澳大利亚、文莱、加拿大、智利、中国香港、印度尼西亚、日本、韩国、墨西哥、马来西亚、新西兰、巴布亚新几内亚、秘鲁、菲律宾、俄罗斯、新加坡、中国台湾、泰国、美国和越南，1997 年温哥华领导人会议宣布

APEC 进入十年巩固期，暂不接纳新成员。此外，APEC 还有 3 个观察员，分别是东盟秘书处、太平洋经济合作理事会和太平洋岛国论坛。

组织结构：APEC 共有 5 个层次的运作机制。

领导人非正式会议：自 1993 年来共举行了 16 次，分别在美国西雅图、印度尼西亚茂物、日本大阪、菲律宾苏比克、加拿大温哥华、马来西亚吉隆坡、新西兰奥克兰、文莱斯里巴加湾、中国上海、墨西哥洛斯卡沃斯、泰国曼谷、智利圣地亚哥、韩国釜山、越南河内、澳大利亚悉尼、新加坡和秘鲁利马举行。2010 年、2011 年的领导人非正式会议分别在日本和美国举行。

部长级会议：包括外交（中国香港除外）、外贸双部长会议及专业部长会议。双部长会议每年在领导人会议前举行一次，专业部长会议不定期举行。

高官会：每年举行 3 次或 4 次会议，一般由各成员司局级或大使级官员组成。高官会的主要任务是负责执行领导人和部长会议的决定，并为下次领导人和部长会议做准备。

委员会和工作组：高官会下设 4 个委员会，即贸易和投资委员会、经济委员会、经济技术合作高官指导委员会和预算管理委员会。贸易和投资委员会负责贸易和投资自由化方面高官会交办的工作，经济委员会负责研究本地区经济发展趋势和问题，并协调结构改革工作，经济技术合作高官指导委员会负责指导和协调经济技术合作，预算管理委员会负责预算、行政和管理等方面的问题。此外，高官会还下设工作组，从事专业活动和合作。

秘书处：1993 年 1 月在新加坡设立，为 APEC 各层次的活动提供支持与服务。秘书处负责人为执行主任，由 APEC 当年的东道主指派。

3.3.3　达沃斯论坛

世界经济论坛（World Economic Forum，WEF）是一个非官方的国际组织，总部设在瑞士日内瓦。其前身是现任论坛主席、日内瓦商学院教授克劳斯·施瓦布 1971 年创建的"欧洲管理论坛"。1987 年，"欧洲管理论坛"更名为"世界经济论坛"。论坛因每年年会都在达沃斯召开，故也被称为"达沃斯论坛"。每年在达沃斯召开的论坛年会，一般是在 1 月下旬，会议持续约一周时间，每年都要确定一个主题，在此基础上安排 200 多场分论坛讨论。

达沃斯位于瑞士兰德瓦瑟河畔，海拔 1 560 米。这里群山环抱，风光旖旎，一条宽阔的中心大街横穿市区，两旁山坡上错落有致地排列着色彩和谐的楼房。达沃斯虽小，却因举办世界经济论坛闻名遐迩。

每年的论坛年会均有来自数十个国家和地区的千余位政界、企业界和新闻机构的领袖人物参加。达沃斯论坛已经成为世界政要、企业界人士及民间和社会团体领导人研讨世界经济问题重要的非官方聚会和进行私人会晤、商务谈判的场所之一。

随着国际形势的发展和变化，世界经济论坛所探讨的议题逐渐突破了纯经济领域，许多双边和地区性问题及世界上发生的重大政治、军事、安全和社会事件等也成为论坛讨论的内容。

论坛组成的核心是其会员和合作伙伴。目前，论坛拥有 1 000 多名会员，全部是世界知名企业和公司。此外，论坛还有各种性质的会员制组织，涉及政治、经济、文化、宗教、传媒和学术等领域。世界经济论坛每年还与若干国家的政府或企业联合主办各种国际经济讨论会。

3 会议

会议筹备工作十要点

1. 确定会议名称

会议名称也就是会议的题目，如"全国卫生工作会议""全国新型农村合作医疗试点工作会议"等。规范的会议名称一般由三部分组成：一是会议范围，二是会议内容，三是会议性质。其中会议性质包括"现场会""启动会""工作会""座谈会""研讨会"等。

2. 初定会议步骤

会议步骤包括会议的议程、程序、日程等。议程是会议议题的先后顺序，是会议程序的基础。程序是对会议各项活动，如各种仪式、领导讲话、会议发言、参观活动等，按照先后顺序做出安排。日程是对会议的活动逐日做出的安排，是程序的具体化。会议的步骤是会议有条不紊进行的保证，一旦经过领导批准，切不可随意变动。

3. 草拟会议通知

会议通知一般包括会议的名称、开会的目的和主要内容、会期、会议地点和食宿地点、与会人员、报到的日期和地点、需要携带的材料和数量及材料的打印规格、个人支付的费用、主办单位、联系人和联系电话等要素。会议通知最好由与会议主题相关的人员起草，这样更有利于通知的顺利起草。报请上级单位批准的会议，报送请示时，要附上会议通知的代拟稿。

4. 会议经费预算

会议经费预算开支的项目一般包括与会人员的食宿费、会场的租用费、会标的制作费、会务组和工作人员的房费等。如果需要邀请专家学者讲课、做报告，还要将专家的讲课费、交通费和食宿费等计算在内。

5. 办理会议报批

重要的会议必须报请领导审批。会议的请示要讲清开会的理由、会议的议程、会议的时间及会期、地点、参加会议的人数和人员级别、会议的经费预算和准备情况等。

6. 下发会议通知

会议通知务必经过处室领导审核，主管领导签发。下发会议通知要专人负责，避免遗漏、错发和重发。下发会议通知应注意两点。一是会议通知下发要及时。下发过早，参会人员容易遗忘；下发太迟，与会人员收不到会议通知，即使收到通知，难以安排手头的工作，也会降低会议的出席率。二是会议通知发出后要抓反馈。涉及多个部门、内容重要的会议要随会议通知附一份会议回执，内容包括参加会议人员的姓名、性别、民族、职务（职称）、联系电话、到会的日期、车次和航班号以及返程的日期、车次和航班号等。会前1~2天还要再次联系，以确保与会人员能够按时参会。

7. 准备会议材料

会议材料主要有三种。一是会议文件，包括下发的正式文件、文件讨论稿或征求意见的文件。二是讲话材料，包括领导讲话材料、书面交流材料和会议发言材料。三是会议主持词。主持词又叫程序稿，通过主持人在会议期间的讲话来体现会议的程序。主持词的起草要注意三点：一是要力求文字口语化。因为主持词仅供主持人使用，其他与会人员没有主持词的文字稿，所以文字要通俗易懂，切忌出现晦涩难懂的古诗词，或过分华丽的辞章。二是要注意会议程序的衔接。讲话要承前启后，简明扼要地总结前面发言人的讲话要点，顺理成章地引出下一个发言人。语言要力求简洁，避免重复和啰唆，切忌话中套话，使人听不出头绪。三是主持词的内容要提纲挈领，不要有论述性的话语，篇幅不宜太长，以免冲淡会议的主题。

8. 选择布置会场

开会要借助于一定的场所。会场条件的好坏、舒适程度的高低，对与会人员的心理会起到不可忽视的作用，直接影响到会议的效果。因此，要重视会场的选择和布置。

会场的大小要根据参会人数的多少来定，还要根据会议的需要考虑会场的设备，如会场的照明、空

83

调、音响、录音、多媒体等设备。会场的布置是办会工作的一项重要内容,主要有:(1)会标的布置。会标应与会议的名称一致,字数要少而精,如"全国卫生工作会议"。(2)席位卡的摆放。主席台上摆放席位卡的原则是"左为尊,右为次"。主席台上就座的人数最好为单数,最主要的领导居中,其他席位卡按照先左后右的顺序分别依次摆放。(3)主席台的摆放。一般有两种形式:其一,主席台高于台下的座位。适用于人数多、比较重要的会议,如报告会、工作会等,会场显得比较庄重、严肃、正规;其二,主席台与其他座位处于同一平面。适用于人数较少的会议,如座谈会、研讨会等,会场显得较随和,与会人员之间的关系显得平等。四是座位的安排。安排座位一般根据会议的性质,如果是座谈会,座位摆成回字形,回字的两边和底边可以多摆放座位;如果是向检查组、检查团汇报情况的汇报会,座位摆成回字形,但是回字的顶部和两边各摆一排座位,底边可多摆放几排座位。此外,还可以根据会议的气氛和会场的本身条件安排座位。

9. 明确人员分工

会议的会务人员可分三个小组:一是秘书组,负责会议文件、领导讲话稿等材料的起草、整理会议记录、编发会议简报和会议材料的归档等工作;二是材料组,负责会议材料袋的购买、材料的装袋和分发,以及会议的签到等工作;三是接待组,负责与会人员的食宿安排、会场布置以及工作人员的安排,如礼仪人员、服务人员和摄影人员等,此外还要做好会议经费的预决算工作。

10. 会前全面检查

会前的全面检查是进一步落实会议准备工作的重要环节。会前检查一般分为三个步骤:一是听取会议所有筹备人员的口头汇报;二是到现场实地检查,包括会议材料的准备情况和会场的布置工作;三是针对可能出现遗漏的问题,进一步采取补救措施。会前检查一般要邀请有关的领导亲临现场给予指导。

(资料来源:http://www.hui.net/news/show/id/2482,2020.5.6)

 会展人物

3-14拓展知识

麦高德——亚太会展第一人

现任 UFI 亚洲、泛太平洋及中东分部主席、亚洲博闻有限公司(CMPAsia)高级副总裁的麦高德(Michael Duck)先生,于 1994 年加入亚洲博闻有限公司(原香港交易会集团有限公司),现为该公司高级副总裁,专门负责中国及美国展览业务。其中,包括亚太皮革展、亚太区美容展、美国保健及美容展、国际海事技术展等。

麦高德亦是上海博华国际展览有限公司的董事。博华国际展览有限公司是中国最具规模的商业展会主办机构。在过去十几年里,麦高德分别在英国、新西兰、意大利、澳大利亚、希腊及中国香港工作,在加入亚洲博闻有限公司前为 Vestey Group 驻香港商务总监。2002 年被评为"2002 中国会展业公众人物",2003 年当选为"2003 年度中国会展业十大新闻人物"。

(资料来源:http://mall.cnki.net/magazine/Article/ZHZP200501027.htm,2020.5.6)

 综合案例

案例 1　　　　　　　　　　　**请柬发出之后**

某机关定于某月某日在单位礼堂召开总结表彰大会,发了请柬邀请有关部门的领导光临,在请柬上把开会的时间、地点写得一清二楚。

接到请柬的几位部门领导很积极,提前来到礼堂开会。一看会场布置不像是要开表彰会,经询问礼堂负责人才知道,今天上午礼堂开报告会,某机关的总结表彰会改换地点了。几位领导感到莫名其妙,个个都很生气,更改地点为什么不重新通知?一气之下,都回家去了。

事后，会议主办机关的领导才解释说，因秘书人员工作粗心，在发请柬之前还没有与礼堂负责人取得联系，一厢情愿地认为不会有问题，便把会议地点写在请柬上，等开会的前一天下午去联系，才得知礼堂早已租给别的单位用了，只好临时改换会议地点，但由于邀请单位和人员较多，来不及一一通知，结果造成了上述失误。

（资料来源：https://wenda.so.com/q/1452764142729354，2020.5.6）

案例 2　　　　　　　　　"霸王现象研讨会"成功案例分析

对于致力于打造品牌会议的公司来说，十分乐意看到自己的某个会议有希望培养成为品牌会议。然而品牌会议的关键就是要会"造势和相势而动"，前者指在了解市场的基础上，利用各种手段对会议主题进行宣传，达到市场需求或者关注；后者指在会议举办过程中，在执行会议策划方案的同时，寻找做大做好会议的机会，随机应变铸造品牌会议。2004 年 12 月 20 日由北京七星桥文化传媒有限公司（简称七星桥公司）举办的"霸王现象研讨会"就是这样一个成功案例。

1. 充分调研

"凡事预则立"。会前做好充分准备是"造势"的基础。以中国产业报协会的 30 余家知名媒体为主导的这次会议，在前期进行了充分的准备。

首先，基于这次会议的特殊性，从 2004 年 8—12 月，主办方七星桥公司组织区域经济专家、学者和中国产业报协会下属的各大媒体，以及北京的知名媒体的编辑、记者，先后召开了 5 次专题会议，在会议的主题、分议题等方面集思广益，每次会后都对新问题进行修正。为了保证会议及宣言具有广泛性，组委会还邀请了一些在全国具有代表性的企业参会并进行互动活动。

其次，为了保证会议内容的准确可靠，主办方专门邀请了中国社会调查所提供问卷设计、统计分析等技术支持；同时，还有选择地在数家平面媒体上刊登调查问卷，并通过新华网、人民网、新浪网等电子媒体进行网上调查。从 11 月 22 日—12 月 10 日，共收到来自全国各地的调查问卷 58275 封（包括网上和信函方式）。但仅仅是手头掌握的数据和问卷还不够，主办方又通过中国社会调查所进行分析整理，并对相关人员进行了培训，提升了他们对会议的认识和服务水平。

2. 慎重选题

确定议题是成就会议的关键，也是"相势而动"的方向。在这次调查中，社会各界反应强烈，会议受到的关注出乎主办方的意料，这让主办方认识到此次会议涉及社会各界、各个层面的消费者，会议的影响力非同一般。于是在议题设置上更加慎重，对一些问题更加注重从法律的角度进行咨询，以保证会议的权威和公正性。

会议的内容是经过多次筛选才确定下来的。在最初的会议策划方案中有"十大霸王现象""十大霸王行业""十大霸王企业""十大霸王问题"四个评选项目。但是，曾经为双星鞋进行过广告策划的七星桥传媒董事长胡英暖从企业生存的角度考虑，媒体的宣传和会议评比结果可能会影响企业的生存环境。本着营造公平竞争环境、使商业与生产制造企业之间形成一个双方联手、合作共赢局面的前提，他们只保留了"十大霸王现象""十大霸王行业"评选内容，增加了"2004 年中国十大公平交易企业"项目，会议期间还联合所有参会单位向全社会共同发起《公平交易宣言》，把这次活动从简单的研讨会层面提升到了一个新的高度，会议的知名度也随着《公平交易宣言》的传播更加深入人心。

3. 巧请嘉宾

巧妙邀请重量级嘉宾参会是该会议造势和相势而动的妙笔。

由于此前还没有会议明确地提出研讨"霸王现象"这个议题，更没有哪个公司专门为之进行如此详细的调查和法律咨询，尤其是在这次会议的议题和调查结果受到社会各界更广泛的关注以后，主管部门和中央有关领导对这个会议更加重视。从客观上说，这为邀请到重量级嘉宾打下了基础。

由于七星桥公司广泛联系中国产业报协会所属媒体，充分发挥宣传效应，预热会前的舆论环境，使得会议成功邀请到中央领导。为了能够邀请到知名的法律专家、经济学家和政府部门领导，他们还通过报协发出邀请函、公司派专人对口联系的方法,最大限度地保证邀请成功。

4. 因势利导

会议举办期间,有些专家发表即席演讲往往因为一些原因出现了超时现象,主办方不得不巧妙地提醒专家,并根据参会者的热情和需要,在下午临时增设了专场论坛,既满足了专家学者的研讨需求,也给企业代表提供了畅所欲言的机会,受到了参会人员的欢迎。对会议中出现的意外情况,胡英暖说:"这些情况,事先都应该做好准备,我们做了估计,方案中预留了一定的回旋时间,并在会前同一些专家进行了交流,对可能出现的超时现象有所准备。"

这次在人民大会堂举办的会议活动最终邀请到了全国政协副主席孙孚凌等领导人出席,200多位专家、学者和企业代表参加论坛讨论,众多媒体争相报道会议内容,同时也引起社会上关于"霸王现象"的长时间讨论,会议获得了巨大成功。

(资料来源:http://www.omaten.com/news/20161103095719.html,2020.5.6)

案例 3　　　　　从恒大海花岛看会议旅游综合体的前景

通过大量的电视广告及楼宇广告,很多人知道了海花岛,知道了恒大集团在海南建设了一个大型的会议旅游综合体设施,里面有18个业态,你能想到的与旅游、娱乐、度假、购物、美食等有关的功能应有尽有,当然还包括会议和展览。

3-15 拓展视频

大型综合体设施就像万花筒一样,从不同的角度看,会呈现出不同的样子:对于家庭与个人来说,它就是一个旅游度假的好去处;而从公务的角度看,它是一个会议展览目的地,只不过配套设施十分丰富而已。那么对于设施的创建者来说呢?构建及运营良好的综合体设施,就像操作一台高速运转的"赚钱机器"。

建设综合体设施,恒大并不是首创,但把这么多业态都装进去,在国内还真是头一回。有人会问,综合体设施的好处在哪里?将来到底能"综合"到什么程度?前景如何?从国际上看,设施的综合化的确是一个重要的发展方向。这其中有以下两点值得关注。

1. 功能的集中化

换句话说,就是综合体设施会变得越来越"综合"——可以成为一个目的地,也可以演化成为一个中小型的城镇。那么,往这个"大篮子"里装东西的基本逻辑是什么呢?就是人们的消费需求——所有的功能都是围绕着人的消费需求展开的,包括个人和机构两大方面。

随着综合体内设功能的进一步增加,给综合体命名会变得越来越难。以前,综合体的功能比较少,其中的一两项功能会比较突出,那么就以这一两项突出的功能命名好了,比如"会议综合体""娱乐综合体"等。现在,综合体的命名就只能各显神通了。

另外,综合体功能增多了之后,产品与服务之间的边界不仅会变得模糊,甚至会完全"坍塌"。比如"咖啡",综合体内部可以围绕"咖啡"展开的服务有很多——它既提供喝咖啡服务,也卖咖啡类产品,还提供咖啡DIY服务,甚至更有咖啡相关图书的阅读及销售、咖啡知识的介绍,没准儿还会组织咖啡社群、咖啡主题旅游、咖啡游戏什么的。

国外专家从消费、市场、社会等角度对综合体设施进行了深入的研究,美国著名社会学家乔治·瑞泽尔(George Ritzer)就是其中之一。他把这种将消费者集中在一个空间内的综合性设施称作"新消费工具"——一种允许、鼓励甚至强迫我们去消费其中的大量商品与服务的场所。强烈的时空压缩,极大地提升了人们的消费欲望和消费效率。

2. 功能的专业化与极致化

新型综合体设施瞄准的是中高端消费群体,投资方希望通过把其中的一项、多项或者一系列功能从专业角度做到极致化的方式,来营造一个"具有魅惑力的世界",进而激发人们的消费欲望。

对于综合体设施而言,个人需求与机构需求没有本质上的区别,也不存在什么不可调和的矛盾。相对于个人及家庭的需求而言,机构的需求相对复杂些——分为两个方面:一个是机构本身的需求,它需要通过会议、展览或其他活动来完成；另一个就是机构中的个人——他们在公务活动之外与其他客人并没有什么差异。

为什么要在综合体设施中添加满足机构需求的功能呢？这是一个很有意义的话题。会议是工作与旅游结合的最好方式——以财政资金举办的会议除外，让机构里的人在参加会议的时候"顺便旅游"，是国际上通行的做法——因为让雇员"心情愉快"对工作顺利开展有好处。对于综合体设施的拥有者来说，增加会议展览功能，一方面可以吸引高质量的商务客人群体，另一方面可以使客源结构多元化，让综合体良性运转起来。

对于发展中的中国而言，建设一个高水平的综合体设施，并使其进入良性运转状态，还面临很多挑战。

一是功能的统筹与把握，综合体设施是为"未来的消费者"而规划设计的，如何判断未来的消费者到底需要什么，产品与服务的功能该如何增减，各个功能之间的动态平衡该如何把握，仅靠专家的几句话或者老板本人来拍脑袋，是远远不够的。

二是专业化与极致化，没有人傻到不知道专业化的意义有多大，但真正做到这一点可不是一件容易的事。"美丽的无用之物"，在我们国家并不少见。如果说把一两个功能做到专业化和极致化还比较容易的话，那么在很多方面乃至整个综合体都做到这一点就困难多了，尤其是在满足机构需求这方面。

三是运营管理与服务能力，当今中国有能力以超常规速度搞出一大堆建筑，而且豪华程度不输给发达国家，我们已经用事实证明了这一点。相对于在硬件设施上所下的功夫，我们在软件方面所付出的努力就太少了——炫目的外观设计及华丽的装饰与低下的运营管理及服务水平之间往往会形成强烈的反差。

（资料来源：http：//www.cces2006.org/index.php/Home/Index/detail/id/9194，2020.5.6）

习题与训练

 理论自测题

一、名词解释

1. 会议
2. 会议产业
3. 会议主题
4. 会议议题
5. 会议日程
6. 会议议程
7. 会议成本

二、填空题

1. 根据 ICCA 的定义标准，只有与会人数在_____人以上，至少在_____个国家轮流举行的固定性国际会议才被纳入国际会议活动的统计范围。

2. 会议申办有_____和_____两种形式，其中最具挑战性的会议申办方式是_____。

3. 小型会议是指与会人数在_____之内的会议活动，中型会议是指与会人数在_____之间的会议活动，大型会议是指与会人数在_____之间的会议活动，_____以上的会议为特大型会议。

4. 第一个永久定址在中国的会议组织为_____。

5. 会议具有_____、_____、_____和_____。

6. 为了企业的业务和管理工作发展的需要而进行的会议活动称为_____会议。

7. 会议中"旁听"成员无表决权有_____。

8. 会议主要人员的贴身随员用房，应尽量安排_____主要人员的房间，以方便照顾会议主要人员起居生活。

9. 会议主题是贯穿于_____的主线，它是为实现会议目的服务的。

10. 会议是指_____、_____、_____的一种_____集体活动方式。

三、单项选择题

1. 按举办者的性质不同，会议可分为协会会议、公司会议、政府会议等，其中会议市场最重要的客源是（　　）。

　　A. 协会会议　　　B. 公司会议　　　C. 政府会议　　　D. 政治团体会议

2. 冬季与夏季"达沃斯论坛"分别在（　　）举行。

　　A. 瑞士，美国　　B. 瑞士，中国　　C. 日本，瑞士　　D. 瑞士，日本

四、简答题

1. 会议会场的布置应遵循哪些原则？
2. 会议议程与会议日程有哪些区别？
3. 选择会议地点应综合考虑哪些因素？

五、计算题

1. 某协会举办一个会议，会议主要收入为参会人员交纳的会务费。每个参会人员交纳会务费400元，场地租金20 000元，娱乐活动费用10 000元；每人食品费用150元，每人酒水费用100元，至少多少人参加会议，才能保证不赔不赚（保本）？要想通过办这个会议赚5万元，至少需要有多少人参加会议？

2. 某公司业务部总经理年薪是60万元，业务员有8名，平均年薪是10万元。那么，业务部全体成员开会，1个小时的无形成本是多少（按每月24个工作日，每天工作8小时计算，保留小数点后一位）？

实务自测题

1. 讨论公司有哪些常见类型的会议。

2. 根据所给材料，写一则带有回执的会议通知。

我市2019年的军队转业干部安置工作已经结束，明年的工作即将开始，为了部署明年工作。××市委组织部和××市人事局2019年10月15日下发通知，决定召开会议：11月18日开会，会期1天，开会的地点为万豪温泉谷酒店。各县市区出席会议人员11月17日下午到万豪温泉谷酒店报到；市直各单位出席会议人员11月18日上午8：15直接到万豪温泉谷酒店开会。参会者为市直各单位人事科科长和各县市区人事局局长。

案例分析

1. 大型会议的晚会内容

3 会议

关于大型会议的晚会内容如何确定，方秘书先请示分管这项工作的领导黄副主任，黄副主任定为"举办电影晚会"。黄副主任没有说要再往上请示，而方秘书自认为再请示一把手贾主任也许会更好办事。在请示贾主任时又没有把已请示黄副主任所定的意见告诉贾主任，一把手贾主任的批复定为"观看戏剧演出"。一个晚会出现两种不同安排的领导意见，这让方秘书左右为难。最后秘书组研究决定按一把手贾主任的意见执行。由方秘书向黄副主任作自我批评，说明拟按贾主任的意见办，请黄副主任谅解。分析回答：

（1）方秘书的工作中有什么失误？

（2）最后秘书组研究决定按一把手贾主任的意见执行，对不对？为什么？

2. 会议通知

致：各部门经理

定于12月16日（星期三）下午1：30在公司会议室召开会议，讨论公司人员编制和工作绩效评估问题。此次会议内容重要，请有关人员务必准时出席，您能否参加，请于12月14日（星期一）之前打电话告知秘书陈红，联系电话：51426398。

分析这个会议通知中包含哪些信息？应该采用什么方式进行通知？

出现问题：对上则会议通知，秘书陈红没有向各主管发送通知，她想反正是内部会议，只要在公司布告栏上贴一张通知就可以了，可是她忽视了一个问题：此次会议是临时召开的重要会议，并非公司例会。因此有些主管因为一直在工程现场，未能及时看到通知，造成了3位主管未能准时到会。待发现时，是星期三的中午，陈红只得匆忙用电话通知3位主管迅速赶到开会地点。其中销售经理王宾接到电话后不满地说："这么重要的会，为什么不早下通知？我下午约客户，会议只能让我的助手去开了。"陈红急忙说："那可不行，总经理特别指示，有关人员务必准时出席。"王宾说："可是我已通知了客户，改期已来不及了，你说怎么办？"陈红无话可说。

分析出现问题的原因是什么？正确做法是什么？

3. 会议资料准备

某董事会召开会议讨论从国外引进化工生产设备的问题。秘书陈红负责为与会董事准备会议所需文件资料。由于多家国外公司竞标，材料很多。陈红由于时间仓促就为每位董事准备了一个文件夹，将所有材料放入文件夹。有3位董事在会前回复说将有事不能参加会议，于是陈红就未准备他们的资料，正式开会时其中的两位又赶了回来。结果会上有的董事因没有资料可看而无法发表意见，有的董事面对一大摞资料不知如何找到想看的资料，从而影响了会议的进度。

分析出现问题的原因？如何解决？

4. 会议设备准备失误

会务组会前起草的"大会开幕式程序（送审稿）"中列有"奏（或播放）国际歌"一项。大会秘书处一位负责人审稿时，拟把此项放在大会闭幕式时进行，于是把此项目在开幕式程序中删掉了。大会秘书处主要负责人定稿时，又把该项圈了回来。会务组凭印象认为开幕式已经删掉了奏国际歌这项程序，而对后来又被圈回一事，未加注意，因此对于在大会开幕式上"奏国际歌"一项事前未做准备，当主持人在大会上宣布"奏国际歌"时，无法奏出，一时冷场。会务组长急中生智，立即上台挥拍领唱，这样才圆了场。

分析本案例中操作错误的地方，再分析现场解决方式是否妥当。

4

展 览

学习任务

- 了解展览的相关术语。
- 明确展前准备阶段的各项工作要点。
- 掌握展中服务的各项工作内容,理解现场管理的一般原则。

知识要点

- 展览的定义及相关术语。
- 展览的主要功能。
- 展览的分类。
- 展览的构成要素。

4 展览

知识结构图

本章主要知识结构图如图4-1所示。

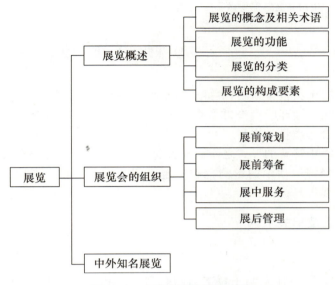

图4-1 本章主要知识结构图

开章案例

办展会就是做服务

服务是一门技术，也是一门艺术。观众组织、展览服务工作是"以人为本，专业服务"的核心内容之一。如何使参展商、观众得到更加完美的展览体验，为各参展企业定制个性化的参展计划与服务，促进业界交流与合作，同时挖掘潜在客户，成为对展览组织者的严峻挑战。展会企业的服务水平影响到参展商的参展动机和出游动机。展会服务水平越高，参展商对展会和旅游的需求也就越大。

世界上最大的体育用品类国际博览会——慕尼黑体育用品及运动时装国际博览会（简称ISPO）品牌光环的背后，靠的是它的服务质量。"办展会就是做服务，就是为行业提供交流的平台，如果没有了良好的服务支撑，展会就无法存在了。"慕尼黑博览集团的项目总监这样阐述他们的办展理念。

广交会就为大客户提供了VIP服务，为其设计了专门的定点采购区，采购商可以入驻这些定点采购区享受VIP服务。与参展的供应商一样，采购商也划出了一块地盘进行品牌形象展示，提升知名度。广交会不仅对采购商展位收费低廉，并且为他们免费设计并搭建展台，对采购商需要采购的产品目录和联系方式也印发了资料，使得供应商能够有针对性地直接到定点采购区洽谈。阿里巴巴等电子商务企业也没有放过广交会这次良机，它们巨大的橘黄色招牌和LOGO显然花了不少血本；环球市场门面小巧，但用心在细节，如吧台1.1米，就是考虑外商身高方便书写；环球资源"家"一般的温馨服务招揽了不少人驻足，8台计算机供客商免费收发电邮，更有咖啡间、电视机、座椅，让客商享受忙中偷闲的乐趣。

（资料来源：https://www.showguide.cn/n/2010233500.html，2021.5.6）

课前热身

1. 请说出你参加过哪些展览会。
2. 基于你对展览会的了解,你认为展览会确实有用吗?它们是商品买卖的最好方式吗?
3. 说明筹办"大学生用品展"需要做哪些主要工作?

4-1拓展视频

4.1 展览概述

二十大报告指出,"推进高水平对外开放。依托我国超大规模市场优势,以国内大循环吸引全球资源要素,增强国内国际两个市场两种资源联动效应,提升贸易投资合作质量和水平。"

展览是会展活动中重要的形式之一,随着我国经济运行的市场化及国际化程度不断提高,展览业在社会经济活动中的影响也越来越引起人们的关注。展览活动已成为企业营销、品牌培育的重要工具。

4.1.1 展览的概念及相关术语

1. 展览的概念

"展示"(Display)一词来源于拉丁语的名词"Diplico"和动词"Diplicare",表示思想、信息的交流或实物产品的展览。所谓"展",就是陈列、展示;所谓"览"就是参观、观看;所谓"会"就是为了实现某种目的集中到一起进行交流。

展览是指在特定的地点和期限内,有组织地陈列展示产品,以达到信息、商品、服务交流为最终目的的中介性社会活动。目前,展览已经成为企业营销、品牌培育的重要工具。展览工作原理如图4-2所示。

4-2拓展知识

图4-2 展览工作原理

2. 展览相关术语

(1)标准展位是指使用统一材料,按规定的标准模式统一搭建的展位。目前国际上通用的标准展位面积为9平方米,规格为3米×3米×2.5米(见图4-3)。每个标准展位通常由3面围板(高2.5米、宽1米的国际标准白色展板)、1块楣板(参展单位中英文名称)组成。

标准展位的基本配置大多为两盏射灯或日光灯、一个电源插座(220伏,5安)、一张洽谈桌、两把椅子和一个纸篓;另外,根据商品的展示特点不同,在有些展览中,每个标准展位还会配置一部电话、一个宽带接口等。

(2)异型展位(见图4-4)指非标准的展位空间。例如,两个或两个以上的标准展位,在不破坏主体结构的情况下,将中间的隔断打通使它们连在一起,成为一个不规则的展示空间。或者由于场地空间问题产生的非正方形与长方形的展示空间。

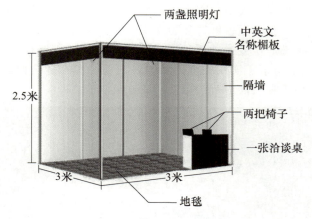

图 4-3 标准展位效果

图 4-4 异型展位

（3）光地展位（见图 4-5）指特装展位，不附带标准展位配置的电源、楣板、桌椅等。按总共多少平方米计算展位费，而不是按几个标准展位来计算。

图 4-5 光地展位

通俗来说，就是参展商租个空地，自行或委托特装施工单位（也称搭建服务商或承建商）在光地展位上搭建自行设计的展台，而不是展馆提供的标准展位。特装展位一般是 36

平方米起，等于4个标准展位大小。因为参展单位自己装修的费用非常高，基本上与展位费用等同，所以一个参展企业是否做特装能反映出该企业对展会的投入力度。

（4）特装指对非标准展位或光地展位进行创意设计和特别制作。特装展位（见图4-6）具有美观大方、功能丰富、实用性强的特点，避免了标准展位内配置简单、功能单一的缺点，能更有效地便于参展商进行产品展出和贸易洽谈。

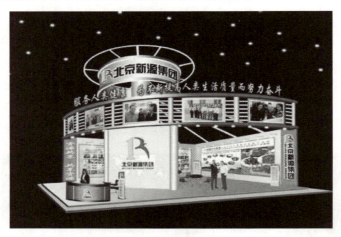

图4-6 特装展位

（5）布展（见图4-7）工作是一个贯穿展会始终的大项目，它不仅是展会期前的施工，而是从前期展馆的租赁、展区划分、展位图的制作，到展位的分配、展商的协调，再到展馆的施工、展商的布展、展会现场的协调，一直到最后的撤展都属于布展的一系列工作。布展工作烦琐而且工作量非常大。如果把展会比喻成一个人，专业观众是他的命脉，参展商是他的血肉，那么布展工作打造的就是他的骨架。

图4-7 布展现场

（6）展的是指展览的组织者和参展者所要展示的物品及其所包含的内容，包括科学技术知识、社会经济发展成果、人物先进事迹、各种各样的商品等。旅游展览会的一般"展的"是旅游风景区的形象和特色等，一般的食品展、服装展"展的"就是展示的产品，而世博会的"展的"就是一个国家的形象，包括物质和精神文化。

（7）展具是展示活动的重要组成部分，是进行展品陈列的物质基础，是各种展览器材的统称。展具一方面有可安置、维护、承托、吊挂、张贴等陈列品所必备的形式功能，同时构成展示空间的形象创造独特视觉形式的最直接的界面实体。展具的形态、色彩、肌理、材质、工艺及结构方式，往往是决定整个展示风格和左右全局的至关重要的因素。

（8）展览场馆是指举办展览会活动的固定场所。其可以是会展中心、展览中心、博览中心、展览馆等；也包括在科技馆、体育馆、博物馆、图书馆、会议中心、酒店等场所范围内专门开辟且固定用于展览活动的场所。

（9）展览场所是指临时或偶尔举办展览活动的地方。譬如：常年展销中心或专业市场不能算作展览场馆，但可以叫展览场所。

（10）展览业收入由展览组织者收入和展览场馆的收入两部分组成。

（11）展览组织者收入是指通过出售展位、参观门票、展会广告等获得的收入，以及得到的商业赞助和政府部门用于购买展会操办、服务资金等。

（12）展览场馆的收入是指通过出租展览场地以及组织展览会或其他商业性活动所获得的收入。

（13）展览公司是在公司营业执照的经营范围中明确列出"举办展览会、展销会"的公司。

（14）展览服务公司是在公司营业执照的经营范围中未列出"举办展览会、展销会"，而列出提供与展览会相关的服务，诸如展览的装修、搭建、运输、信息、统计、广告、印刷、宣传、媒体等服务的公司。

4.1.2　展览的功能

展览会品种繁多，但有一个"信息高度集中"的共同特点，展览会因此而形成了一些共同的功能。我们总结展览会共同的功能如下。

（1）促进业内信息交流。展览会可以折射出行业的格局和变迁，反映行业发展动向，企业往往借展览会进行市场调研，相互了解，与同业者观摩、交流新技术，沟通专业信息和协商合作，探讨营销手法和品牌运作模式，做到交流与展示并重。

（2）具有极强的交易功能，即企业往往希望在展览会上争取到专业观众，拿到订单。

（3）开拓市场，进行形象宣传。对一个成熟企业而言，基本上具备了比较完善的市场网络，待开发的市场目标十分明确，一般不用通过展览会来开拓市场，而是将展览会作为一个展示的舞台，向会集于此的业界同行及相关人士展示产品、企业实力和品牌形象。

（4）展览会若能与高级研讨会、业务洽谈会、技术成果拍卖会、人才交流会等成套举办，那么所起到的作用将是综合性的、全方位的。它不但能使人流、物流、资金流当场落到实处，还能推动知识更新、观念转型等。

4.1.3　展览的分类

1. 按展览内容划分

根据展览内容不同，国际展览业协会将展览会分为综合性展览会和专业展览会。

（1）综合性展览会，指全行业或数个行业的展览会，也被称为横向展览会。这类展览会规模一般比较大，按行业划分展区，如广交会。

（2）专业展览会，指展览某一行业甚至某种产品的展览会。这种展览会的最大特点是常常举办讨论会、报告会，以介绍新产品、新技术等，如香港国际珠宝展、上海国际车展等。

总体上看，综合展览会的经济效益不如专业展览会。在发达国家，大型综合展览会已经基本让位于专业展览会。

2. 按展览性质划分

根据展览性质不同，可将展览会划分为消费性展览会、贸易性展览会和宣传性展览会。

（1）消费性展览会，是面对消费者开放的。这类展览会多具地方性、综合性，如服装、名优产品展等。这类展览会重视观众的数量，不需要买门票参观，如各类展销会。

（2）贸易性展览会，通常是为产业如制造业、商业等行业举办的展览会。展览的主要目的是交流信息、洽谈贸易，展出者和参观者主体是商人，如深圳高交会。

（3）宣传性展览会，以宣传展示为目的的展览会，如世博会就是以展示、宣传人类当世文明记录为目的的特大型展览会。另外，诸如经济建设成就类展览、人物先进事迹展览、专项整治类展览（如反腐展览、扫黄打非展览等）、科普类展览、欣赏性书画展览等都属于宣传性展览会。

3. 按展览规模划分

根据展览规模不同，将展览会划分为国际性展会、全国性展会、区域性展览会、地方展览会和独家展览会。

（1）国际性展会，国外参展单位（参展商）参展的净面积不少于整个展览会净面积20%的展览会可以称为国际展览会。

（2）全国性展览会，由国家各部委、行业主管部门、国内外著名展览公司主办的专业性和综合性展览会、交易会和博览会。

（3）区域性展览会，由各省市地区政府、行业主管部门和一般性商业机构组织的展览会、交易会。

（4）地方展览会，一般规模不大，特征是参展商、观众以当地为主。

（5）独家展览会，由单个公司为其产品或服务举办的展览会。独家展览会的好处是公司可以自主选择并决定展览时间、地点和观众等。

4. 按展览面积划分

根据展览面积大小不同，可将展览会划分为小型展览、中型展览和大型展览。

（1）小型展览，指单个展览面积在 6 000 平方米以下的展览会，如魅力海西——福建美术精品展，展览面积为 5 700 平方米。

（2）中型展览，指单个展览面积为 6 000～12 000 平方米的展览会。2009 首届海峡西岸（福州）节能环保与绿色人居产业博览会，展览面积 10 900 平方米。

（3）大型展览，指单个展览面积超过 12 000 平方米的展览会。第六届中国海峡电子商务博览会,展览面积 13 500 平方米。

5. 按展览时间划分

根据展览时间不同,可将展览会划分为定期展览会和不定期展览会。定期展览会有一年一次、一年二次、一年四次、两年一次等,不定期展览会则要看需要和条件来举办。长期展可以是三个月、半年甚至常设,短期展一般不超过一个月。在发达国家,专业展览会一般是 3 天。在英国,一年一次的展览会占展览会总数的 3/4。展览日期受财务预算、订货情况及节假日的影响,有旺季、淡季之分。根据英国展览业协会的调查,3—6 月及 9—10 月是举办展览会的旺季,12 月至次年 1 月及 7—8 月为举办展览会的淡季。

小 资 料

香港历史博物馆的长期展——"香港故事"

4-3 拓展视频

"香港故事"长期展是香港历史博物馆多年来辛勤努力搜集、保存及研究工作的总展示。整个展览占地 7 000 平方米,共有 8 个展区,分布于两层展厅;通过逾 4 000 件展品、750 块文字说明、多个立体造景及多媒体剧场,配以声和光的特殊效果,栩栩如生地介绍香港的自然生态、民间风俗及历史发展。"香港故事"从四亿年前的泥盆纪开始,以 1997 年香港回归作结,内容务求雅俗共赏,趣味与教育并重。

观看"香港故事"展览一般需两小时,如要细心观赏展览内的 53 项多媒体节目,包括影片及计算机互动节目,则至少预留要 3—4 个小时。

(资料来源:http://gd.sohu.com/20080530/n257187332.shtml,2021.8.9)

---

6. 按展览场地划分

根据展览场地不同,可将展览会划分为室内场馆展览、室外场馆展览、巡回展览、流动展览。

展览场地分为室内场馆和室外场馆,据此展览可分为室内展和室外展。

巡回展览是指同一主题内容的展览在几个地方轮流举办。

流动展览,是一种使用飞机、轮船、火车、拖车或组合房屋等作为展馆,在不同地点、不同时间展出相同内容的展览会。

7. 按专业性展览会的等级划分

展览会质量差异的级别由高到低依次为 AAA 级、AA 级、A 级。根据新的行业标准,各级展览会应该达到如下标准。

AAA 级展会的展出面积不少于 10 000 平方米;特殊装修展位面积至少达到 60%;行业内骨干企业参展展位面积与展出净面积的比值不少于 20%;展览期间专业观众人次与观众人次的比值不少于 60%;同一个专业性展览会连续举办不少于 6 次;参展商满意率的评价按"参展商满意率调查表"的调查结果进行,其中总体评价结论为"很满意"和"满意"的数量总和,应不低于参展商总数的 80%;专业性展览会期间组织与专业性展览会主题相关的活动。

AA 级的展览面积不少于 8 000 平方米，特殊装修展位面积至少达到 40%；行业内骨干企业参展展位面积与展出净面积的比值不少于 10%；展览期间专业观众人次与观众人次的比值不少于 50%；同一个专业性展览会连续举办不少于 4 次；参展商满意率的评价按"参展商满意率调查表"的调查结果进行，其中总体评价结论为"很满意"和"满意"的数量总和，应不低于参展商总数的 75%；专业性展览会期间组织与专业性展览会主题相关的活动。

A 级展出面积不少于 5 000 平方米，特殊装修展位面积至少达到 30%；行业内骨干企业参展展位面积与展出净面积的比值不少于 5%；展览期间专业观众人次与观众人次的比值不少于 40%；同一个专业性展览会连续举办不少于 3 次；参展商满意率的评价按"参展商满意率调查表"的调查结果进行，其中总体评价结论为"很满意"和"满意"的数量总和，应不低于参展商总数的 70%。

8. 按展览方式划分

根据展览方式不同，可将展览会划分为现实实物展览会和网上虚拟展览会。

4-4 拓展视频

（1）现实实物展览会：传统实地会展，展品真实，可以触摸，参展商与观众面对面直接交流。

（2）网上虚拟展览会：随着互联网的发展，近几年开始出现了网上虚拟展览，使得产品和服务在网上能永久展览。网上虚拟展览会具有不需要支付物流和各种人员费用、不受时间限制、信息发布范围遍及世界各地和观众通过网上点击、搜索引擎等方式搜集目标参展商等特征。

网上虚拟展览会和现实实物展览会的比较如表 4-1 所示。

表 4-1　网上虚拟展览会和现实实物展览会比较

比较项目	网上虚拟展览会	现实实物展览会
组织手段	网上发布信息，辅以媒体宣传	文件、传真、电话、电子邮件等，辅以媒体宣传
会展场所	网络虚拟空间	实物场所
展出手段及内容	文字、图片、声音、动画等	实物产品
展出期限	可以无限期	有固定的展期
参展费用	仅需支付登录费用	支付各种物流费用和人员费用等
观众范围	世界各地的网上用户	有一定的地域或专业限制
观众参与手段	通过计算机	到实地参展
交流方式	电子邮件、网络在线留言等	面对面交流
签约方式	电子邮件或数据传递方式	书面契约方式

4 展览

小资料

香港历史博物馆举办清代科举展

香港历史博物馆举行"开科取士——清代科举展",展出过百组来自上海市嘉定博物馆和本地有关科举制度的文物,当中包括在科举考试后,张贴在试场外墙上公布结果的"榜文"。"大金榜"是光绪三十年科举考试"榜文"的复制品,记载了当年科举考试中"中试者"的名单。

(资料来源:http://www.chinanews.com/ga/2011/11-09/3447887.shtml,2021.3.1)

---

9. 按展品所属行业划分

根据展品所属行业的不同划分,可分为:农、林、牧、渔业;采矿业;制造业;电力、燃气及水的生产和供应业;建筑业;交通运输、仓储和邮政业;信息传输、计算机服务和软件业;批发和零售业;住宿和餐饮业等各行各业的专业展览。

4.1.4 展览的构成要素

1. 展览名称

(1) 展览名称的基本部分。

基本部分主要用于表明展览会的性质和特征,它主要由展览会及其派生词构成。展览会的派生词有博览会、展销会、交易会、贸易洽谈会、庙会、集市等。

① 博览会,指规模庞大、内容广泛、展出者和参观者众多的展会。一般认为博览会是高档次的,对社会、文化及经济的发展能产生影响并能起促进作用的展会。但是在实际生活中,"博览会"有被滥用的现象。不时可以在街上看到由商店举办的"某某博览会"。

② 展销会(见图4-8),为了展示产品和技术、拓展渠道、促进销售、传播品牌而进行的一种宣传活动。

4-5 拓展视频

图 4-8 展销会现场

③ 交易会，即贸易交流会。由一个或数个相关的行业参与，规模多为中小型，以贸易和宣传为主要目的的现代形式的展览。

④ 贸易洽谈会，以消费为主。由一个或数个行业参与，规模为中小型，以零售为主要目的的现代形式的展览。

⑤ 庙会（含灯会、花会等），又称"庙市"或"节场"，指在寺庙附近聚会，进行祭神、娱乐和购物等活动。庙会的内容繁杂，是集贸易、零售、文化、娱乐等为一体，以零售为主，在城镇举行的传统形式的展览，是中华文化传统的节日风俗。庙会是中国民间广为流传的一种传统民俗活动。民俗是一个国家或民族中被广大民众所创造、享用和传承的生活文化，庙会就是这种生活文化的一个有机组成部分，它的产生、存在和演变都与老百姓的生活息息相关。

小资料

庙会的由来

在远古时期，祭祀是人们生活中一件经常而又具有重大意义的事情，《左传·成公十三年》中说，"国之大事，在祀与戎"，意思是说祭祀和战争一样，都是国家的头等大事。早期的祭祀主要是祭祀祖先神和自然神。在祭祀祖先神和自然神的过程中，人们聚集在一起，集体开展一些活动，如进献供品、演奏音乐、举行仪式等，这种为祭祀神灵而产生的集会可以看作后世民间庙会的雏形。

⑥ 集市，指定期聚集进行商品交易或在固定地点买卖货物的市场（见图4-9）。主要指在商品经济不发达的时代和地区普遍存在的一种贸易组织形式。集市一般以交易农副产品、土特产品、日用品为主。"集"含"人与物相聚会"之意，到集市买卖称作"上集""赶集"，到集上随便看看称作"逛集""赶闲集"。

图4-9 集市

(2) 展览名称的限定部分。

展览会时间的表示方法可以是季节、年份，如"2018年""2018""2018年春季"等，也可以用"届"的方式来表示。

展览会地点大都用所在城市或省、区名称表示，如广交会、华北经济贸易洽谈会。

展览会规模一般分为国际、国家（全国）、地区和单独展。例如，北京国际机床展是国际规模的，上海中国艺术展览会是国家规模的，华北经济贸易洽谈会是地区规模的（在这里，华北既表示地点，又表示规模）。比"国际"规模更大的是"世界"，汉语及日语旧称为"万国"，目前主要指国际展览局批准的世界博览会。中国已多次参加在其他国家举行的世界博览会，并于1999年在昆明举办了昆明世界园艺博览会，这是中国有史以来第一次举办世界博览会。

展览会内容主要指展出的内容范围。若展览会范围非常广，包括了经济领域的大部分行业，可以称为经济或经济贸易展览会。若展出的内容范围限于某一产业，可相应称为产业展览会，如农业展览会、工业展览会。第三产业的展览会在近几年发展很快，但是还未形成独立的大类。西方国家对第三产业的展览会习惯称为经济活动展览会。若展览会内容限于某一个行业（如重工业、轻工业），可以直接使用，如重工业展览会。至于内容限于某个专业，如采矿设备、钟表，也可以直接使用。需要注意的是要恰当地使用"内容"一词。使用过宽会在参观者中留下虚假的印象，而可能不愿再参加下届展览会，因而不利于展览会未来的发展；使用过窄则会减弱影响和效果，因为有一些观众未被吸引来，这样对展览会的发展也不利。

(3) 展览名称的附属部分。

附属部分是限定部分的补充，具体地说明展览会的时间、地点等细节。最常见的是用小体字标明展览会的具体日期，如"3月15日—3月18日"。也有的再加上具体地点、组织单位名称等。许多展览会的名称有缩写形式。缩写名称可以单独使用，但是如果放在全称之后，应视其为附属部分。

基本部分和限定部分构成的展览会名称一般能够将展览会的主要意思表达清楚，因此在大部分场合下可以不使用附属部分。

2. 展览会主题

展览会主题拟定原则是便于宣传、反映组展者的意图和展览会的特点。

2018年首届中国国际进口博览会的主题口号——"新时代，共享未来"，秉承"一带一路"建设共商、共建、共享的原则和精神，彰显了"进博会"将以习近平新时代中国特色社会主义思想为指导，打造全球包容、开放合作、互惠发展的新型国际公共平台，让世界共享"新时代"中国发展成果，为建设开放型世界经济、推动经济全球化朝着更加开放、包容、普惠、平衡、共赢的方向发展贡献中国力量。

2010年上海世博会的主题为"城市，让生活更美好"，在世博会150多年历史上首次给城市提供一个独立参展的机会，它不仅将集中展示全球有代表性城市为提高城市生活质量所做的公认的、创新的和有价值的各种实践方案和实物，还将为来自世界各城市的代表提供一个交流城市发展经验的平台。

3. 展览场馆

4-6拓展视频

展览场馆类型有会展中心、展厅、体育馆、礼堂及露天广场等。

（1）展览场馆的经营管理模式。

① 政府经营：直接由政府或其隶属机构投资管理。

② 民间经营：民间投融资建设管理。

③ 政府与民间合营：股份制（政府虽有部分产权但由企业进行商业运作）。

（2）展览场馆的年利用率。

展览场馆的年利用率是指在一个自然年度内，出租给各次展览会租用的面积总和，除以展览场馆全部"可供展览面积"与365（天）的乘积，即为展览场馆的年利用率（％）。具体计算公式如下：

$$展览场馆的年利用率 = [各次展会租用面积总和 \div (展馆全部可供展览面积 \times 365)] \times 100\%$$

4. 展览会的参与主体

（1）主办方。

主办方指运作展览会全过程的办展主体，具体过程包含展览会的选题、发起、参展商和专业观众的组织和服务等工作。主办方通常包括展览公司、行业协会、政府部门等主体。

中国国际航空航天博览会，简称"中国（珠海）航展"或"珠海航展"，是国际性专业航空航天展览，以实物展示、贸易洽谈、学术交流和飞行表演为主要特征。中国国际航空航天博览会是中国唯一由中央政府批准举办的国际性专业航空航天展览。从1995年成立开始，"中国（珠海）航展"一直由珠海航展有限公司承办。

（2）承办方。

承办方是指通过招标、审批、委托等方式，由主办者确定的负责整个展览具体实施业务的单位。承办者可以是政府、贸促机构、行业协会、商会或有资格承办展览的企业。

承办者拥有唯一合法举办权、招展的权利和组织管理的权利；承办者的义务是牢牢树立服务意识，实现服务流程的规范化、标准化，注重实效和"以人为本"的思想，推陈出新，提升展览创意。

（3）参展商。

参展商指受展览主办方邀请，通过订立参展协议书、付费租用展位，在展览期间利用固定的展出面积进行信息或产品交流和展示的单位或个人。

参展商的来源，在很大程度上决定一个展会的性质和层次。参展商在会展价值链中处于核心地位。在商业性会展中，主办者的收入主要来自参展商。会展活动的运转需要足够多的参展商参加。参展商连续参展是会展组织者的利益所在。对于一个定期举办的商业展览会，参展商的连续参展十分重要，它是保证主办单位最大利益的理想方式。参展商参展收益也是会展效益的综合体现。

参展商对展会的选择考虑因素：第一，主办单位的权威性；第二，展会的影响力；第三，展会的举办时间；第四，展会的宣传规模和宣传力度以及展会展位预定情况；第五，展会的投入与回报。

（4）会展观众。

会展观众是指在展览期间前来展会参观的群体，群体的成员通过参与、观看展览，了解产品信息、购买参展产品或从展览中得到愉悦而感到满足。会展观众可分为专业观众和普通观众。

专业观众是指从事展会上所展出的商品或服务的设计、开发、生产、销售或者提供相关服务的专业人士或者用户，通过注册获取参观证，参观展览会及与参展商洽谈交流的各类个人和团体。专业观众是参展商参加展会获得收益的最终来源。

专业观众对展会的重要作用为：① 专业观众是展会活动的主要参与者之一。没有专业观众的展会，就成了参展商演独角戏。② 专业观众是吸引参展商的重要因素。专业观众代表了展品的目标市场。也就是说，参展展品目标市场的存在是吸引参展商前来参展的根本原因。③ 专业观众的数量与质量是展会成功的主要标志。组展成功的关键在于专业观众的质量。展会的品牌和观众质量是成正比的。

普通观众能够增加展会人气、活跃展会气氛。普通观众可以扩大参展商的广告效应和知名度，普通观众的到来会有小量成交额产生，普通观众将来也有可能转变为专业观众。

4.2　展览会的组织

组展工作包括了大小几百项相关的事务，它们相互影响、相互制约，一个环节的失误往往就能带来连锁反应，使得整个会展项目达不到预期的目标。

组展工作一般是由主办方和承办方共同完成的。根据具体会展项目的特点，主办方和承办方的分工有时会不同。展览的组织过程都可以分为四个阶段：展前策划、展前筹备、展中服务和展后管理。

4.2.1　展前策划

展前策划，就是根据市场调研所掌握的各项信息，初步规划拟办展览会的有关事宜，设计出展览会的基本框架。如果展会立项策划通过可行性分析，证明计划举办展会的市场条件具备，项目具有生命力，各种执行方案策划合理，项目在经济上可行，风险较小且有一定的社会效益，就可以通过该展会立项策划，决策举办该展会。

1. 展览项目的可行性分析的内容

（1）对行业态势进行分析，主要分析区域经济结构和产业结构，行业市场状况，行业竞争态势和目标观众调查，即买方调查。

（2）办展资源分析，主要分析人力、物力、财力、信息资源、目标客户、合作单位、行业信息，社会关系，会展项目举办地的条件，基础设施和社会服务体系，场馆的规模和服务水平。

（3）竞争者分析和时机分析，主要分析同期在同城举办的展会规模与数量，举办日期与举办地天气情况。

（4）经济可行性分析，主要进行预算分析。

4-7拓展视频

2. 展览项目策划

展览项目策划的主要内容有策划展会主题和定位，展会名称和办展地点，办展机构（主办、承办、协办、支持单位），办展时间（具体开展日期、进场筹展日期、撤展退场日期），招展策划，招商策划，参展流程和观众接待等。

> **相关链接**
>
> **第 101 届中国进出口商品交易会进口展区参展流程**
>
> 参展商填写参展申请表并提交组展单位。在收到参展申请表后，组展单位向参展商确认申请。组展单位划分并安排展位，发出展位确认通知书及《第 101 届中国进出口商品交易会进口展区参展商服务指南》。参展商在收到正本展位确认通知书后的 5 个工作日内，按实际确认展位面积支付 30% 的展位费，划拨到组展单位指定帐户作为参展预付款。参展商在展览开幕前 30 天，支付剩余 70% 的展位费；展览结束后进行费用结算，多退少补。

3. 展览的申办。

（1）世博会的申办。

世博会的申办要经过申请、考察、投票、注册四个流程，如图 4-10 所示。

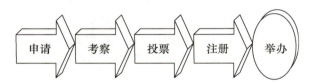

图 4-10　世博会的申办流程

① 申请。按国际展览局规定，有意举办世博会的国家不得早于举办日期的 9 年，向国际展览局提出正式申请，并交纳 10% 的注册费。申请函包括开幕和闭幕日期、主题及组委会的法律地位。国际展览局将向各成员国政府通报这一申请，并告知他们自通报到达之日起 6 个月内提出他们是否参与竞争的意向。

② 考察。在提交初步申请的 6 个月后，国际展览局执行委员会主席将根据规定组织考察，以确保申请的可行性。考察活动由一位国际展览局副主席主持，若干名代表、专家及秘书长参加。所有费用由申办方承担。考察内容是主题及定义、开幕日期与期限、地点、面积（总面积，可分配给各参展商面积的上限与下限）、预期参观人数、财政可行性与财政保证措施、申办方计算参展成本及财政与物质配置的方法（以降低各参展国的成本）、对参展国的政策和措施保证、政府和有兴趣参与的各类组织的态度等。

③ 投票。如果申办国的各项准备工作获得考察团的支持，全体会议将按常规在举办

日期之前 8 年进行选择。如果申办国不止一个,全体会议将采取无记名方式投票表决。

若第一轮投票后,某国申请获 2/3 票数,该国即获得举办权。若任何申请均未获 2/3 票数,将再次举行投票,每次投票中票数最少的国家被淘汰,随后仍按 2/3 票数原则确定主办国。当只有两个国家竞争时,根据简单多数原则确定主办国。

④ 注册。获得举办权的国家要根据国际展览局制定的一般规则与参展合约(草案)所确定的复审与接纳文件,对展览会进行注册。注册申请应在开幕日之前 5 年提交给国际展览局。这也是主办国政府开始通过外交渠道向其他国家发出参展邀请的时间。注册意味着举办国政府正式承担其申请时提出的责任,认可国际展览局提出的标准,以确保世博会的有序发展,保护各成员国的利益。国际展览局在收到注册申请时,将向申办国政府收取 90% 的注册费,其金额按国际展览局全体会议通过的规则确定。

世博会是一个富有特色的讲坛,它鼓励人类发挥创造性和主动参与性,它更鼓励人类把科学性和情感结合起来,将种种有助于人类发展的新概念、新观点、新技术奉献在世人面前。

小 资 料

上海申博成功

4-8 拓展视频

2002 年 12 月 4 日,在摩纳哥蒙特卡洛举行的国际展览局第 132 次代表大会上,上海成功赢得 2010 年世界博览会举办权。上海在 5 个申办者中脱颖而出绝非偶然,主要原因:第一,中国政府和人民全力支持。第二,上海举办世博会具明显优势。上海是中国经济和社会发展最快的城市之一,是一座充满活力和激情的城市,是国际知名的大都市,它的城市规划和前景更具魅力。上海申办世博会的主题是"城市,让生活更美好",这正是这座城市历史和发展的缩影。第三,关键是中国的迅速崛起及其国际地位空前提高。自改革开放以来,中国经济快速、稳定、健康地发展,未来经济仍将高速增长。中国政治稳定、社会秩序和治安良好,人民安居乐业。这样一个正在迅速实现现代化的国家,其国际威望、地位和影响空前提高。这是上海申办世博会成功的最根本原因。

(资料来源:http://news.sina.com.cn/c/2002-12-04/102710186s.html,2021.3.2)

(2)我国展览会的申办。

按照我国现行会展政策法规,在我国举办展览,根据是否涉外,分为登记制和审批制两种管理办法。涉外的展览活动如出国展、来华展、国际展,则需依照我国相关政策法规办理审批手续方可办展。

4.2.2 展前筹备

1. 工作人员的组织

为保证有序开展展览会的组织工作,首先要成立展会各级组织部门,招募临时雇员、志愿者(Volunteer),确定外包供应商。

小 资 料

志愿者

联合国将志愿者定义为"自愿进行社会公共利益服务而不获取任何利益、金钱、名利的活动者",具体指在不为任何物质报酬的情况下,能够主动承担社会责任而不获取报酬,奉献个人时间和助人为乐行动的人。

根据中国的具体情况来说,志愿者是这样定义的:"在自身条件许可的情况下,参加相关团体,在不谋求任何物质、金钱及相关利益回报的前提下,在非本职职责范围内,合理运用社会现有的资源,服务于社会公益事业,为帮助有一定需要的人士,开展力所能及的、切合实际的,具有一定专业性、技能性、长期性服务活动的人。"

志愿者也叫义工、义务工作者或志工。他们致力于免费、无偿地为社会进步贡献自己的力量。志愿工作是指一种具有组织性的助人及基于社会公益责任的参与行为。

志愿工作具有志愿性、无偿性、公益性、组织性四大特征。志愿服务的精神是 奉献、友爱、互助、进步。

(资料来源:https://baike.baidu.com/item/%E5%BF%97%E6%84%BF%E8%80%85/6413,2021.3.6)

2. 营销工作

开始招展工作前,可以通过过去参展企业信息汇总、行业协会、专门的商业公司、电话黄页、工商管理部门和网络等信息来源,获取参展商信息,建立参展商名录。

(1) 面向已知联系方式的企业采用的主要营销方式如下所述。

① 老客户:良好的参展感受,优质服务,保持联系。

② 潜在客户:不断传递信息。

③ 具体方式:通过邮寄、电话和传真等通信工具发送参展邀请函或相关展会资料,甚至登门拜访。

(2) 面向未知联系方式的企业采用的主要营销方式如下所述。

① 寻找代理商合作招展和组团:利益共享。

② 通过媒体发布信息:广告(渠道和内容选择)和公关宣传(制造新闻事件)。

③ 通过参加展览会来推广展览会。

④ 创立品牌:UFI资格认证。

4-9拓展视频

科隆国际食品博览会的票价"门槛"

"一张门票要48欧元?"在2007年10月13—17日举行的全球食品行业最大的博览会——第29届科隆国际食品博览会(简称科隆食品展)入口处,一位慕名而来的普通参观者面对高票价望而却步。

然而,如果参观者持有从事食品零售或餐饮业工作的证件,或者参展企业的邀请信,就可以或者免票,或者花5欧元买票入场。科隆食品展针对食品业"槛外人"和"槛内人"所定票价如此悬殊,有效地把参观者锁定为专业人士。

科隆食品展每两年举办一届,每届都引来众多业内人士参观,近几届参观者都超过15万人。这些参观者来自全球各地,其中德国境外的国际食品采购商每届都占到一半以上。

这些参观者的行业结构:食品贸易企业,传统食品零售业、健康食品、有机食品和百货店等专业食品零售商,数量繁多的餐饮企业和各类饮食服务企业。他们的共同特点是拥有所属企业主要食品采购的决策权。

这一展会确实无意面向普通民众,甚至不设公众开放日。这正是科隆食品展的成功秘诀。由于主要面向专业人士，参展商和参观者可以在会展上直接签订采购协议。但这一模式不可盲目照搬，因为展览会的类型不同，其面向的观众也不同。

（资料来源：http://www.ce.cn/cysc/sp/info/200710/16/t20071016_13257426.shtml，2021.3.7）

3. 印刷品的准备

为参展商提供的印刷品有直邮印刷品（邀请函和宣传资料）、参展商指南（服务手册）、会刊和工作证章等。

为观众提供直邮印刷品（邀请函和宣传资料）、入场券或门票、展品目录、展场地图及参观指南（有时为有偿会刊）等。

为工作人员提供工作证、施工证等。

4. 展台设计与搭建

4-10 拓展视频

现在的展览会种类繁多，参展者对展览会的要求也越来越高，展览会已不仅仅是以展示商品为目的，它更应包括信息传播、交流、广告、公关和咨询等服务，在使参展者了解商品的同时，也在一定程度上加深对企业的印象。此时，展台设计与搭建就起了至关重要的作用。它不仅要能突出产品的特点和功能，而且要很好地体现企业形象，反映企业精神。

（1）展台设计与搭建的要点。

4-11 拓展视频

① 展台设计要强调个性，同时要在空间上和气氛上使人感觉轻松，利于交流。

② 展台设计要考虑到与展览会期间企业计划举办的其他活动配套。

③ 展台设计各要素的配套使用应能为工作人员的宣传内容提供依据，使其更具可靠性和说服力，使顾客的瞬间好感在有限的时空内能够反复得到证实和加强，为展览会后的联系打下基础。

④ 展台设计要充分利用展览会的各种要素，如展台的形式、材料、音响、光线、色彩和其他装潢用品，不断给参展者以新鲜感，增强其好奇心，使他们对展台产生兴趣，进而产生与参展商谈话的愿望。

⑤ 对企业来说，用最小的投入取得最大的效果最好。利用展台设计最大限度地突出企业形象，需要展台设计和搭建人员更加具有想象力、创造性和灵活性。

⑥ 展台要易建易拆。展台结构应当简单，在规定时间内能够建拆。建、拆施工时间通常由展览会组织者决定。设计人员在开始设计前应当了解施工时间。

（2）展台搭建所用材料的种类。

现在展台的设计，大多以新颖出奇制胜，意在第一眼吸引潜在顾客的注意力。但是展台的设计不仅要有新颖的创意，还需要后期完美的施工搭建。然而展示材料则是后期不可缺少的部分，没有合适的材料，或者没有找对材料，都会使完美的设计黯淡失色。

选用会展工程材料时要注意材料的安全性和环保性。在实际应用中能够表达设计意图，达到设计效果，保证使用安全的物质都可以用于会展工程，成为会展工程材料。因此，涉及的材料范围非常广泛，为了讲解和使用的需要，通常从不同角度进行分类。

- 按材料的形态分类。

点状材料：灯具、五金饰品、连接/插接部件等。

线状材料：钢管、钢丝、铝管、金属棒、塑料管、塑料棒、塑料压线盒、木条、竹条、藤条等。

板状材料：木板、合成板、金属板、塑料板、金属网、玻璃板、皮革、纸板、纺织品等。

块状材料：木材、石材、钢材、铝材、塑料、泡沫、石膏、混凝土、玻璃钢等。

- 按部位不同分类。

结构材料：多采用可重复利用的材料，可快速安装和拆卸的金属组件、网架等。

饰面材料：装饰板材、管材等。

照明材料：各式灯具等。

- 按材料来源分类。分为天然材料、加工材料、合成材料、复合材料、智能材料或应变材料。

- 按材料材质分类。展览展示的材料类型主要有木材、石材、金属、玻璃、陶瓷、油漆、塑料、合成材料、五金制品、纺织材料、五金饰品等。

① 木材。

A. 硬木：柳木、楠木、果树木（花梨）、白腊、桦木（中性），特点是花纹明显，易变形受损。宜做家具，做贴面饰材，价格高。

B. 软木：松木（白松、红松）、泡桐、白杨，特点是抗腐性差、抗弯性差。宜做结构、木方，不能做家具。

C. 合成木材料：展览业以合成板为主。

三合板：三层厚度为1毫米木板（或叫木皮）交错叠加，常做家具的侧板及饰面材料。

合成板：五厘板、九厘板，用来做结构，可弯曲。

大芯板：为克服木材变形而生，两层木板中填小木块，根据中间填充的材料不同价格不等。通常厚度为15~18毫米，单价为40~60元或120~150元。

压缩板：刨花板（用刨花锯末压缩而成），密度板（用更大的压力加胶黏剂压缩，承压力大，用于做家具）。不易于钉钉子，怕水泡、潮湿。

② 石材。

花岗岩（硬度最高，花纹细，常用作饰面）、大理石（硬度不高，花纹大）、青石、毛石、鹅卵石、雨花石。

③ 金属材料。

A. 铁。

板材（铁板）：厚铁2~200毫米；薄铁1~2毫米分冷轧黑铁（黑铁皮，角铁，可喷漆）、镀锌白铁皮（防锈，不能喷漆，有花纹）。规格，1 200毫米×2 400毫米。

线材：角钢（三棱、四棱）、工字钢（做大型结构）、槽钢（做大型结构）、方钢、扁铁，长度6 000毫米。

管材：圆管分为无缝管（成本高）；焊管；薄壁圆管，做装饰用，最小直径 16 毫米；方管，薄壁（2 毫米厚），做装饰用最小直径 12 毫米，常用 20 毫米。

型材：钢筋、钢丝、桁架（圆管或方管加上钢筋）。

B. 不锈钢：不生锈，韧性大，强度大，但是价格高。

板材：白板、钛金板、拉丝板、镜面板和亚光板。

线材：圆管、方管，都用作装饰，价格高。

不锈钢制品：镜钉、镀镍。

C. 铝材：比钢用处广、便宜、轻。

板材：很少用，强度低，易氧化变黑。

型材：常用制作铝窗、铝门。

D. 铜：分为红铜、黄铜、黑铜，多用于门把手、灯具、仿古家具等制作，多用于一些高档仿古类装饰设计的场合。

④ 玻璃。

白玻璃、钢化玻璃、毛玻璃、压花玻璃、玻璃砖、中空玻璃、彩色玻璃、镜子和玻璃雕刻。

⑤ 塑料。

A. 阳光板：中空，可弯曲，有多种色彩，加工简单，受规格限制，价格高，厚度有 8 毫米、10 毫米、15 毫米，长度有 3 000 毫米、4 000 毫米、6 000 毫米。

B. 有机板：有透明有机板和有色有机板，色彩局限在纯色和茶色，脆，易脏、易损坏，规格 1 200 毫米×1 800 毫米，厚度最薄为 0.4 毫米，常用 2 毫米、3 毫米、4 毫米、5 毫米，单价 60～70 元（与玻璃一样）。

C. 白有机板（片）。

奶白片（乳白片）：透光，稍黄。

灯箱片：有多种颜色，透光漫反射。

瓷白片：不透光，用作贴面。

D. 亚克力：透明亚克力（水晶效果），彩色亚克力，亚克力灯箱（价格昂贵）。价格比有机板贵很多，但档次高很多，硬度高，不易碎，透光效果好。

E. 塑胶 PVC 管：比铁管轻、便宜。有灰色和白色，加热时能弯曲，可用弯头、三通弯头对接。直径最小 150 毫米，最大 500 毫米，常用 400 毫米。

4.2.3 展中服务

1. 会前会

展会召开前一般要召开工作人员会前预备会和参展商会前会。

工作人员会前预备会是对有关服务代理商、场地工作人员和展会管理人员最后的安排和指示（主要由各部门负责人参加）；梳理工作单，确保整个策划没有遗漏；确认工作人员了解一些展会的最新情况；增进部门间相互了解，特别是给展会管理人员和场地工作人员提供与服务代理商见面的机会。

参展商会前会主要召集与会参展商，介绍组展方主要负责人及联系方式，说明展会期间日程安排及注意事项。

2. 开幕式

开幕式是展会正式开始前的一种庆祝仪式，其目的是吸引媒体和公众的注意（公关活动）。开幕式准备工作主要由市场营销部门负责。具体内容包括策划方案和确定现场设计方案，邀请参加开幕式的嘉宾（政府、行业协会、媒体、重要参展商和观众等），撰写发言稿，布置现场等。

3. 展览现场服务与管理

对观众的管理由场地保安人员负责，凭证件或入场券、门票入场，按规定时间退场。

对参展商的服务与管理由运营部协调人员负责。对展位管理的原则一般是不得转让展位，不得擅自变换展位。对展品管理的原则一般是未经申报批准的展品（含技术成果）不得参展；进场时接受安全检查；展中不得从展台或现场撤走，摆放不得超出指定展位，一般禁止现场销售展品；退场时凭核准单据。对参展商促销行为管理的一般原则是宣传品派发内容要真实合法，不得代替他人分发信息；要在本展位进行宣传；要进行噪声控制，不得对观众和相邻展位构成干扰。

相关链接

让展览变成高质量的生活方式，这些场馆有何秘诀？

一般来说，展馆就是一个展示商品、信息传播、经济贸易的场所，只能提供一些程式化的服务。但目前有些展馆却能够抛开常规，另辟蹊径，拓展出一些灵活、多样化的便捷服务，使观展变成一种高质量的生活方式，在提升观展人数的同时，也有效增强了展会的竞争力。

一、荷兰阿姆斯特丹 RAI 展览中心——服务人性化

凡是到过阿姆斯特丹 RAI 展览中心的人士，都对其高质量的硬件设施和舒适的展览环境印象深刻。无论是观众，还是组展商，他们对阿姆斯特丹 RAI 展览中心的评价都可以总结为：享受高质量的展览生活。

阿姆斯特丹 RAI 展览中心对自身的评价则集中在五个方面。

吸引力：环境温馨、人性化，参展、观展经历难忘。

创造力：建筑、信息通信技术、后勤保障等各方面的创新随处可见。

可持续：整个展览中心的软硬件环境常变常新，总能带给人们全新感受。

国际化：阿姆斯特丹 RAI 展览中心没有自己的设施和服务标准，也没有荷兰标准，他们只认同国际标准。

和气生财：自己适度盈利，但要让客户和观众获取最大利益。为了保证设施和服务的"星级"水平，阿姆斯特丹 RAI 展览中心每年都投入专项资金，用于人员培训、技术改新和设施改善。当然，阿姆斯特丹 RAI 展览中心的魅力还来自地理位置，其毗邻荷兰首都——阿姆斯特丹市中心，这与大多数欧美国家的情况大相径庭。

二、韩国首尔会展中心——功能多样化

首尔会展中心（COEX）闻名遐迩，不仅仅因为它的会展设施，也在于它的多功能性。

该会展中心地下设有 COEX 水族馆和 COEX 购物城，水族馆里有 500 多种海洋生物，而购物城包括购物区、饮食街、书店和电影院，另外，还有音响店和卡通商品店等。这里不仅有世界各国风味的餐

厅，还有大型书店、时装城、游戏世界和超大屏幕电影院等文化、娱乐、休闲便利设施。甚至在COEX的地下还建有泡菜博物馆，展示韩国的各种泡菜，供人参观品尝。

尽管首尔会展中心在会展设施方面是一流的（可以同时举办12个大型展览），但它更像是一个商业城或迪士尼乐园。在几乎所有关于首尔的旅游指南上，首尔会展中心都是被重点推荐的旅游目的地。

三、澳大利亚墨尔本展览会议中心——设施先进

在国际会议中心协会的"年度最佳会议中心"评选中，墨尔本展览会议中心是首届大奖得主。至于澳大利亚国内的专业奖项，墨尔本展览会议中心更是频繁获得。

墨尔本展览会议中心有自己的一套质量控制体系，这套体系具有灵活性，可以为会展活动的组织者提供定制服务。

在墨尔本展览会议中心的所有房间里，都安装了最新通信技术的视频设备，对于会议举办者来说，这是最到位的服务。

墨尔本展览会议中心拥有非常完备的餐饮设施，这在世界其他会展场馆中很少见。一个会议中心配备许多高等级的厨师，这对很多业内场馆来说，不啻于天方夜谭，但这的确已经成为墨尔本展览会议中心声名远播的"扩音器"。

四、英国格拉斯哥展览会议中心——"苏格兰风格"

格拉斯哥展览会议中心（SECC）是苏格兰举办大型公众活动的官方场所，同时也是整个英国最大的综合性展览会议中心。

该会展中心拥有5个展厅，面积从700多平方米到1万多平方米不等，可以举办各类展览。更让组展商和参展商们满意的是，格拉斯哥展览会议中心各厅之间的隔离墙是可移动的，只要客户提出要求，展厅面积可以随意调整，最大可以"扩容"到近2万平方米，为展会组织者提供了极大的便利条件。

格拉斯哥展览会议中心的基础设施还包括：两家酒店、餐馆、金融网点、医务中心、停车场（3000个车位）。它有自身独立的火车站点、公共汽车站，甚至建有直升机停机坪。

在很多商务旅游杂志上，格拉斯哥被作如下定义：格拉斯哥是全英国最大、最有趣的城市，也是最具有苏格兰风格的城市。至于什么是"苏格兰风格"，恐怕只有亲身体验过的人才会有直观的感受。同样，在一个相对"保守"的国家，格拉斯哥展览会议中心能被评为十佳会展中心之一，必定有其独到之处。

五、新加坡国际会展中心——豪华高效

新加坡国际会展中心（SICEC）的会议厅占地1.2万平方米，是亚洲最大的无柱支撑会议厅，最多可容纳1.2万人。

为了保证与会者"坐得住"，会议厅配备了7 560张德国制造的便携式升降椅，仅这一项的投入就达820万新加坡元（1美元约兑换1.7新加坡元）。另外，SICEC拥有31间会议室（各会议室的面积从80平方米至250平方米不等）；一个有596个座位的剧场；一个以剧院方式部署，容纳1 800人的多用途宴会厅。

SICEC还建有一个面积达1 700平方米的大型室内厨房，是新加坡最大宴会厨房，它可以为单项活动准备2万份食品。在SICEC附近，有5 200多间五星级的旅馆客房、1 000多间零售店和300多家餐馆及一个国际级表演艺术中心，它与中央商业区（CBD）毗邻，距樟宜机场仅20分钟车程。

4. 参展商和观众调查

展会现场对参展商和观众的调查工作，一般由市场营销部门负责。其目的是为下一届展会提供参考，主要内容包括了解反馈意见（需求的满足情况、新的需求），收集整理观众与展商的相关资料，为展会后的后续服务做准备。调查工作主要采用问卷调查的方式，问卷调查方式范围广、标准化程度高、方便统计分析。

资料库

如何调查展览会的基本情况？

一般从以下几个方面着手：
- 地点、时间。
- 名称、组织者地址。
- 场地安排及有无场地可供租用（效果好的展览会往往无多余场地可供新展出者租用）。
- 场地费用。
- 有无标准展台，其内容及规格。
- 租场截止期。
- 可供租用的设备、费用、预租截止期。
- 有无装饰用品，其费用标准。
- 有无服务人员（招待员、解说员、翻译等）及收费标准。
- 设计、施工、装修、运输、报关、摄影、清洁等服务公司的名称、地址及收费标准。
- 保险、安全安排。
- 目录刊登截止日期。
- 展览会新闻服务所用宣传材料的收取截止日期及材料要求。
- 组织者对包装的要求。
- 展品及道具最晚抵达日期。
- 旅馆位置及收费标准。
- 招待设施。

（资料来源：http：//www.eshow365.com/news/html/3196_0.html）

5. 危机管理

（1）危机。

危机是指一系列终止和平进程或瓦解社会正常关系、秩序的事件正在展开，并不断增加风险，迫使相关的系统必须在有限的时间内作出反应和抉择，采取更多的控制和调节行动，以维持系统生存的紧急时刻。例如，地震、洪水、台风等自然危机，战争、恐怖事件、罢工等人为危机。

（2）展览危机。

展览危机是指影响参展商和观众对展会举行的目的地的信心和扰乱展会组织主体继续正常经营的非预期性事件。展览活动一旦受到干扰，展览组织者会损失惨重。展览危机具有突发性、破坏性、不确定性和紧迫性的特点。

（3）危机对会展业影响的综合分析。

危机会大大打击人们对会展业的信心；危机会使停办的会展前期投入无法收回，使延期和如期举行的展会增加成本；危机会增加展会工作中各利益主体的协调难度；危机使组展商遭受客户流失的损失。

（4）危机管理。

展览危机管理的目的是保证展会顺利举办、保护举办者声誉。具体有以下措施：一是成立专门的突发事件管理小组，事先做好预案；二是配备保安人员；三是保证消防系统、安全通道、报警系统、广播设备、紧急照明系统、后备发电机等安全设施正常运行。

展会期间可预见的突发事件有火灾、紧急医疗事件等；不可预见的突发事件包括自然灾害、恐怖袭击等。可以办理保险将可能的损失降到最低。

（5）会展业具体危机管理措施。

危机前的准备工作：制订危机管理计划；成立专门的危机管理机构，在危机发生的第一时间对危机进行反应；建立有关会展各参与主体的数据库，以便危机之时做到有效沟通；建立会展业与其他负责安全保障部门的工作联系，如医疗部门、消防部门、公安部门等；建立危机管理特别基金；建立危机预警系统等。

危机发生后的积极应对：建立专门的媒体中心，客观求实地报道会展目的地的危机情况，并说明组展商为消除危机做了哪些工作，最大限度地消除与会厂商和观众的恐惧；业内各经营主体要通力合作，共渡难关；会展业要与政府紧密合作，以获得政府的支持；建立危机监测系统，随时对危机的变化作出分析等。

危机结束后的恢复工作：加强宣传工作，消除疑虑，同时应尽快恢复正常工作程序，并总结学习危机处理过程中的经验教训，创新危机管理系统，以便提高以后的应对能力。

相关链接

浅析展会现场十大风险及经典案例

一、展台塌陷问题

这种问题近年来时有发生，是涉及人身安全的大问题。

典型案例：2015年4月9日，深圳电子展搭建现场，一展台发生倒塌殃及隔壁展位一起坍塌，现场混乱，所幸现场无人员伤亡，几乎在同一天重庆网络展又发生一起展台倒塌事件。随后，在5月24日，即将开幕的第十五届中国国际模具技术和设备展览会也发生展台坍塌事故，展商设备受损严重，附近展台受其影响也一同倒塌。

二、社会环境问题

主要涉及一些由政治的因素、民族宗教的因素而引发的大规模不良事件。

典型案例：2015年5月1日，刚刚开幕几个小时的2015年米兰世博会就遭遇不测，数万名意大利人走上街头抗议世博会，并演变成了相当规模的暴力冲突甚至骚乱，在"不要世博，要吃饱和富裕"的口号下，抗议者焚烧了不少沿街车辆，闯入银行、商店，并与防暴警察发生激烈冲突。

三、人流疏散问题

展会不怕人多就怕人少，但是如果到展会参观的人流大大超过预期，而组织者又对超大量人流估计不足，就容易引发安全事件。

典型案例：2015年5月15—18日，从广州等地移师到上海举办的医博会系列展在位于上海青浦的国家会展中心举办，由于主办方对参展者的热情估计不足，预测最高日参观者人数11万人左右，而实际的场馆安检人数达到17.3万人，由此造成有关保障工作不到位，被媒体广泛报道。

四、广告伤人问题

展会现场广告是展会组织者盈利的主要板块之一，但是作为展会组织者，切莫为了谋取更多的利益而忽视了安全细节问题。

典型案例：2015 年 5 月 24 日，保定市望都县一庙会上，某电动三轮车经销商为了提高销量，竟然使用泼酒精烧车的方式来证明车漆质量过硬，结果工作人员在向着火的车斗内再次倾倒酒精时发生爆燃，造成 9 名围观人员被烧伤，其中 8 名伤者是儿童，有两人尚未脱离生命危险。

五、借用证件问题

参展证、布展证等是进入展会会场的通行证。证件问题在国内展会上一般不是什么大事情，但是在一些国外展会上就要注意了，这些证件不能随便出借，否则会带来很大麻烦。

典型案例：2015 年年初，在阿联酋阿布扎比举行"可持续发展周"相关展会期间，某中国公民因未能及时注册，临时借用同事的证件试图进入会场，导致两人均被阿警方扣押并没收护照。事件发生后，经多方做工作，两人虽被释放，但护照未被及时返还，致使两人迟迟无法回国。由于中东地区恐怖活动频繁，阿政府高度重视会展安保工作，对参加者证件的真实、有效性要求非常严格，对违反规定的处罚极为严厉。

六、展会盗窃问题

这可以说是展会上最容易发生的问题，很多窃贼就是看中了展会人流大，容易得手这个先天条件，频频作案。

典型案例：2015 年 4 月 18 日上午，正在国家会议中心举行的摄影展上，一名事主报警称在展厅里丢失了一个背包，背包里装着价值 11 万元的摄影器材，最终民警抓获了三男一女共四名涉嫌盗窃的嫌疑人。

七、纠纷延伸问题

由于民事纠纷事件延伸到展会上的问题还真不常见，这虽然属于当事者双方的问题，但如果调处的场地转移到了展会上，一旦协商不好，就容易演变成公众事件，影响也是非常坏的。

典型案例：2014 年 10 月 3 日开幕的上海秋季房展会上，数十名三湘建筑的业主来到"三湘森林海尚"展区，拉出横幅维权。据业主介绍：自 2013 年底入住后，陆续发现房屋质量差，但与三湘建筑沟通无果，展场安保人员在现场维持秩序时，与部分维权业主发生冲突，现场一片混乱。

八、展会诈骗问题

近年来发生的展会诈骗问题手段日益高明，时常被媒体曝光。诈骗的理由虽多种多样，但依然是以不正当盈利为最终目的。

1. 组织"杂烩"展诈骗

典型案例：比如广州某企业负责人黎女士 2014 年 8 月与北京中世博兴国际展览公司（以下简称中世博兴）签订了参加 2014 中国国际数据中心大会暨展览会的合同，并支付了展位费，该展会在广交会琶洲馆举办，布展当天，黎女士被告知展位调整。第二天展会正式开始时她才发现，并没有 "2014 中国国际数据中心大会暨展览会" 的标志，中世博兴事先提到的行业巨头参展厂家一家也不见，黎女士还发现，同场的参展商参加的展会主题各不相同，除了参加数据中心大会、软件博览会的展商外，还有来参加 2014 中国（广州）国际环境监测仪器展览会、2014 中国国际蓝宝石技术与应用展览会等展会的企业。交了 5 万多元的展位费没想到大会成了"大杂烩"。广交会琶洲馆业主方主动向参展企业道歉，并表示将加强对展会主办方资质的审查。

2. 杜撰主办机构办展

典型案例：2014 年 9 月 20—22 日以"2014 中国重庆国际幼教用品、玩具及孕婴童产品展览会"为名的展会在陈家坪重庆技术展览中心举行，参展商发现该展会连基本的人气都没有，遂举报到有关部门调查，发现该展会的主办单位重庆市民办幼儿教育协会并不存在，根据门票票面信息，支持单位重庆市教育学会幼儿教育专业委员会、重庆市教玩具商会这两个社会组织的负责人均表示，对这次展会毫不知情，也绝对没有参与。

3. 利用国际展会名义骗展

典型案例：2014 年 12 月 9 日上午，2014 上海国际汽车零配件、维修检测诊断设备及服务用品展览

4 展览

会（以下简称2014上海国际汽配展）在浦东新国际博览中心如期举行，然而有近200家已经交了钱的参展商却无法进场参展，原因是上海沪昕展览有限公司冒用展会名称招商，却无法落实展位。事实上，2014上海国际汽配展是由法兰克福展览（上海）有限公司主办。

4. 展会售假诈骗

典型案例：比如2014年5月1日，长沙县成爹爹在某会展中心场外花了600元购买了一台所谓台湾"万通"牌足部按摩器，间断使用不到两个月就无法正常运转了，他随即按照保修卡、名片上留下的三个手机号码分别与售后方联系，发现一个空号、一个关机、一个暂停使用，后又发现保修卡上的地址"长沙市苏宁（国美）电器厂"也是假的。

九、官网技术问题

如今，充分利用互联网信息技术打造永不落幕的展览会已成为业界的常规手段，加强互联网营销也成了推广展会的一个重要渠道。但是，由于技术的原因，一些展览会的官方网站会出现打不开网页、速度慢、不能上传资料等问题，有的出现此类问题后，一时半会儿还不能处理修复，不仅极大地影响了展会推广，又给意向参展参会商带来了不便。

十、食品中毒问题

展会进行过程中，经常会安排招待会、晚宴、茶歇、盒饭等，展会现场也有的摆放桶装水饮水机。对于集中供应的饮食、饮水，一定要有严格的食品安检，提高防中毒意识。对于展会现场摆放的桶装水饮水机，一定要安排专人看管，或者委托紧邻的参展企业看管，谨防不法分子投毒，引发公共事件。

典型案例：2014年11月1日中午，位于南通市开发区的安惠生物科技公司举办年会，多名与会者吃了主办方订的某餐饮店盒饭后，40多人出现肠胃不适，出现呕吐和腹泻等食物中毒症状，相继到南通市第三人民医院急诊科就诊，后南通市卫生监督所介入调查。

以上总结的展会活动中暴露出的安全问题，虽然有的是个别事件，但是却很有警示教育意义，展会组织者应善于总结经验，切实把展会安全工作做好、做实。

（资料来源：http: //fair. china. cn/zixun/20151229/d7795. html，2021.5.8）

4.2.4 展后管理

1. 组展总结

展会结束后，对办展工作整个过程是否存在失误及展会是否成功作出客观评价，通过原因分析，提出改进建议和展望。这个环节可以总结教训，积累展会经验，为改进以后的办展工作提供参考资料，如可以帮助未来展会的财务开支做出精确预算。

4-12拓展视频

2. 组展效果评估

（1）经济效益评估。

通过成本利润评价（经营利润＝经营收益－成本支出）进行经济效益评估。收益包括参展费、赞助费及其他服务的收入（如广告、礼仪等）；成本包括场地设施费、市场费、管理费、服务费、保险费及其他费用支出等。

（2）综合效益评估。

通过判断展会主题是否取得了预期效果，是否在展会所涉及的行业内取得了一定的影响力，是否在主题内容上吸引了有影响力企业的关注和参与等，进行综合效益评估。

（3）接待客商评估。

通过对接待参展商的数量与质量、观众人数和质量的评估进行接待客商的评估。

(4) 宣传、公关评估。

通过资料散发数量、广告费用及促销效果、公关活动对提升会展项目的影响、新闻媒体对展会的反映（刊载或播放次数、版面大小或时间长短、评价高低等）等项目，进行宣传、公关评估。

(5) 组织管理评估。

通过展前、展中业务质量和效率，工作人员的表现和工作效果（通过客商调查了解），进行组织管理评估。

3. 展后追踪工作

4-13 拓展视频

展会结束后对参展商、重要观众及嘉宾、支持单位和合作单位致谢，可以鼓励他们持续参展与合作。

展会结束后要为媒体回顾性报道提供统计资料，并通过媒体公布下届展会信息。

相关链接

会展策划锦囊

(1) 展览布局策划。参展商走进展区时在房间的正中央看见立柱或相似的障碍物。究其原因，展览地的销售人员仅会拿出一张现有的简单平面图交给客户，却不问展览服务承包商出现问题的原因，并以图中根本没有立柱或吊灯的标注作为托词。

(2) 管道问题。一个占地面积1万平方米、拥有140个展位的展示会，所有管线和参展商要求的临时线路只有两个进排水口，令管道承包商和参展商均无能为力。

(3) 电力供应。电子展览会动力负载高，如果饭店现有设备连半数也无法满足需求，则必须请求公用事业公司在布展时迁入额外线路。通常，电子产品展览会对动力的要求明显较高，如果展览地在展览会预订阶段就着手平衡负载与现有设施的矛盾，事先增加电力供应，就会减少许多问题。

(4) 户外帐篷或露天展览。灰狗公司没有人向产品经理提及户外展览的要求。可他偏偏将展览场地安排在饭店附近的海边，搭建一个顶上加盖一层帆布的天棚，时间是一年中风力最大的时刻。

(5) 工作量安排。在搭建起50平方米或100平方米的展位，并安装了所有定制的展品后，突然发现只有6个小时用来拆卸、打包和转移。这种不合理的匆忙带来了财产破损和发运失误，而最严重的莫过于客户因不满而离去。

(6) 展品的入展和撤展。如果一个有快餐食品加盟的大型展览会撤展工作从下午5时开始，而同一展位的下一场参展商按计划第二天上午用不同颜色的帷帘来布展。这份时间表根本没有给前一场展览足够的撤展时间，更不用说食品展的清洁工作了，到处可见散落在地毯和地面上的爆米花、热狗、芥末、冰激凌和软装饮料。

服务公司人员清洁地毯，再将所有器材拆卸、装运并搬出，而后对地面进行彻底擦洗。服务公司人员工作了整整一夜和一个早晨，下一场的参展商则在不耐烦地等待着。

(7) 清洁服务。通常，展馆中过道一般由饭店负责清洁，展位由服务承包商负责。但是，谁负责那些礼品展览、奖品展览和食品展览等所留下的成堆垃圾呢？是否要事先通知客户做好付费准备？一些小事长远看来是十分重要的。清洁服务在整个展会活动中是微不足道的，但是处理不好会给展馆和服务承包商带来损失。

(8) 重型设备。重型设备不能放在舞厅的地板上，这样的"庞然大物"当然也不能在大理石地面和地毯上拖来拖去。另外，对于移动和静止的物体，地板的承载限度是不一样的。一台重5吨的机器被安排在一家饭店的舞厅中展出,它与地面的接触面积仅为 10 平方米或 8 平方米。

(9) 起重机和吊装。一家漂亮的饭店设有装运货场,是一个理想的会所。主要展览区域设在 3 楼,通过一个同层的可移动的玻璃窗进出货物。小型货物可以通过接收房间和货梯周转,所以召开礼品展览会是理想的选择。但展览会所有展品和建筑材料放在特制的吊索升降台上,由一辆两吨重的吊车吊起运至 3 层的通道窗口。

(10) 装运货物的控制。作为承运商,首要任务就是按照时间计划运送物品,但这个时间表不是承运商按照自身情况制定的,而是由协会和饭店事先制定。所有饭店接收、储存和处理大量参展物品的设施都是有限的。大部分饭店的装运货物空间狭小,一些饭店比其他饭店的货场更为拥挤。

这一切使承运商处于失控状态。承运商承接了为展会运送所有物品的责任,他们得以完成职责的唯一办法是所有物品的运送均由其经手,从而取得对装运货物的充分控制权。

展览前,会务经理必须与服务承包商进行一次会晤。以上列举的大部分问题都可以通过这种协商与合作得到解决。

(资料来源:http://www.tripsanya.com/c/44/2013/221.htm,2021.6.6)

4.3 中外知名展览

4-14拓展视频

发达国家会展业有近 200 年的历史,中国在计划经济时代,流通领域的各种供货会、交易会、展览会就已成为实现产品调拨、产销衔接的平台。例如,百货、纺织、五金等展会,在计划经济时代对产销衔接、供求平衡产生了重要作用。随着市场经济的形成和发展,商品流通体制发生了根本性的变化,会展活动的性质、内容、形式也都发生了根本性的变化。以往的供货会有的已经消失了,有的已经萎缩,有的则在市场经济条件下进一步成熟和发展起来,形成了品牌展会、知名展会。凡是能及时转变观念,以流通为依托,以市场为导向,做好供求服务工作的展会,就能成熟和发展起来,反之就会萎缩和消亡。全国知名的展会大多数都是在流通领域里发展壮大的。凡是地方政府不重视和没有以流通为依托,以及"有展无销""有供无求"的展会,基本上都没有发展起来。

4.3.1 广交会

中国进出口商品交易会,又称广交会,由中华人民共和国商务部和广东省人民政府主办,中国对外贸易中心承办。广交会创办于 1957 年春季,每年春秋两季在广州举办,迄今已有 55 年历史,是中国目前历史最长、层次最高、规模最大、商品种类最全、到会客商最多且国别地区分布最广、成交效果最好、信誉最佳的综合性国际贸易盛会。

广交会出口展区由来自全国两万四千多家资信良好、实力雄厚的外贸公司、生产企业、科研院所、外商投资/独资企业、私营企业参展。

广交会以进出口贸易为主,贸易方式灵活多样,除传统的看样成交外,还举办网上交易会,开展多种形式的经济技术合作与交流,以及商检、保险、运输、广告、咨询等业务活动。来自世界各地的客商云集广州,互通商情,增进友谊。

1. 广交会的发展历程

(1) 创建阶段(1957—1965)。广交会的初创阶段。中华人民共和国成立后,为了打破西方资本主义阵营对中国实行的封锁禁运，开辟一条与世界交往的通道，中国从1957年春创办了广交会，这是中国外贸发展一项伟大的创举。广交会的创办为中国外贸发展打下了基础，开启了中国对外贸易、对外交流、经济合作的大门。

（2）成长阶段（1966—1977）。广交会的艰难成长阶段。"文化大革命"十年，使党、国家和人民遭受中华人民共和国成立以来最严重的挫折和损失。随着国民经济的好转，并进入一个快速发展时期的广交会，经历了生存与发展的考验。在以周恩来同志为代表的党和国家领导人的关怀下，广交会在困境中顽强成长，成为特殊年代坚持对外贸易、对外交流的唯一窗口，1966—1977年累计出口成交214.39亿元，占同期全国出口总额的41.53%，撑起了外贸出口的"半壁江山"。

（3）探索阶段（1978—1991）。广交会的解放思想、大胆探索阶段。这一时期，广交会呈现功能多样化的特点，从单纯洽谈进出口贸易活动，向广泛开展对外经济贸易活动的方向发展，除进出口贸易外，还开展了中外经济技术合作、技术进出口、国际金融等业务。另外，参展商品结构明显改善，贸易市场趋向多元化。广交会还积极探索自身改革，承办单位、组团方式等都朝着市场化方向发展。

（4）跨越阶段（1992年至今）。广交会坚持改革、跨越式发展阶段。在中国建设社会主义市场经济与融合经济全球化的进程中，广交会以促进外贸增长方式为己任，坚持改革，发挥了实施外经贸各项战略的导向和示范作用，实现了跨越式发展。广交会在组展方式、办会模式、参展主体、参展商品、展区设置、客商邀请等方面不断改革创新，努力适应新形势的变化和时代需求。中国实施的以质取胜、科技兴贸、市场多元化、产业结构调整、外贸体制改革、转变增长方式等重大外贸战略发展举措，都迅速在广交会得到充分体现。

2. 广交会职能机构

（1）大会秘书处。负责广交会总体协调；广交会重大活动的组织与协调；商务部领导及嘉宾到会接待工作，落实部、司领导交办事宜。负责广交会有关信息的编号、上报；广交会各机构之间的文件流转和机要、保密等文秘管理工作；统筹现场展览服务和通信、财务等配套服务；后勤保障等日常工作。

秘书处日常办事机构设在外贸中心办公室。

（2）业务办公室。组织、布置进、出口成交工作，负责外贸政策研究、形势分析，指导进、出口成交统计工作；指导广交会展览成效评估工作，研究制定广交会组展工作方案；组织开展有关广交会改革发展调研；负责有关业务信息编报（包括广交会总结等）；指导查处违规转让和倒卖展位以及知识产权侵权行为；联系交易团、商协会，协调有关展览工作；指导和推动信息化工作，建立完善的广交会电子政务系统、电子商务系统和信息服务系统等。

业务办日常办事机构设在外贸中心广交会工作部。

（3）外事办公室。负责广交会对外交往、外事活动的组织安排。包括安排广交会领导的外事活动；接待应邀来访的外国政府及经贸代表团；邀请或协助邀请外方主讲人、驻华使（领）馆官员、商会团体或公司代表等参加在广交会期间举办的相关会议。

外事办日常办事机构设在外贸中心国际联络部。

（4）政治工作办公室。负责广交会思想政治工作的组织、管理和协调；负责违规转让和倒卖展位的检查工作。

政工办日常办事机构设在外贸中心政工部。

(5) 保卫办公室。负责广交会展馆和重要活动的安全保卫工作;负责对到会采购商、国内与会人员的住所及主要活动场所的安全保卫工作实行统一的组织指挥,包括制定广交会保卫方案,协调各级公安部门行动,维护广州地区的社会治安,为广交会创造安全良好的社会环境;负责展馆的防火安全;负责维护广交会展馆及其附近道路交通秩序,保障交通畅顺。

保卫办日常办事机构设在外贸中心客户服务中心保卫部。

(6) 新闻中心。负责广交会期间记者邀请、接待、重要采访活动的安排以及组织召开新闻发布会;负责编辑出版《广交会通讯》中文版;负责收集、整理《舆情快报》;负责宣传品发放管理。

新闻中心日常办事机构设在外贸中心办公室。

(7) 卫生保障办公室。负责统一领导和指挥广交会卫生保障工作。与卫生行政部门保持密切联系,了解和掌握卫生动态,制定卫生保障工作方案和卫生防疫情况宣传口径;检查卫生保障措施落实情况;接受病情报告,处理卫生保障工作中的突发事件;组织、协调卫生防疫力量及相关工作;汇总广交会卫生防疫情况信息,编写简报。

卫生办日常办事机构设在外贸中心客服中心综合管理部。

(8) 证件服务中心。会同外贸中心有关部门,负责广交会证件的印证、制证、发证,采集、分析、汇总采购商信息数据;负责规划完善办证系统、培训使用办证系统和现场管理。

证件中心日常办事机构设在外贸中心客户服务中心保卫部。

(9) 广交会客户联络中心。广交会客户联络中心是为与会客商提供广交会及日常展览相关信息的统一服务平台。提供与会一站式服务,可接受中、英、西、法、俄五种语言咨询。现受理展会信息、展品导航、办证咨询、客商与会、仓储运输、审图、交通、展具预订、设备预租、宽带接入、报障、投诉等业务。

4.3.2 高交会

中国国际高新技术成果交易会(简称高交会)是经国务院批准,由商务部、科学技术部、信息产业国家发展和改革委员会、教育部、中国科学院和深圳市人民政府共同主办(首届三部一院一市),农业部、中国工程院协办的国家级、国际性的高新技术成果交易会,每年秋季在深圳举办。首届高交会于1999年10月举办。

4-15拓展视频

1. 高交会指导方针

五个"面向":面向科研院所,面向各类企业,面向高等院校,面向投资机构,面向中介机构。

五个"结合":商业运作与政府推动相结合,成果交易与风险投资相结合,技术产权交易与资本市场相结合,落幕与不落幕的交易会相结合,成果交易与专业产品展相结合。

一个"支持":为高新技术成果转化提供支持。

2. 高交会总体目标

以高交会为平台,为高新技术产业发展提供支持与服务,搜索"高交会—技术产权交易

—创业板市场"一条龙科技创业新模式；形成以技术产权交易与创业投资为核心的新型资本市场；构筑符合国情并具特色的中国科技成果交易体系；促进高新技术与产品的进口与出口。

3. 高交会成功经验

高交会成功经验：区位优势明显，环境良好；政府推动，提供保障；市场驱动，不断创新；专门、专业的组织机构；中介机构全方位服务；网上展会永不落幕；虚拟大学促进科技发展。

4.3.3 汉诺威工业博览会

汉诺威工业博览会始创于1947年8月，经过70多年的不断发展与完善，已成为当今规模最大的国际工业盛会，被认为是联系全世界技术领域和商业领域的重要国际活动。

近年来也有越来越多的亚洲、美洲及非洲国家不远万里前来洽谈，使博览会成为一个真正的全球性的盛会，并被认为全世界技术领域和商业领域的重要国际活动。2009年该展览会净展出面积22.5万平方米，有来自中国大陆、美国、加拿大、俄罗斯、英国、法国、意大利、瑞士、日本、韩国、印度、巴基斯坦、土耳其、马来西亚、中国香港等60多个国家和地区的6 400家厂商参展，接待观众达20万人次，其中专业观众的比例达到96％。中国展商成为一大生力军，共有441家企业（中国大陆426家，中国香港15家）积极参展，展商数量仅次位居海外参展首位的意大利。这些数字极好地证明了本展览会的成功，并再次认证了汉诺威工业博览会在行业展览会中的旗舰地位。

在2011年汉诺威工业博览会上，"移动技术"将首次以专题展形式亮相，全面聚焦包括混合动力和电力驱动系统的移动技术、移动能源、储存装备和可替代燃料。

汉诺威工业博览会因为具有高质量的观众、令人信服的收益率、树立企业形象的平台、迅速的市场渗透、展示新产品的首选展览会、覆盖面广泛、集聚效应明显、与客户近距离沟通等优势成为参展商争相选择的博览会。

资料库

资料1　　　　　　　　　　　　**世界主要展览机构**

1. 国际展览业协会（UFI）

（1）定义：它是一个非政治性、非营利性的组织。其会员不是单独的个体，而是与展览业相关的公司、协会及相应的管理机构，会员来自世界67个国家。

从1994年起，展览中心、展览会贸易会协会、管理机构及统计机构也陆续被吸收为UFI的合法会员。

（2）成立时间：1925年。

（3）地点：意大利米兰。

（4）成员：欧洲的20家展览公司。

（5）总部：法国巴黎。

（6）UFI的作用：它是一个中立机构，旨在为其成员提供一个交流信息、交换经验、探讨同行业发展趋势及加强合作、密切关系的机会。至2003年，中国有4家公司被接受为会员。

（7）网站：http：//www.ufi.org/。

2. 国际展览局（BIE）

（1）定义：负责协调管理世界展览会的国际组织。

（2）成立时间：1928年；总部：法国巴黎。

（3）章程：《国际展览公约》。

（4）作用：包括组织考察申办国的申办工作；协调展览会的日期；保证展览会的质量等。它的存在对规范、管理和协调世博会的举办，起到了很好的效果。国际展览局的收入主要来自申办展览会的注册费和举办期间门票收入的一定比例。

（5）国际展览局网站：www.bie-paris.org。

1928年11月，31个国家的代表在巴黎开会签订了《国际展览公约》。该公约规定了世博会的分类、举办周期、主办者和展出者的权利和义务、国际展览局的权责、机构设置等。《国际展览公约》后来经过多次修改，成为协调和管理世博会的国际公约，国际展览局依照该公约的规定应运而生。展览局行使各项职权，管理各国申办、举办世博会及参加国际展览局的工作，保障公约的实施和世博会的水平。

（6）国际展览局局曲：德沃夏克的e小调第九交响曲《自新大陆》第四乐章的开头部分被定为国际展览局局曲。

资料2　　世界五大车展

4-17拓展视频

以国际汽车展览业为例，目前世界上最有影响的五个汽车展览，分别是德国法兰克福、法国巴黎、瑞士日内瓦、北美底特律和日本东京五大国际汽车展。这五大国际汽车展所在国家中，除瑞士外，其余都是世界汽车制造强国，四国汽车产量约占全球汽车总产量的3/5。

1. 德国法兰克福车展：博大

法兰克福车展，展览时间一般在9月中旬，每两年举办一次。它创办于1897年，是世界最早办国际车展的地方，也是世界规模最大的车展，有世界汽车工业"奥运会"之称。展出的车辆主要有轿车、跑车、商务车、特种车、改装车及汽车零部件等，此外为配合车展，德国还举行不同规模的老爷车展览。

2. 法国巴黎车展：优雅

巴黎车展起源于1898年的国际汽车沙龙会，直至1976年每年一届，此后每两年一届。在每年的9月底至10月初举行。作为浪漫之都的巴黎，它的车展如同时装，总能给人争奇斗艳的感觉。

1998年10月，巴黎车展恰逢百周年，欧洲车迷期待很久的巴黎"百年世纪车展"以"世纪名车大游行"方式，让展车行驶在大街上供人观赏。

3. 瑞士日内瓦车展：奢华

日内瓦车展创始于1924年，是欧洲唯一一个每年度举办的大型车展。每年3月举行，是各大汽车商首次推出新产品的最主要的展出平台，素有"国际汽车潮流风向标"之称。

4. 北美国际车展底特律车展：妖娆

拉开每年车展序幕的是北美国际车展，时间固定在1月5日左右开始。它创办于1907年，起先叫作"底特律车展"，是世界最早的汽车展览，1989年更名为"北美国际汽车展"。举办地在美国的汽车之城——底特律。展览面积约8万平方米，会议室、会谈室近百个。车展每年为底特律带来了可观的经济收益，年平均收益在4亿美元以上。

5. 日本东京车展：细腻

东京车展是五大车展中历史最短的，创办于1954年，逢单数年秋季举办，被誉为"亚洲汽车风向标"。双数年为商用车展，是亚洲最大的国际车展，历来是日本本土生产的各种千姿百态的小型汽车唱主角的舞台。展馆位于东京附近的千叶县幕张展览中心，是目前世界最新、条件最好的展示中心。展出的展品主要有整车及零部件。

资料3　　　　　　　　　　　**国内五大车展**

1. 北京车展：规模大

北京国际汽车展览会时间为4月下旬到5月上旬，在国内车展中以创办时间早，最具权威性，规模盛大，参展商阵容强大，知名品牌齐全，展品品质高端、新颖，国际化程度高，文化底蕴厚重，媒体关注度强，观众数量众多等等鲜明特色而享誉海内外，素有"中国汽车工业发展风向标"之称。

迄今为止，北京车展在国内车展中依然在参展商质量、展品档次和水平、记者、观众数量等方面保持着多项纪录，成为与世界顶级车展比肩而立的品牌汽车展会。

全球著名的汽车跨国公司、顶级品牌制造商、零部件厂商都把北京国际汽车展作为提升企业形象和品牌、展示其科技实力的大舞台。每逢展会期间，国内外汽车业的各路巨擘与数以万计热情如潮的海内外观众会聚一堂。

2. 上海车展：技术先进

上海车展的时间为4月中旬到下旬，特点是国际巨头的参展阵容强大，亚洲或全球首发的车型及概念车的数量均是国内车展少见的。当谈到车展最吸引人的东西时，除了那些魅力动人的车模外，恐怕就要数那些外观时尚前卫、技术领先于市场的概念车了。

全球首发车型的多少是体现车展实力的关键指标之一。在历年上海车展上，有不少车型都是全球首发或亚洲首发。

3. 广州车展：参与人数多

时间一般在12月，以与年初的北京车展、上海车展错开，避免冷场。由于在国内汽车行业中影响巨大的日本三大车商纷纷扎根广州，现在广州车展影响力正日益增强。广州的优势在于汽车市场及后市场的领先。广东境内以广州为核心放射的城市群间便利的高速公路网是众多省外自驾游朋友所羡慕的。地处珠三角，临近港澳地区，广州的改装、音响甚至越野等汽车后市场比起其他车展发展得更快一些，这些都是广州得天独厚的优越之处。因此，广州车展的阵容逐年丰富、壮大也是不无道理的。

4. 成都车展：日益壮大

成都车展还在发展之中，时间暂不固定，如2011年是3月举行，而2010年是9月举行。经过十余年发展的成都国际车展，已经被中国贸易促进委员会汽车行业分会认定为当今中国最具影响力的四大车展之一。

5. 长春车展：日益壮大

中国（长春）国际汽车博览会是由中国国际贸易促进委员会批准的国内著名车展之一。目前，中国（长春）国际汽车博览会已成为国内著名的车展之一，是继上海车展之后第二个UFI认证的专业汽车展览会。在南京举办的中国会展财富论坛上，中国（长春）国际汽车博览会入选中国展会一百强。

（资料来源：http://wenku.baidu.com/view/4a0004e96294dd88d0d26bd0.thml，2021.6.8）

 综合案例

观众质量成就展会质量

最近，在广交会展馆经营部对展览公司一次问卷调查显示，60%以上的被调查者认为展会成功的标志主要是专业观众质量和实际效果。这与蒙哥马利展览集团终身主席蒙哥马利先生在接受媒体采访时所说的观点不谋而合，他说："组展成功的关键在于专业观众的质量。你的品牌是和观众的质量是成正比的。要维护好与参展商的关系，你必须确保专业观众的质量。"因此现在的展会主办者往往把招商工作当作组展工作的重中之重。

1. 精心建造资料库

如何才能确保专业观众的质量呢？蒙哥马利先生表示应建立专业观众数据库，充分收集和了解专业观众的背景资料，然后用数据对观众的质量进行科学的分析。他说："40多年来，我们储存了所有展会的观众数据。通过问卷调查、参展注册或网上注册等方式了解他们的职务、个性特点、年龄及购买影响力等情况，在很大程度上我们也成了专业观众的朋友。这么多年来，我们通过分析发现，在我们数据库中的观众有2/3的人坚持到我们办的展览来，而不去同行业其他的展览。"

在最近一次展览界人士聚会上，全球第二大照明展主办者广州光亚展览公司总经理潘文波也表示，他们之所以成功就在于重视专业观众，长年坚持不懈地做好专业买家的资料收集、客户服务工作，并建立了庞大的信息资料库。

据称，光亚公司资料库有3人专门常年负责生产商、专业买家、观众资料的输入及派送请柬。

然而，有多年办展经验，每年主办18个贸易展览会的香港贸易发展局（简称香港贸发局），之所以能如此有效地推广自己的展览会，主要也得益于其所拥有的庞大数据库。香港贸发局展览事务总监周启良称，香港贸发局累积了一个拥有60万个商贸企业的资料库，其中中国香港10万家、中国内地12万家、海外38万家，每年大约有240万宗商贸配对。据周介绍，2001—2002年，中国香港展会共吸引买家27万多个，其中13万个分别来自海外超过140个国家和地区。

2. 在同类展会招商

一年两届的广州国际家具展在海外招商上做得特别成功。家具展的国际化定位，使得招商必然会将重点放在北美、东南亚、日韩、中东等中国家具出口最强劲的地区。展会营销是一种很有效的手段，组委会多次派代表到海外展会招商，半年内就与多家世界著名家具展会合作，并设立广州展的招商推广位置，这些著名家具展有意大利米兰、德国科隆、法国巴黎、西班牙瓦伦西亚、俄罗斯莫斯科、阿联酋迪拜、美国高点、日本东京、韩国首尔、马来西亚吉隆坡、印度尼西亚雅加达、澳大利亚墨尔本等。广州国际家具展成为国内首家跨国在10家国际顶级的同类型家具展中设展位现场招商的展会。

3. 与媒体网络互动

目前，专业展已成为展会发展的趋势，市场细分的结果是参展商需要更明确的产品市场定位及客户的定位，需要在展会上接触到意向更加明确的贸易观众。这方面媒体宣传的优势则难以取代。

广州国际家具展通过与海外媒体的良好互动，为广州家具展做跟踪报道，发布信息，还充分利用互联网便捷和高效的特点，按期传送广州展的新闻稿。展会不仅通过互联网发布展会信息，发送邮件邀请函，还在网上设立预先登记服务，只要买家预先填好登记表并成功发送到该展览公司的网址上，就能在来中国参展前免费领到由展览公司寄发给他们的卡证，这种人性化的服务为展会赢得了众多的买家。

会展活动成功与否的关键，在某种程度上取决于观众的质量，会展活动不仅需要观众，而且要看吸引了哪些观众，只有专业观众质量较高的会展活动才是真正的会展活动。有些展会上人头攒动，展台前围得水泄不通，但多是领小礼品和纸口袋的，这些观众只是凑热闹，而不是参展商所需要的。展会需要专业贸易观众，他们是主办者的目标观众，是参展商的潜在客户。参展商参展主要是为了拓展销路和市场。如果观众少，质量不高，参展公司没有取得参展效益，下次就不会再参展。已有知名度的展览公司，不愁找不到参展商，而是要在组织观众上下功夫。展商希望见到有效的贸易观众，只有这样的观众才能给展会带来"票房"的价值。

（资料来源：https://wenku.baidu.com/view/8891ee1b6bd97f192279e99c.html，2021.6.6）

习题与训练

理论自测题

一、名词解释

1. 展览
2. 博览会
3. 主办方
4. 参展商
5. 专业观众

二、填空题

1. 展览观众有_____和_____之分，其中_____观众是会展组织者宣传和吸引的重要目标。

2. 小型展览是指单个展览的面积在_____平方米以下的展览会。大型展览是单个展览面积超过_____平方米的展览会。

3. 展会名称"第八届中国国际航空航天博览会——中国·珠海"的基本部分是_____，限定部分是_____，附加部分是_____。

4. 按照展览的性质划分，展览可分为_____、_____和_____。

5. _____是展会的核心。

6. 按照展览的内容，我们可以将展览划分为_____和_____。

7. 北京国际机床展属于_____展览。

8. 展览名称由_____、_____和_____组成。

9. 展览结束撤展完毕后，展览的服务工作_____结束。

10. _____已成为企业营销、品牌培育的重要工具。

11. 展览会现场服务具有_____性、_____性和_____性。

三、单项选择题

1. 办展单位赋予代理商在某一地区一定时间内的招展权，在该区域内不再有其他代理商为本项目招展，仅办展单位可在该地区招展，这种招展代理形式称为（　　）。
   A. 独家代理　　B. 排他代理　　C. 多家代理　　D. 承包代理

2. 第一次世博会在（　　）举办。
   A. 芝加哥　　B. 伦敦　　C. 莱比锡　　D. 巴黎

3. 目前国内普遍实行"价格双轨制"，即对国外、国内参展商的报价不一样，这种价格策略属于（　　）。
   A. 统一折扣　　B. 差别折扣　　C. 特别折扣　　D. 现金折扣

4. 评估会展的规模主要看（　　）的数量及展览会面积。
   A. 参展商　　B. 专业观众　　C. 主办机构人员　　D. 参展商和专业观众

5. 对展览会进行分类，按展览会性质，可以分为贸易展和（　　）。

A. 定期展　　　　B. 不定期展　　　C. 室内展　　　　D. 消费展
6. "上海羊毛服装展销会"与"广东最佳摄影作品展示会"最大的不同在于（　　）。
   A. 是否室内场地　　　　　　　　B. 是否现场销售
   C. 是否经商务部批准　　　　　　D. 是否实现创新
7. UFI要求国际性展会应该有（　　）的国外参展商及（　　）的海外观众。
   A. 20%，4%　　B. 4%，20%　　C. 30%，5%　　D. 5%，30%
8. 上海新国际博览中心是由国外3家大型会展企业联合成立公司对其设计并投资兴建，最终由该公司负责场馆的经营运作。这种会展场馆建设的管理模式为（　　）。
   A. 行业协会管理　B. 企业自主管理　C. 政府管理　　D. 合作管理
9. 对于参展商而言，（　　）的质量显得更为重要。
   A. 观众　　　　B. 普通观众　　　C. 专业观众　　　D. 协办单位

四、多项选择题

1. 展览的基本功能是（　　）。
   A. 联系和交流的功能　　　　　　C. 传播信息的功能
   B. 加速流通的功能　　　　　　　D. 促进贸易交往的功能
2. 展览会的类型按展览的内容分为（　　）。
   A. 专业性展览会　　　　　　　　B. 综合性展览会
   C. 贸易性展览会　　　　　　　　D. 消费性展览会
3. 一般而言，一个展览项目按展出场地分类，可分为（　　）。
   A. 单层展览　　B. 双层展览　　　C. 室内展览　　　D. 室外展览
4. 网上展览会与传统展览会相比的一定优势体现在（　　）。
   A. 信息的准确性　　　　　　　　B. 成本低、效率高
   C. 展出时间长　　　　　　　　　D. 展出空间不受限
5. 展会现场管理当中的安全管理，应包含以下几方面的内容（　　）。
   A. 消防安全　　B. 人员安全　　　C. 展品安全　　　D. 公共安全

五、简答题

1. 办一个展会一般需要投入哪几部分成本？
2. 展会的直接招展费用包括哪些主要内容？
3. 举办一个展览有哪些收入项目？
4. 展览组织者可以采取什么方式进行展位销售？
5. 展位分配一般遵循哪些原则？
6. 专业观众在展会中的作用有哪些？
7. 虚拟展能否替代实物展？为什么？
8. 可供选择的招商渠道一般有哪些？
9. 比较会议和展览对场地选择要求的差异。

六、计算题

1. 假设展会布展任务需16小时（一个工人）完成，人工费每小时10元，所需材料费500元。此外，主办方收取使用设施、间接人工等管理费。管理费按直接人工费用的50%

计算，计算完成此项布展任务所需成本？

2. 举办大学生用品展，主要收入为参展商交纳的展位费。每个展位费100元，场地租金为500元，场地布置费用1 000元，招商招展费1 000元，至少卖出多少展位，才能保证展会不赔不赚（保本）？要想通过办这个展会赚1万元，至少需要卖出多少展位？

七、论述题

1. 论述展览会主办方、参展商、专业观众之间的关系。
2. 参展商选择展会要考虑的因素有哪些？
3. 公司、相关协会和商会、有关媒体、个人、国外驻华商务处、贸易代表处都可成为招展代理。如果你想请某公司、协会和商会或媒体作为招展代理，应从哪些方面来对代理进行资质考核？

 实务自测题

1. 课余时间上网查找、浏览有关展览活动的案例。
2. 按不同标准将下面展会进行分类，如表4-2所示。

表4-2 展会分类

展会名称	性　质	内　容	面　积	展览方式	时　间	UFI的分类
世博会						
广交会						
CeBIT						
大学生用品展						
长春丝绸展						

3. 到材料市场和展台搭建现场，实地了解展台搭建不同类型材料的特征，观察其在工程中的应用方法、连接方式、搭配形式等。分析具体工程中材料的应用，体会不同材料应用带来的效果变化。

 案例分析

1. 上海佳佳展览有限公司决定在浙江设立会展分公司，主营小商品和机械产品的展览项目。目前的关键是相关客户群的地域分布和需求特征情报收集。该公司下属的会展分公司认为在小商品和机械产品领域举办网上会展利润空间大，加之该领域的浙江企业产品多为外销，应该有众多参与企业。

要求：
(1) 请列出该公司情报收集的可能渠道。
(2) 小商品和机械产品都适合网上办展吗？请说明理由。

2. 分析2004中国（古镇）国际灯饰展览会招展成功的三大因素。

2004年中国（古镇）国际灯饰展览会在广东中山古镇举行。根据筹备工作方案，展览面积 4 万平方米，共设展位 2 400 个。为了确保招展任务的如期高质完成，在总结往届灯博会经验的基础上，筹委会梳理招展信息，充分挖掘展会资源，建立了参展商数据库，成立了精干的招展机构，广泛宣传，多轮驱动，取得了良好的效果。

1999 年和 2002 年两届灯博会的成功举办，为这届展览会积累了大量的客商及灯饰企业资料，筹委会在完善招展企业数据库的基础上，又采取了一系列的措施：

第一，在镇内通过电视台、灯饰报、政府网站、灯饰在线网站等发布招展信息。

第二，借古镇领导赴美考察之机，参加美国拉斯维加斯灯展，在展会上介绍古镇灯博会的有关情况，邀请商家前来参展参观。

第三，通过电子邮件、邮寄、电话、传真等方式向国内外 5 000 多家灯饰及相关企业发送了邀请函。

第四，温州灯饰商会协商进行代理招展，邀请温州的客商前来参展。

第五，古镇组织了 12 家企业组团参加"2004 年中国轻工业产品展览会"，宣传古镇形象，同时发布灯博会宣传广告，以达到借展招展的效果。

第六，5 月在北京组委会召开了第一次新闻发布会，来自国内外近 60 家媒体对灯博会进行了相关报道。

第七，在招商方面，组委会高度重视，5 月已经通过邮寄、电子邮件、传真等方式向海内外 10 万业内人士寄发送了邀请函。通过中国照明协会与西班牙协会联系，邀请协会成员前来参观；并与一些知名 B to B 网站合作，利用他们的客户资源；此外还在欧美的专业杂志上投放广告。

第八，6 月初，组委会在东莞召开了招商推介会，古镇领导亲自向与会企业介绍灯博会的情况，推介会取得了良好效果。

5 节事活动

学习任务

- 了解节事活动策划的原则。

知识要点

- 节事的定义。
- 节事的主要功能。
- 节事的类型。
- 节事的构成要素。

5　节事活动

知识结构图

本章主要知识结构图如图 5-1 所示。

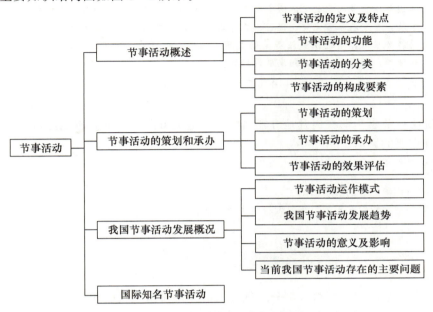

图 5-1　"节事活动"知识结构图

开章案例

哈尔滨国际冰雪节

哈尔滨国际冰雪节（图5-2）是中国历史上第一个以冰雪活动为内容的区域性节日，每年的1月5日开幕，没有闭幕式，一直持续到2月底冰雪活动结束为止，期间包含了新年、春节、元宵节、滑雪节四个重要的节庆活动。节日期间，哈尔滨市政府规定，市民放假一天。一年一度的哈尔滨冰雪节，以"主题经济化、目标国际化、经营商业化、活动群众化"为原则，集冰灯游园会、大型焰火晚会、冰上婚礼、摄影比赛、图书博览会、经济技术协作洽谈会、经协信息发布洽谈会、物资交易大会、专利技术新产品交易会于一体，游客量多达百余万人次，经贸洽谈会成交额逐年上升。不仅是中外游客旅游观光的热点，而且是国内外客商开展经贸合作、进行友好交往的桥梁和纽带。

图 5-2　哈尔滨国际冰雪节

5-1拓展视频

冰雪旅游吸引了成千上万的外地游客，徜徉在异国风情的中央大街上，驻足在冰雕雪塑中，浏览欧陆风光的城市，在松花江上架冰帆，坐雪橇，抽冰尜以及到亚布力、二龙山、吉华等滑雪场体验雪上飞。在冰雪餐厅里品尝东北菜，购买俄罗斯的纪念品，吸引各地的游客冬季到哈尔滨旅游。

伴随哈尔滨国际冰雪节而生的"冰洽会"是一个大流通、大经贸、上档次、上规模的大型盛会。在冰雪节上设立专展，在发展冰雪文化、促进冰雪旅游的同时，广泛进行了经贸交流、加强技术合作，加深与全国各地的经济往来，增进区域经济蓬勃发展。达到洽谈贸易、交流信息，面向全国、面向世界，横向联合、纵向延伸，增强互进、共同发展的目的。

(资料来源：http://baike.so.com/doc/6541817-6755557.html)

引例说明：节事活动在提升地方知名度、打造地方品牌、提升本地经济及民族经济等方面都具有重要的影响。

课前热身

1. 请列举出你参加过的节事活动。
2. 说说筹办"大学生艺术节"需要做哪些主要工作。

5.1 节事活动概述

节事活动是会展的一个组成部分，创造出的经济价值和社会价值非常可观，目前已被许多城市列为发展自身经济和提高城市形象的突破口。

5.1.1 节事活动的定义及特点

1. 节事活动的定义

（1）节日。

节日（Festival）可以简单地定义为有主题的、传承性较强的公众庆典活动。

节日与平日相对而言，具有非日常性，是一种特殊的日子；节日是为公众产生的，而不是为个人产生的，节日活动具有一定的社会范围。不同社会群落价值观念不同，崇尚的节日也各不相同。我国历史悠久、民族众多，有多种多样的节日活动，它们反映了不同群落之间不同的传统习惯和价值观念。

中国是一个统一的多民族国家。56个民族不仅少数民族有节日，汉族也是有节日的，节日之多，难以计数。民族节日是一个民族在长期历史发展中形成的、具有一定意义的、并要在这一天举行庆祝或祭祀仪式的日子。中国各民族特色各异的众多节日，大致可以分为新年节日、生产节日、青年节日、纪念节日、习俗节日和宗教节日六个方面。

这些与自然界季节更迭、祈求丰收、崇敬英雄、谈情说爱、传统习俗、宗教信仰等有密切关系的节日，是民族历史的活化石，是民族生活方式的集中体现，也是民族传统文化的生动展示。尽管各民族的节日在日期、内容、意义、过节方式等方面千差万别，但它们都有稳定性、群众性、民族性和传承性的共同特点。不少民族节日已有几百年的历史，有的甚至经历了上千年的岁月，成为深深植根大地上的一种文化现象，也是需要进一步挖掘的文化宝库。

小资料

传 统 节 日

5-2拓展视频

传统节日的形成，是一个民族或国家的历史文化长期积淀凝聚的过程，我国的春节、元宵节、清明节、端午节、中秋节等传统节日，无一不是从古代发展过来的，从这些流传至今的节日风俗里，还可以清晰地看到古代人民社会生活的精彩画面。

节日的起源和发展是一个逐渐形成、潜移默化地完善、慢慢渗入社会生活的过程。它和社会的发展一样，是人类社会发展到一定阶段的产物，中国古代的这些节日，大多和天文、历法、数学，以及后来划分出的节气有关，这从文献上至少可以追溯到《夏小历》《尚书》，到战国时期，一年中划分的二十四个节气，已基本齐备，后来的传统节日，全都和这些节气密切相关。

我国重大的传统节日有春节、元宵节、清明节、端午节、中秋节等。此外，各少数民族也都保留着自己的传统节日，如傣族的泼水节、蒙古族的那达慕大会、彝族的火把节、瑶族的达努节、白族的三月节、壮族的歌圩、藏族的藏历年和望果节、苗族的跳花节等。

（资料来源：http://baike.so.com/doc/1694490-1791685.html，2021.6.6）

（2）事件。

事件（Event）一般是指历史上或社会上已经发生的、产生相当影响的事情。它的发生是受多重因素激发而产生的。这些因素可能来源于政治领域、军事领域或者生活领域。事件可以来源于人类社会生活的方方面面，也可能来源于自然界的突然变化等。因此，事件可以分为自然事件和人文事件。

（3）特殊事件。

简单地说，特殊事件（Special event）就是那些不同于日常生活的事件。从组织者的角度和消费者的角度为特殊事件进行定义：从特殊事件的主办者或组织者来说，特殊事件是发生在主办者或组织者日常进行的或经常碰到或举办的活动或项目范围之外的事情，具有一次性或至少不是经常发生的特点；对于消费者来说，特殊事件与日常的常规活动不同，是发生在人们日常生活体验或日常选择范围之外的事件。

当然，特殊性是一个相对的概念，不同的对象体会不同，不同的角度理解不同。事件或活动是否特殊，活动主办方、组织管理者和参加活动的消费者可能会有不同见解。

（4）节事。

节事（Festival & Special event）是一个组合的概念，是从国外研究中借鉴而来的，即节日和特殊事件的统称。我们说节事是面向大众，根据特定主题举行的日常生活体验以外的群体性娱乐休闲活动。其形式包括各种传统节日、比赛和在新时期设定的各种节日及具有纪念性的事项。

在我国，节事是一个新兴行业和新兴研究领域，有关节事的许多概念仍然处于界定和辨析阶段，还没有完全成形的概念和理论体系。因为看问题的角度不同，我国学术界目前对节事活动的概念有不同的认识，但总的说来，大致存在广义和狭义两种看法：狭义的节事即节庆，指的是各种节日和庆典，尤其是周期性举办（一般是一年一次）的节日等活动，但不包括各种交易会、展览会、博览会、文化和体育等方面的一次性结束的特殊事件；广义的节事不单是指发生的事件，也指一些内涵丰富多彩的项目，包括节日、地方特色产品展览、体育比赛、文化仪式等具有特色的或非日常性发生的特殊事件。我们这里所指的节事活动指的是广义的节事活动。

2. 节事活动的特点

节事活动作为会展的一个部分，除了具有会展活动的一般性以外，还具有自身的一些特性，这些主要包括多样性、交融性、地域性、时效性、二重性、个性化、吸引性、文化性、体验性、认可性等。

（1）多样性。节事活动的内涵非常广泛，其开展形式多元化，开展的内容丰富多彩。例如，第八届（2014）中国长春消夏节定于6月21日开幕，至9月8日结束，历时80天。节日期间将围绕文化时尚、体育健身、生态休闲、乡村旅游及会展五大消夏板块，形成48大项、39小项，总计87项系列活动。重点实施净月潭瓦萨国际森林徒步节、长春北湖国际消夏啤酒节、长春乡村旅游节、长春北湖草莓音乐节等品牌活动，并力争提升活动的质量和规模，打造成长春消夏节的经典品牌活动。创新举办首届中国双阳梅花鹿节、长影电影文化主题活动、长春净月潭瓦萨国际自行车节等体现长春元素、吸引人气的特色活动，成为消夏节期间的亮点活动。中国（长春）国际汽车博览会（举办时间：7月12—21日）、中国长春国际农业·食品博览（交易）会（举办时间：8月15—24日）、第四届中国长春世界雕塑大会（举办时间：9月3—4日）等重大展会，共同构成长春"十大消夏节庆活动"。

（2）交融性。节事活动的多样性和大众参与性决定了其必然有强烈的交融性。许多节事活动都包含会展活动，从而成为带动当地经济发展的引擎。一年一度的慕尼黑啤酒节，被称为"世界第一大民俗节日"，每年都有超过600万的游客参与庆祝。在举办的两周内，大量的慕尼黑农产品被就地消耗，平均每年超过500万升的啤酒被喝掉。同时还拉动了当地的就业，近几年平均每年吸纳10 000多人为啤酒节工作。

（3）地域性。节事活动都是在某一地域开展的，带有明显的地域性，可成为目的地形象的指代物。有些节事活动已经成为地域的名片，而少数民族节日更是独具地方特色，如巴西狂欢节、瓦萨滑雪节、西班牙西红柿节等。这些活动彰显着强烈的地域风情，已经成为当地重要的旅游吸引物。此外，在多民族聚集的国家和地区，民族文化各具特色，地方性节事活动也异彩纷呈。节事活动成为地方文化最佳的表现形式，成为少数民族最宝贵的一笔文化遗产。

（4）时效性。每一项节事活动都有季节和时间的限制，都是按照预先计划好的时间规程开展和进行的。例如，内蒙古有丰富多彩的民族文化，每年7月中下旬举办的那达慕草原旅游节，集中展示蒙古民族歌舞、体育、竞技、服饰、饮食各方面的灿烂文化；祭敖包活动一般在农历5月下旬至6月上旬举行，敖包（图5-3），蒙古语为"堆子"，是用石头垒成的一座圆锥体的台子，上面竖着悬挂有经幡的旗杆和树枝，在祭典结束后，还将举行传统的赛马、摔跤等活动；篝火节是内蒙古北部鄂伦春人的传统节日，在每年的6月18日，鄂伦春人会燃起篝火，并集体围绕在篝火旁，载歌载舞，欢乐通宵。

（5）二重性。节事活动参与者的角色，一是该主题节事活动的参与者，二是该主题节事活动的旅游者。

（6）个性化。举办地必须有特别出色的节事活动产品提供给参与者和旅游者挑选，否则一般很难成功。

（7）吸引性。节事活动本身必须具备强大的吸引功能，给参与者非常好的感知印象，

图 5-3 敖包

使其在心理上产生非去不可的愿望。

小资料

青岛国际啤酒节

青岛国际啤酒节始创于1991年,每年在青岛的黄金旅游季节8月的第二个周末开幕,为期16天。节日由国家有关部委和青岛市人民政府共同主办,是融旅游、文化、体育、经贸于一体的国家级大型节庆活动,是亚洲的啤酒盛会。如今,啤酒节已经成为彰显青岛城市个性优势与魅力的盛大节日,以啤酒为媒介,展现了青岛啤酒公司和城市。

青岛国际啤酒节由开幕式、啤酒品饮、文艺晚会、艺术巡游、文体娱乐、饮酒大赛、旅游休闲、经贸展览、闭幕式晚会等活动组成。节日期间,青岛的大街小巷装点一新,举城狂欢;占地近500亩、拥有近30项世界先进的大型娱乐设施的国际啤酒城内更是酒香四溢、激情荡漾。节日每年都吸引超过20多个世界知名啤酒厂商参加,也引来近300万海内外游客举杯相聚。

(资料来源:https://baike.so.com/doc/5620320-5832937.html, 2021.6.8)

(8)文化性。节事活动本身就是文化活动,这些以民族文化、地域文化、节日文化和体育文化等为主导的节事活动往往具有极浓的文化气息。欧洲、亚洲的一些国家具有悠久的历史和深厚的文化积淀,各类文化艺术节日众多。例如,英国爱丁堡艺术节、法国巴黎秋季艺术节、法国阿维尼翁艺术节、意大利维罗纳歌剧节、奥地利萨尔斯堡音乐节、德国拜罗伊特瓦格纳艺术节、马来西亚国际伊斯兰文化节、瑞典斯德哥尔摩水节、美国"孟菲斯五月"国际节、法国戛纳电影节等。

小资料

清明节的文化内涵

清明节包括三重文化内涵,即生命清明、政治清明和生态清明。其中,生命清明是清明节最重大的意义和内涵。

(1)生命清明。清明节的情感本体和它最原本的意思是纪念已逝的先人,当我们站在已故先人的墓

5-4拓展视频

前,他们的一生就浮现在我们的面前,使我们不由思考生命的意义。生命从哪里来的,到哪里去,这是一个永恒的疑问。那么清明节的文化意义就在于提升生命的品质和价值。

(2)政治清明。寒食节是为纪念功不言禄的介子推而设立,后与清明节融合。相传,介子推抱母葬身火海前曾留诗曰:"倘若主公心有我,忆我之时常自省。臣在九泉心无愧,勤政清明复清明。"介子推对政治清明的期盼也成了千百年来中国百姓的期盼。

(3)生态清明。清明时节正是万物生长之时,民间有"清明前后,种瓜点豆","植树造林,莫过清明"等农谚。清明节自古以来就有插柳的习俗,后发展为植树造林。清明节从插柳发展到植树造林,进而发展到生态环保,是生态的清明、环保的清明,这正是我们当前所要提倡的。

(资料来源:https://www.163.com/news/article/7U5GL5KF00014AEE.html,2021.6.8)

(9)体验性。节事活动实际就是亲身经历、参与性很强、大众性的文化、旅游、体育、商贸和休闲活动,是建立在大众参与和体验的基础之上。

小 资 料

中国国际马戏节

由文化和旅游部、广东省人民政府主办,珠海市人民政府、广东长隆集团有限公司承办的中国国际马戏节(以下简称"马戏节")是经国务院批准举办的一项国际性马戏杂技演出和重要对外文化交流活动,自2013年起共成功举办了五届。其中,自2016年起由两年一届变更为一年一届。

马戏节坚持"政府主导、企业主体、市场运作、艺术惠民"的办节思路,以打造高规格、国际性马戏杂技艺术盛会和类目齐全的马戏杂技艺术展示平台为目标,以弘扬马戏杂技艺术、推进国际业界交流、丰富群众文化生活、促进经济社会发展为宗旨,力求打造成为具有中国特色、国际水平、世界影响的马戏盛会。

第六届中国国际马戏节于2019年11月16—23日在珠海横琴长隆举行,马戏节期间举办开幕式暨综合场演出、节目展演、闭幕式暨优秀节目汇演、文化惠民演出、马戏巡演等系列活动,力求通过丰富多彩、形式多样的活动,展示珠海的激情和活力。

(资料来源:http://www.circusfestival.com.cn/overview.shtml,2021.6.8)

(10)认可性。节事活动组织者应该控制节事活动参与者的数量,保护当地旅游环境不受破坏,在当地居民承受能力之内,以当地居民认可并显示出友好的态度为准。

5.1.2 节事活动的功能

节事活动尤其是大型节事活动的成功举办可以为举办地增强凝聚力,获得财政收入,创造就业机会,带动相关产业的发展,并提高人们的生活水平。近年来,众多国家、地区和城市纷纷举办各种节事活动,并把节事活动作为举办地营销的重要举措,以此提升举办地的形象和地位,促进举办地经济文化建设的发展。

小 资 料

日本御堂筋节

日本御堂筋节于1983年首次举行,活动安排在每年10月的第二个星期日,主要包括"花车列队游行",活动组委会由主办者和市政府共同组成。御堂筋节每年可为日本带来50亿日元的直接经济效益和

100亿日元的间接经济效益。

大型节事活动在给举办地带来一系列经济和社会效益的同时,也会带来一定的负面影响,如场馆设施面临空置,经营难以为继,造成投资浪费;交通管制可能造成交通不便甚至瘫痪;人群聚集导致垃圾剧增,影响环境卫生,污染环境,破坏资源,甚至引发流行疾病;大型活动对居民情绪的负面影响;恐怖主义袭击的重点目标等。

小 资 料

印度踩踏事故频发

2015年8月10日,位于印度东部贾坎德邦的迪奥加尔县(Deoghar),在一处寺院于黎明时分打开大门之际,约5 000朝圣者夺门而入。人们的争先恐后酿成了踩踏事件,造成至少11人死亡,24人受伤,死者中包括八名女性。

当地警官库马尔(Subodh Kumar)表示,目前正值印度教为期一月的节日,当时有数万人聚集在一座湿婆神庙附近。湿婆神(Shiva)是印度教中的毁灭之神,是印度教的主要神明之一。

每年8月,作为印度教的宗教传统,成千上万朝圣者涌向神庙,向湿婆神奉上取自恒河的圣水。

美国有线电视新闻网(CNN)援引当地警司穆鲁根(S. Murugan)的话称,黎明前,拥挤的人群中有些人为了靠近神庙开始插队。在大门打开后,这条5万人长队的尾部突然发生混乱,人们开始推搡着前进。

事发时,正在神庙外等待进入的朝圣者库玛里(nidhi kumari)对美联社说,"人们突然开始推挤,我们都倒了下去"。万幸的是,库玛里挣脱了推搡的人群。

对印度来说,在宗教节日期间出现踩踏致死事件已是屡见不鲜。在宗教集会中,拥挤的人群往往在短时间内涌向一个相对狭小的空间,而安全和人数控制措施的缺失往往会酿成悲剧。

踩踏致死事故频发,就在不到一个月前的7月14日,在位于印度南部安得拉邦的拉贾蒙德里(Rajahmundry),刚刚有29人在沐浴节期间的踩踏事件中丧生。在那次事件中,一些朝圣者掉了鞋子,于是试图在人群中寻找,而这酿成了惨剧。

近10年来最大的一次惨剧发生在2005年。按照《今日印度》提供的数字,当年马哈拉施特拉邦西部的一处寺庙在一次宗教节日期间发生踩踏事件,共造成近350人丧生,超过200人受伤。

(资料来源:http://news.sohu.com/20150812/n418665401.shtml,2020.11.3)

5.1.3 节事活动的分类

节事活动可以根据节事活动的影响度、社会知名度、主题等方面的不同进行分类。节事活动按主题的类型进行划分时,通常有商贸、文化、自然景观、传统节日、民俗风情、宗教、大型体育赛事及综合八大类型。

1. 以"商贸"为主题的节事活动

商贸类节事活动是以地区的工业产品、地方特色商品和著名物产特产为主题,辅以其他相关的参观活动、表演活动等而开展的节事活动。商贸节事活动除了可以起到商品交流、经贸洽谈等经济功效以外,还可以为举办城市带来很多社会效益。类似的活动有大连国际服装节、中国青岛国际啤酒节、北京西单购物节、中国重庆(永川)国际茶文化节、中国景德镇国际陶瓷博览会等。

2. 以"文化"为主题的节事活动

二十大报告指出,"激发全民族文化创新创造活力,增强实现中华民族伟大复兴的精神力量。"

文化节事活动就是依托当地在历史上或现存的典型的、特质性的地域文化类型而开展的节事活动。这类节事活动文化底蕴深厚,对游客吸引力强。常常与当地特色文化的物质载体相结合,开展丰富多彩的观光、文化活动。例如,中国淄博国际聊斋文化节,以人人耳熟能详、广泛流传的聊斋文化为主题,举办各种与聊斋主题相关的活动,来活化人们心中的聊斋故事。又如,黄帝故里拜祖大典、少数民族特色节日蒙古族那达慕大会(图5-4)、傣族的泼水节、京剧艺术节、南京栖霞山文化节、登封少林寺浴佛节及各地方特色文化活动等。

5-5拓展视频

图5-4 蒙古族那达慕大会剪影

3. 以"自然景观"为主题的节事活动

自然景观节事活动是以当地地脉和具有突出性地理特征的自然景观为依托,综合展示地区旅游资源、风土人情、社会风貌等的节事活动。这类节事活动与自然景观的观光旅游活动有相似之处,也有不同之处。自然景观仅仅是该类节事活动的主打产品而已,不是全部。因此,在节事活动中,除了突出自然景观的主体地位之外,还有很多其他的相关活动为陪衬。类似的节事活动有中国·哈尔滨国际冰雪节、中国湖南张家界国际森林节、长春净月潭瓦萨国际滑雪节(图5-5)、中国云南罗平油菜花文化旅游节、北京香山红叶节、桂林山水文化旅游节等。

图5-5 长春净月潭瓦萨国际滑雪节主雪雕

5 节事活动

4. 以"传统节日"为主题的节事活动

中国传统节日作为中华传统文化中的重要组成部分和表现形态，千百年来绵延不绝、历久弥新，是中华民族传统美德代代相传的重要载体。因此，现在传统节日活动仍具有很重要的社会意义和精神意义。例如，我国最为隆重的传统节日之一——春节，春节的历史悠久，千百年来人们过春节的习俗一直沿用至今；元旦是全国各民族一年开始的第一个美好的日子；清明节、端午节、元宵节、中秋节等都是现代人们庆祝的传统节日。

小 资 料

元宵节的节期与节俗活动

元宵节的节期与节俗活动，是随历史的发展而延长、扩展的。就节期长短而言，汉代才一天，到唐代已为三天，宋代则长达五天，明代更是自初八点灯，一直到正月十七的夜里才落灯，整整十天。与春节相接，白昼为市，热闹非凡，夜间燃灯，蔚为壮观。特别是那精巧、多彩的灯饰，更使其成为春节期间娱乐活动的高潮。至清代，又增加了舞龙、舞狮、跑旱船、踩高跷、扭秧歌等"百戏"内容，只是节期缩短为四到五天。

在国力空前强大的唐代，元宵赏灯十分兴盛，无论是京城还是乡镇，处处张挂彩灯，人们还制作巨大的灯轮、灯树、灯柱等，满城的火树银花，十分繁华热闹。

宋代，灯节更加丰富多彩，元宵赏灯持续五天，灯的样式繁复多样，逛灯市更是一件十分赏心悦目的事情。诗人辛弃疾写道："东风夜放花千树，更吹落，星如雨"，说的就是宋朝灯节花灯无数，烟花如星雨。那时还兴起了猜灯谜，即将各种灯谜写在纸条上，贴在花灯上，猜中的人还能得到小小的奖励。这种娱乐益智的活动受到人们喜爱，且广为流传。

明代的灯节持续的时间更长，整整十天，以显示歌舞升平，是中国历史上最长的灯节。

在清代，宫廷不再办灯会，民间的灯会却仍然壮观。元宵节清代只有三天，但是灯火璀璨，灯也更加精致奇幻，依然十分吸引人。

（资料来源：http://baike.so.com/doc/5770522-5983295.html，2021.7.9）

---

5. 以"民俗风情"为主题的节事活动

民俗风情节事活动就是以本民族独特的民俗风情为主题，涉及书法、民歌、风情、风筝、杂技等内容的节事活动。我国是多民族的国家，各民族的习俗各不相同，可以作为节事活动的题材非常广泛，因此该类节事活动也就非常多。例如，潍坊风筝节、南宁国际民歌艺术节等。

小 资 料

南宁国际民歌艺术节

广西素有"歌海"之誉，是刘三姐的故乡，广西各族人民一向有爱唱民歌的习俗。为把民歌发扬光大，从1993年起广西开始举办民歌节。人们在民歌节上以歌传情、以歌会友，共同抒发对美好生活的向往和热爱。民歌成为联系情感的桥梁。

为了把民歌节办得更具特色，从1999年起广西人民政府决定把"广西国际民歌节"更名为"南宁国际民歌艺术节",并定于每年的11月在南宁举行,由南宁市人民政府邀请国家文化部社会文化图书馆司、国家民委文化宣传司联合举办。

(资料来源:https://baike.so.com/doc/6506931-6720652.html,2021.7.9)

6. 以"宗教"为主题的节事活动

宗教文化是我国传统文化的重要组成部分,宗教文化内容丰富、风格多样。宗教节事活动就是基于宗教对于游客的吸引力而创办的。宗教节事活动吸引的游客大多是宗教信仰者,这类参加者由于信仰关系,对宗教节事活动的参与热情程度很高,并且重游率很高。

这类节事活动的举办是依托于游客对佛教、道教等宗教的信仰而创办的,如各类庙会、开光节、寺庙奠基节、五台山国际旅游节、九华山庙会、中国黄梅佛教文化节、伊斯兰教的开斋节等。

7. 大型体育赛事

体育赛事是节事活动的一个重要组成部分,体育赛事的相关部门共同组成的体育产业已经成为许多国家日益重要的经济部门,如奥运会、世界杯足球赛、F1赛事、亚运会、NBA(美国职业篮球联赛)、CBA(中国男子篮球职业联赛)、欧洲足球锦标赛、巴黎—达喀尔拉力赛及各地方举办的体育赛事等。

小资料

巴黎—达喀尔拉力赛

5-6拓展视频

巴黎—达喀尔拉力赛,是最严酷和最富有冒险精神的赛车运动,为全世界所知晓,受到全球5亿人以上的热切关注。巴黎—达喀尔的正式法语名称为Le Dakar,每年的赛会都以赞助商或地区名称冠名。比赛对车手是否为职业选手并无限制,80%左右的参赛者都为业余选手。

虽然名称为拉力赛,但事实上这是一个远离公路的耐力赛。拉力赛的大部分赛段分布在宽阔甚至漫无边际的撒哈拉沙漠、毛里塔尼亚沙漠及热带草原中,需要穿过沙丘、泥浆、草丛、岩石和沙漠。该比赛为多车种的比赛,共分为摩托车组、小型汽车组(包括轿车和越野车)及卡车组。

(资料来源:http://baike.so.com/doc/3342092-3519430.html,2021.7.9)

8. 综合性节事活动

综合节事活动大多是综合几种主题在大城市举办。这种节事活动一般持续时间比较长,内容综合、规模较大、投入较多,取得的效益也会比较好。在我国的许多大城市都有此类节事活动,如世博会、上海旅游节、杭州西湖博览会等。

小资料

上海旅游节

上海旅游节创办于1990年,活动从每年九月的第一个周六开始,历时二十余天,涵盖了观光、休

5 节事活动

闲、娱乐、文体、会展、美食、购物等几个大类近四十多个项目，每年吸引游客超 800 万人次。

上海旅游节是由上海市旅游局、上海市文化广播影视管理局、上海市商务委员会共同主办的，是目前国内规模最大，最具城市影响力的大型旅游节庆活动。

上海旅游节以"人民大众的节日"为定位，以"走进美好与欢乐"为主题，通过丰富多彩、各具特色的上海各区县节庆活动，推进"一带一路"倡议对旅游业的发展要求，吸引社会各界的大力支持和广泛参与。上海旅游节已成为上海建设世界著名旅游城市节庆盛典的标志，其中传统活动有上海旅游节花车巡游暨评比大奖赛、微游上海等；结合观光、休闲、娱乐、文体、会展、美食、购物于一体的旅游体验以及近百项市民参与的节庆活动，向海内外集中展现了四季上海都市风光、都市文化和都市人文的无穷魅力。

（资料来源：http://baike.so.com/doc/6409762-6623429.html，2021.7.9）

5.1.4 节事活动的构成要素

1. 节事活动的名称

节事活动的名称即节事活动的名字。节事活动的名称应该满足以下基本要求：首先，在语言方面，要力争做到易读、易记、字义吉祥，能启发联想；其次，在法律方面，具有法律效力，并且在竞争中独一无二；最后，在营销方面，要具有促销、广告和引导作用。

2. 节事活动的主题

节事活动主题的选择应避免几种倾向：① 同一化，活动主题与其他的主题类似，使公众混淆不清；② 扩散化，主题太多，多主题意味着没有主题；③ 共有化，策划主题没有鲜明个性，同一主题有时为一个策划服务，有时为另一个策划服务。所以，一个策划必须有明确的主题，策划如果偏离了主题，就成了一些无目的的拼凑。

一般来讲，节事活动主题的选择要有利于主题形象的形成，有利于后期的宣传推广，有利于吸引有效的客源市场，所以在主题选择上尽量做到特色与创新相结合，创造独特的项目主题。根据节事活动的创新程度，可以将其分为既有主题和新主题。

针对两种主题策划的不同，可以采取不同的方法。

（1）挖掘与发展既有主题。既有主题多为已有的传统节事活动，其主题一般来源于当地的历史文化、民风民俗，如西方国家的圣诞节、复活节，我国的春节、端午节等。这些节事活动经过梳理和策划，在内容上推陈出新，已具备很好的主题。

（2）创造新主题。新主题的产生，应结合当地的文化环境、经济状况、交通条件、目标市场及当地的风景、地质、运动项目、工艺、技艺、物产等因素，运用各种方法和技巧进行充分论证、反复推敲和归纳总结后得出。

3. 节事活动的标志物

节事活动的标志物，也称吉祥物或象征图案，是表达某种文化主题内容的物品、图案，是经过深思熟虑、理想化设计的活动饰物。吉祥物生动、有趣、形象，容易被公众所喜爱，达到标示活动信息、展示活动主题、烘托活动气氛和诱导公众兴趣的功效。国际著名企业和主题公园都有自己的吉祥物，世界性的体育赛事也都会涉及吉祥物形象。为了形象直观地展示旅游节事活动的主题，触动公众的美好心理，在认真审视活动主题的前提下，应根据公众的审美情趣创作具有文化韵味的标志物。

2012年1月,全国冬季运动会在长春市和吉林市两地(主会场在长春)举行。吉祥物是一组两个,即"吉吉(冰娃)"和"林林(雪娃)",如图5-6所示。"吉吉(冰娃)"头戴冰帽,活泼可爱,俨然蓄势待发的运动员,充满生机活力;"林林(雪娃)"外形设计既是山脉又是树林,代表长白山起伏的林海;吉吉的红色绒球与林林的围巾寓意本届全国冬季运动会的圆满成功。吉祥物的整体色彩采用了蓝色,与会徽颜色一致。

图5-6 第12届全国冬季运动会吉祥物

4. 节事活动的举办时间

举办时间对于节庆活动的成败非常重要。目标观众、节庆的具体活动安排、地点安排及组织者的个人偏好都可能影响节庆活动日期的安排。节事活动的举办时间应尽量避免与其他重大活动相冲突,如果观众主要是学生,则要考虑尽量避开上学时间。

5. 节事活动的举办地点

选择合适的举办地点对于节事活动的成败也非常重要。在选择节事活动举办地点时,通常要考虑以下因素:容量、设施、可视性、集中性、可聚集性、举办地成本、历史、其他因素等。

6. 节事活动的举办单位

一般情况下,一个单位很难完成一个完整的节事活动的举办工作,尤其是大型的节事活动,这就需要多家单位参与或联合举办。按照其在节事活动举办过程中的作用和职责范围不同,可分为主办单位、承办单位、协办单位或支持单位三类。

主办单位指拥有节事活动的举办权并对活动承担主要法律责任的组织单位。其职责包括:协助邀请相关领导和会议演讲、发言专家学者,协助策划制定节事活动热点内容及会议形式,协助联系媒体宣传、发布通知,协助落实节事活动地点、时间安排。

承办单位是节事活动的具体实施单位。其职责包括:安排车辆接送重要领导及必要的活动用车;协助联系宾馆、节事活动场地;协助主办单位完成会务、布置工作(挂条幅、彩虹门、印刷、订票等);协助联系货物运输公司,安排货运工作;协助联系银行、通信服务,在节事活动期间为交易提供便利条件;协助活动期间的代表服务工作等。

协办单位或支持单位是为节事活动的实施过程提供协助或赞助的单位。其职责包括:协助主办、承办单位工作,献计献策,出人出力。

7. 节事活动的内容

在确定主题的基础上,策划出独具特色的活动,是节事活动保持生命力的根本所在。

一般说来，节事活动在内容设计上要求体现活动的主题，具有体验的情景和丰富的品牌内涵，实现立体化的衔接。

5.2　节事活动的策划和承办

5.2.1　节事活动的策划

策划无处不在，小到婚庆典礼、求学求职、人生规划、筹划一个聚会、信息技术中的一个程序设计，大到公司创业、企业兼并、制度设计、旅游规划、股票上市，策划都能起到重要作用。在广告、营销、演艺、活动、影视、出版等领域，策划更是大显身手。

5-7拓展视频

1. 策划的含义

策划是一种程序，是针对未来要发生的事情作当前的决策，是找出事物的因果关系，衡度未来可采取的途径。策划以当前决策作为依据，即预先决策做什么、何时做、如何做、谁来做。

策划是为达到一定的目标，在调查、分析有关材料的基础上，遵循一定的程序，对未来某项工作、某项活动或某个事件事先进行系统、全面的构思、谋划，制定和选择合理可行的具体执行方案，以达到预期效果的一种综合性创新活动。

策划从本质上讲是一种创新型的思维活动，人们希望自己的活动、自己的企业与众不同，总要别出心裁，在竞争中高人一等。

策划活动一般需要经历几个步骤，即市场调查及环境分析，确定并初步调整策划目标，创意及拟定初步方案，评价及筛选方案，调整及再次修正方案。

2. 节事活动策划的含义

节事活动策划是通过对节事活动的安排和节事内容的设置，来达到对当地优势资源的宣传或者获得经济资源收入目的的活动。

3. 节事活动策划的原则

（1）导向性原则。

导向性原则是最重要的原则，所有节事活动的策划都要符合这个原则。例如，对于"魔兽争霸（一种网络游戏）挑战赛"的活动策划提议，虽然这项活动符合"贴近性""广泛性"和"参与性"等原则，但因为违背了"导向性"原则而不能举行。因为对于自制力不强的学生来说，可能会沉迷网络游戏，影响学习，青少年活动策划应该对此加以引导而不是推波助澜，所以类似这样不符合"导向性"原则的活动不适宜在学校举行。

（2）确定性和规范性原则。

节事活动虽然是一种动态的吸引物，但又必须在动态中寻求某种确定性和规范性，它们是招徕四方游客的先决条件，也是著名节事活动获得巨大效益的成功秘诀。

例如，西班牙潘普洛那奔牛节，在长达4个世纪的历程中，每年7月6—14日举行，这些活动分布在潘普洛那市固定的时间和空间，从早8时至深夜24时，年复一年，百年不变。市政府为此印制大量的日程表和节目单,在各类媒体上将节事的活动安排公布于众,这种严谨周密的管理和确定性是塑造节事主题的关键,也是节事活动产品化的基本条件。

(3) 广泛性原则。

广泛性原则指策划活动时要考虑到不同受众群,针对不同受众群的不同特性考虑不同的活动方案,使得整个活动能涵盖不同喜好、不同层次的受众群。广泛性是节事活动成功的原因所在。节事活动的魅力不在于安排多少项活动,而在于有多少大众亲临其境感受其间的人文气氛,节事活动要的就是成千上万人扶老携幼、结伴前往的这种普天同庆、万民同乐的节日气氛。大众性是节庆营销的前提。

(4) 参与性原则。

参与性原则是指活动设计要得到参与者欢迎,使他们能够参与、乐意参与。"能够参与"指不能把活动门槛设得太高,将一些参与者"挡在门外",尽量做到人人能参与,人人爱参与。特别是青少年活动,要尽量做到"全民行动"。

(5) 服务性原则。

策划的本身,就是一种服务,而产生的剧本和情节都应该是以为参与者服务为主的,不应过于强势,只是尽量的功利性地去完成某个活动。而且,这种服务应该是一种更加细腻、更加呵护的服务,应使参与者产生作为主角的感觉。

(6) 娱乐性原则。

娱乐越来越代表一种潮流,越是具有娱乐性质的演艺或活动,越是具有市场吸引力。因此,节事活动的策划应超越主题的本身,尽量打造围绕受市场欢迎的内容。

(7) 生动性原则。

生动性是为了避免死板展示或演示的策划,随着科技发展的日益发达,及人文关怀的日益浓厚,节事策划更应该运用多种手段和方法来充分展示,并以多种生动的展示、解说、演绎或体验来使参与者获得收获和愉悦。

(8) 时尚性原则。

节事在发扬传统文化的同时,更应该代表一种时尚潮流,对时尚文化的把握及在策划中的运用就显得尤为重要。这样才能与时俱进,策划出好的节事活动。

4. 节事活动策划的理念

(1) 人本的理念:以人为本,节事活动的形式安排要提高人的参与性,节事活动的目的要体现对人的终极关怀。

人本的体现:节事活动需要贴近大众,以丰富大众的休闲、文化、经济生活为最终目标,以促进和弘扬传统文化为最终目标。

(2) 和谐的理念:人与自然和谐、人与人和谐、人与社会和谐、社会群体和谐。

和谐的体现:节事主题的和谐、各方利益的和谐,以及举办过程的和谐。

5. 节事活动策划的重点问题

(1) 策划的灵魂——文化与创新。

文化是赋予节事活动是否具有生命的象征,而创新是赋予节事活动是否具有生命力的象征,只有在继承先前文化的基础上,以创新为动力,节事活动才会越办越旺,持续增效。例如,与梅相关的文化现象,在我国已有几千年的历史,举办梅花节更是很多地方招揽游客的传统节事,而在层出不穷的活动中,出奇制胜就显得尤为重要,这也是策划要解决的难点问题。

(2) 策划的核心——市场与品牌。

节事具有了生命,但是是否具有生存的能力还要看市场,而且在市场的选择之初,节事活动就应针对具体人群进行甄别,挑选对事件感兴趣的,或是针对某一具体人群设计具有针对性的节事内容,这样主动权就会掌握在策划者的手中了,以市场为核心,稳步发展,逐渐壮大,形成品牌,就事在必成了。在节事活动策划的后期,品牌的建设也尤为重要,可靠的品牌,是对市场的有力保障。例如,梅花在中国是一种清雅、高傲的品质代表,那么它的市场就应针对社会高层次人群来策划,品牌形象建设也应符合这种传统精神象征。

(3) 策划的重点——活动与激情。

大型节事活动策划包括不同类型的小活动,使参与者既有一种大环境的融入,又有一种小环境的渗透。这样的设计,既能树立主题形象的博大、高深及源远流长,又可使参与者感觉到其对生活的影响,这样才具有市场吸引力。例如,主题虽然是梅花,但也不应只有静态的展示,而应和动态的活动参与结合在一起,激发游人的热情。

(4) 策划的关键——安全与保障。

这一步往往是策划者容易忽略的,但很多时候,却是关系到节事活动策划成败的关键因素。一项活动,由于缺少安全保障措施,造成游客伤亡,并且给地方或景区造成了较为严重的负面影响,这项活动就是失败的节事。策划都必须落实安全保障,如果活动环节中存在较大安全隐患,一定要消除隐患或取消活动,安全第一。

6. 节事活动策划的步骤

(1) 确定节事活动主题。

节事活动的主题是节事活动策划的源头,主题活动策划是节事活动策划的第一步。

① 中国金鹰电视艺术节。中国金鹰电视艺术节,简称金鹰节,即原"中国电视金鹰奖"评选活动,以中国电视金鹰奖的评选颁奖为主要活动内容,是唯一以观众投票为主要方式产生的全国性电视艺术综合大奖,也是中国第一个以国产电视艺术作品作为评奖和交流对象的电视艺术节庆活动。首届电视金鹰奖评选活动于1983年在云南省昆明市举行。自2000年第18届开始,改称为"中国金鹰电视艺术节",由中国文学艺术界联合会、湖南省人民政府、中国电视艺术家协会、湖南省广播电视局联合主办,湖南电广传媒股份有限公司承办,每年的第四季度固定在湖南省长沙市举行。

金鹰节的举办,不仅吸引了大量国内单位、企业、群众踊跃参加,而且越来越受到国外传媒的重视,其国际知名度与日俱增。

② 法国波尔多的葡萄节。波尔多的葡萄酒闻名世界。节庆期间,各葡萄庄园免费向世界各国游人开放,游客可自由采摘品尝新鲜的葡萄,并自愿为庄园主采收葡萄,还被允许用葡萄互相投掷嬉戏取乐或到盛满葡萄的大木桶中,踩碎桶中的葡萄(此为酿造葡萄酒的一道工艺),帮着一起酿造葡萄酒,更可以品尝到最鲜美的葡萄酒。这些都给游客带来无穷的乐趣。

③ 美国南部的南瓜节。美国南部每年一度的南瓜节,当地民众会亮出

5-8拓展视频

拿手绝活儿，制作出一道道令人叫绝的南瓜大餐和精美糕点供游人免费享用。此外，他们还用南瓜雕刻出美轮美奂的南瓜灯和各种艺术造型，举办以南瓜为主题的化装舞会和游行活动，载歌载舞、乐趣无穷。

④ 洛阳牡丹节。创办于1982年9月的洛阳牡丹节是洛阳人一年一度的赏花盛会。在每年4月举办，它以洛阳名花牡丹为主题，结合文化、体育、旅游、经济，弘扬花卉文化，宣传城市形象，带动经济增长。洛阳牡丹节自举办第一届以来延续至今，将始于隋、盛于唐、兴于宋，象征着中华民族泱泱大国风范的牡丹花打造为洛阳市的形象代言和"当家花旦"，昔日流传的"洛阳牡丹甲天下"，如今已变为"天下牡丹看洛阳"。

（2）定位节事活动。

节事活动的定位，就是在多种节庆活动的图表上为即将举办的节庆活动寻找一个合适的坐标，做出总体的科学框架设想，这个设想的主要内容有市场定位、宗旨定位等。

（3）制定节事营销预算。

预算就是实现节事目标所需要的资金计划。在制定节事预算的时候通常需要考虑到几方面因素：广告、印刷品、邮费、公共关系、促销、营销费用、应付意外突发事故的储备资金、间接成本（管理费用）、其他等。

营销活动的费用在预算中所占的比例最大，因此需要仔细研究每一项的价格，确保不会对整个节事活动的开支底线造成负面影响。

（4）组织节事活动。

节事活动的组织工作千头万绪，只有提纲挈领，才能收到事半功倍的效果。一般说来，应重点抓好以下四方面的工作：

① 联办单位和参与单位的分工和协作。大型节事活动的组织工作是系统工程，做好联办单位和参与单位的组织工作，非常重要。例如，1998年上海举办的国际旅游节，由上海市旅游管理委员会牵头，20个区县政府，以及旅游、文化、体育、园林、餐饮、经贸、铁路、航空、新闻等29个部门共同参与，分工明确、配合默契，组织了100多项气势宏大、丰富多彩的旅游活动，形成了市区联手、条块合作、广泛参与的大格局，覆盖面涉及各行各业、街道和乡镇。这届旅游节获得成功的重要原因之一，就是组织工作做得较好，联办单位和参与单位充分发挥了自己的主观能动性。

② 艺术演出和体育表演的组织。艺术演出和体育表演是节庆活动必不可少的内容，也是提高亲和力和吸引力的主要手段。在澳大利亚，露天游乐场、水上项目和烟火节无一不是以令人难忘的演出和参与性项目吸引游客的；在中国，明星汇聚的各种演出也是吸引人们眼球的一个重要手段。因此，组织国内外一流水平或高水平的艺术团体和体育队伍献艺，邀请拥有各种特技绝活的民间艺人表演，动员当地广大公众参与，才能为节事活动增光添彩。

③ 后勤保障体系的组织。后勤保障体系涉及交通运输部门、商业部门、文化部门、环境卫生部门、金融部门、公安部门及其他服务部门，较为复杂。节事活动的对象除了当地的居民以外，很重要的一个组成部分是旅游者，旅游者十分重视经历和体验，这就要求各类从业人员树立"以人为本"和"服务至上"的观念，提供高质量的服务。对后勤保障体系的组织，不仅仅是落实人员、物质，还要落实思想教育和到位的服务，绝不能掉以轻心。

5　节事活动

④ 新闻媒体的组织。新闻媒体在节事活动前的宣传，在节事过程中的现场采访，在节事活动后的跟踪报道，对于扩大节事活动的社会影响和提高经济效益极为重要。节事组织者不仅是请来媒体，还要为他们提供工作便利，如尽早向他们通报情况、提供信息、推荐典型、提出要求，以便及时发布信息，引导游客参与和消费。因此，大型节事活动组委会中应有专人负责与媒体的联系，并配合媒体做好工作。

7. 节事活动策划的方法

节事活动策划方法主要有以下几种。

（1）比较分析法。

对于策划者来说，通过对自己所掌握或熟悉的某个或多个特定的节事活动，进行纵向分析或横向联想比较，既可以是典型的成功的节事活动，也可以是不成功的节事活动，从而挖掘和发现新机会。因为节事活动的好坏、得失、成败、节约与浪费等，都是相比较而言的，有比较才有鉴别，而且比较后可能会发现各有优点。例如，中国青岛国际啤酒节是感性的、动态的，突出的是饮食娱乐功能；而中国青岛国际海洋节则是理性的、动态的，突出的是科技、经济功能。"双节"的有机结合，使青岛的形象更加光彩耀眼。

（2）头脑风暴法。

所谓的头脑风暴法是指采用会议的形式，如召集专家开座谈会征询他们的意见，把专家对过去历史资料的解释以及对未来的分析，有条理地组织起来，最终由策划者作出统一的结论，在这个基础上，找出各种问题的症结所在，提出针对具体项目的策划创意。

这种策划方法在进行会议时，策划人要充分地说明策划的主题，提供必要的相关信息，创造一个自由的空间，让各位专家充分表达自己的想法。为此，参加会议专家的地位应当相当，以免产生权威效应，从而影响另一部分专家创造性思维的发挥。专家人数不应过多，应尽量适中，因为人数过多，策划成本会相应增大，一般5~12人比较合适。

再者会议的时间也应当适中，时间过长，容易偏离策划案的主题，时间太短，策划者很难获取充分的信息。这种策划方法要求策划者具备很强的组织能力、民主作风与指导艺术，能够抓住策划的主题，调节讨论气氛，调动专家们的兴奋点，从而更好地挖掘专家们潜在的智慧。

头脑风暴法的优点是：获取广泛的信息、创意，互相启发，集思广益，在大脑中掀起思考的风暴，从而启发策划人的思维，想出优秀的策划方案来。

（3）灵感创新法。

灵感创新法主要是利用发散性思维或逆向性思维，对信息进行定向的融合从而产生新想法。在节事活动策划中，大量创新成果均是在灵感的火花中诞生的。例如，海南国际椰子节的构想是章琦首先提出的，并以《建议海南举办国际椰子节》为题于1991年6月5日在《海南日报》上发表，后来与其他两位学者分工执笔，形成《关于举办海南国际椰子节的建议》和《让世界了解海南，让海南走向世界——关于海南国际椰子节的设想》两篇文章，递交海南省委省政府，得到多方面主要领导的支持，取得了一定成功。策划人员只有发挥想象力，激发灵感，才能有所创新，从而制定出可行的节事活动策划方案。

（4）运筹学方法。

"运筹"在中文意义上即运算筹划、以策略取胜的意义。进行节事活动策划时，我们要借助运筹学的方法来关注并提高节事活动的质量与效率。在节事活动策划中使用运筹学就是要使用分析的、定量的、定性的科学方法,在内外环境的约束条件下,为了达到策划的目标,合理配置整个活动中的人力、物力、财力等资源,统筹兼顾所有环节之间的关系,以便使策划方案有效实施,达到效益最优化,并体现节事活动可持续发展的长效性。

(5) 系统方法。

系统方法的主要原理是把事物看成是一个完整的系统,这个系统既包括自身组成要素的各个方面,又包括各要素间的联系以及各相关事物间的关系与地位。系统的方法要求从系统的一方面或几个方面或整体出发,对策划对象进行不同角度的整体分析。

系统方法通常有以下五个步骤:

① 确定策划目标。

从系统的整体要求出发,提出需要解决的中心问题,确定会展活动所必须达到的目标与希望达到的目标。

② 综合拟订方案。

根据既定的会展策划目标,制定出可以实现的各种方案。

③ 分析评价方案。

策划所形成的各种方案各有优缺点,应该通过分析、比较和评估,确定具有最佳价值,满意程度高的方案。

④ 系统选择,策划优先。

通过综合分析、比较和计算,从诸多备选方案中选出最优化的方案。会展策划人员应该提出书面的策划报告,由会展项目主管部门决定最终方案。

⑤ 跟踪实施、调整方案。

策划人员应跟踪方案执行情况,以便及时发现问题,修改、补充原方案,最终实现策划目标。

5-9拓展视频

8. 节事活动策划书写作的基本结构和内容

(1) 策划书的基本结构。

标题:节事活动策划书的标题通常由两部分组成,即策划的对象名称和文种,如"上海旅游节策划方案"。

文头:在标题下方依次排列策划书的名称、策划者的姓名、策划书完成的日期、策划书的目标等内容。

名称:策划书的名称可以与标题相同,策划者的姓名除了策划者的名字外,策划者隶属的单位、职位均应写明。策划书完成的日期也包括修改的日期。策划书的目标写得越明确具体越好。

目录:策划书的目录务必要能使人了解策划书的全貌。

正文:正文由策划书的前言和策划书文本两个部分组成。前言包括策划的缘起、宗旨、背景资料、问题点和节事活动创意的关键等,也可加入序文。

活动背景:活动背景应根据策划书的特点在以下项目中选取内容重点阐述,内容有基本情况简介、主要执行对象、近期状况、组织部门、活动开展原因、社会影响及相关目的动机。

序文:序文是把策划书所讲的概要加以整理,内容简明扼要,让人一目了然。宗旨主要是对策划的必要性、社会性、可能性等问题的具体解说。

(2) 策划书的内容。

策划书的内容包括可行性分析、基本事项、策划设计、宣传和推广、预算、策划进度表、有关人员任务分配表、策划所需物品及场地、策划的相关资料、效果评估等。

策划书文本的内容是方案最重要的部分，内容应具体，可操作性强，避免空洞枯燥等，具体如下所述。

① 市场背景及可行性分析。分析市场需求、市场热点，说明活动的内在优势、劣势、外部机会及威胁等因素，对其做好全面的分析（SWOT 分析），将内容重点放在环境分析的各项因素上，对过去现在的情况进行详细的描述，并通过对情况的预测制订计划，如环境不明，则应该通过调查研究等方式进行分析加以补充。

② 活动的目的、意义。活动的目的、意义应用简洁明了的语言将要点表述清楚。在陈述目的要点时，该活动的核心构成或策划的独到之处及由此产生的意义（经济效益、社会效益、媒体效应等）都应该明确写出。活动目标要具体化，也需要满足重要性、可行性、时效性的要求。

目的：一般的节事活动目的分为创建提高知名度、增加现场销售、传达信息、诠释品牌理念、展示活动特色等。

③ 活动的基本要素：名称、主题、时间、地点和规模等。

名称：节事活动的名称要包含活动的时间（届次）、地点和内容等信息。

主题：一个好的主题对展览活动而言是一面旗帜，是对活动内容的高度概括，是整个策划的灵魂。要为广大公众接受，就必须选好主题，应避免重复化、大众化。所以策划者应提出具有创意的节事活动主题和节事活动宣传口号，并详细阐释节事活动主题的内涵。

时间：除了固定的纪念日，日期的选择一般较为灵活，但策划时先要将日期确定下来，以便进行具体的时间安排。

地点：选择地点时必须考虑公众分布情况、活动性质、活动经费及活动的可行性等诸多因素。

规模：估计参与者的人数。

④ 组织结构及任务分配。组织结构及任务分配指节事活动策划实施的工作组织结构的构成及人员组成与分工。

⑤ 宣传推广计划。针对节事活动主题，需要其他媒体，如报纸、广播、电视、网络等的配合，拟订宣传推广计划。

⑥ 活动开展。作为策划的正文部分，活动开展的表现方式要简洁明了，使人容易理解，但表述方面要力求详尽，写出能设想到的每一点，避免遗漏。在此部分中，不仅局限于用文字表述，也可适当加入统计图表等，对策划的各工作项目，应按照时间的先后顺序排列，绘制实施时间表有助于方案核查。人员的组织配置、活动对象、相应权责及时间地点也应在这部分加以说明，执行的应变程序也应该在这部分加以考虑。

这里可以提供一些参考方面：场地布置、接待室、嘉宾座次、赞助方式、合同协议、媒体支持、宣传、广告制作、主持、领导讲话、司仪、会场服务、电子背景、灯光、音响、摄像、信息联络、技术支持、秩序维持、服装、指挥中心、现场气氛调节、接送车辆、活动后清理人员、合影、餐饮招待、后续联络等。可以根据实际情况自行调节。

⑦ 财务预算。财务预算指针对节事活动方案和宣传计划，分别计算出节事成本价和门票等对外报价。节事活动必须进行周密的预算，使各种花费控制在最小规模内，以获得

5-10拓展视频

⑧ 风险预测、解决方案和备选方案。内外环境的变化，不可避免地会给方案的执行带来一些不确定性因素，因此当环境变化时是否有应变措施，损失的概率是多少，造成的损失是多大，应急措施等也应在策划中加以说明。

⑨ 评估与总结。效果评估指是否达到节事活动目的，以及主题与产品和目标受众是否一致，对他们是否有足够吸引力。

⑩ 活动负责人及主要参与者。节事活动应注明组织者、参与者姓名、嘉宾、单位（小组策划应注明小组名称、负责人）。

5.2.2 节事活动的承办

节事活动的承办是落实策划和构思的过程，也是出成果、出效果的阶段。节事活动承办的关键工作有三个方面：一是建立节事活动筹委会或筹备小组，以便统筹全局、统一事权；二要制定一个总体方案，确定节事活动的时间、地点、活动内容、组织方法、经费预算、应急方案等；三是排出行动计划和倒计时工作进度表，使承办工作有条不紊地进行。此外，筹办国际性节事活动还需要特别注意一些问题。

5.2.3 节事活动的效果评估

节事活动结束后要及时对节事活动举办的效果进行评估。我国的节事活动普遍存在着这样的现象：举办之前宣传气势如虹，举办之中轰轰烈烈，但是举办之后却没有一个很好的评估总结。节事活动后应该全面分析活动效果，改进存在的问题，这样既可使以后类似节事活动策划的效果达到最大化，也可总结不足之处以便及时改正。

节事评估包括两部分：第一部分为衡量，也可以称为量度或计量，指针对数量和所得数据的计算和比较；第二部分为判断，指对一切不能量化的因素或环节采取研究判断的手段。衡量是客观的，而且一定要有确定的衡量标准；判断是主观的，而且也不能用某种硬性标准来直接加以判断。评估必须把客观的衡量与主观的判断结合在一起。

5.3 我国节事活动发展概况

5.3.1 节事活动运作模式

为了更好地管理节事活动，很多城市都设有专门的节事活动管理机构。例如，美国芝加哥市就设有市长特殊事件办公室，管理一年一度的芝加哥节和其他各种政府及社区的节事活动；在新加坡，由旅游局展览会议署承担节事旅游宏观管理职能。在我国，北京市旅游局成立了第一个国际会展奖励旅游开发处，主要负责城市节事活动的组织、培训、信息咨询、行业协调及市场开发规划等事务。但对于具体的节事活动及其引发的旅游活动的管理，我国各个城市都扮演着不同的角色，采取了不同的管理方法。

节事活动的管理模式主要有政府主办模式；各部委、局及协会主办或与政府、地区联合主办的模式；政府引导，企业承办，市场运作的模式；完全市场化运作模式。

目前我国节事活动运作的模式有以下几种:

1. 政府包办的模式

政府包办模式曾是一些城市特别是一些小城镇在举办节事活动中,采用较多的运作模式。政府包办模式的特点是:政府在节事活动的举办过程中身兼数职,扮演着策划、导演、演员等众多角色。节事活动的主要内容由政府决定,活动场地、时间由政府选择,参加单位由政府行政指派。这种运作模式给政府带来很大的财政负担,而节事活动给城市、给社会、给当地民众带来的经济效益、社会效益等却大打折扣。

2. 各部委、局及协会主办或与政府、地区联合主办的模式

这种模式是目前许多专题城市节事活动采用较多的模式,它具有政府包办模式的一些特点,但也在不断地加入市场化运作的一些成分。例如,中国国际高新技术成果交易会(深圳),由商务部、科学技术部、工业和信息化部、国家发展和改革委员会、农业农村部、国家知识产权局、中国科学院、中国工程院和深圳市人民政府共同举办。它坚持"政府推动与商业运作相结合、成果交易与风险投资相结合、技术产权交易与资本市场相结合、成果交易与产品展示相结合、落幕的交易会与不落幕的交易会相结合"等原则,面向国内外科研院所、企业、高等院校、投资和中介机构,提供交易服务。又如,桐庐富春江山水节,提出了"区域联动、行业联合、企业联手、产品联体"合力办节的模式,成功的商业化运作模式,突出的群众参与性,全民办节、全方位联动的方式,使山水节成为提升当地旅游业的重要部分。

3. 市场化运作模式

城市节事活动首先是一种经济活动,举办的重要目的之一就是要获得良好的经济效益和市场效果,因此不论是节事活动举办的需求,还是供给方面,都应当遵循一定的市场规律,把节事活动纳入市场经济的轨道,进行市场化运作。可以说,市场化运作模式是节事活动走向市场化的最终极模式。市场化运作模式,一是可以节约成本。在节事活动举办过程中,时间地点选择、广告宣传方式等方面完全按照市场的需求来做,可以大大节约成本,避免因行政力量介入时造成的不必要的浪费;二是可以做到收益最大化。这里的收益包括参加企事业的收益,包括政府的形象收益,也包括给当地带来的其他社会效益。目前,中国城市节事活动运作模式正在走向市场化,市场规律在节事活动举办中正在发挥着越来越强的作用,如南宁国际民歌艺术节从 2002 年起,实行政府办节,公司经营,社会参与的运行机制。目前,民歌节将全部按商业运作,财政不再拨款。

4. 政府引导、社会参与、市场运作的模式

政府引导、社会参与、市场运作是一种比较适用于中国国情的城市节事活动运作模式,这种模式显现出来的优越性、带来的效益,正在越来越多地被各方面所认同。这种运作模式的特点是:政府仍旧是重要的主办单位,政府引导作用主要体现在确定节事活动的主题及名称,并以政府名义进行召集和对外的宣传;社会参与就是充分调动社会各方面的力量来办好节事活动。社会力量主要体现在:节事活动主题选择时的献计献策,节事环境氛围的营造,各项活动的积极参与等方面;而市场运作则是城市节事活动的举办过程,交给市场来运作。比如节事活动的冠名权、赞助商、广告宣传等方面,都可以采用市场竞争

的方式，激励更多的企事业单位参加。这样做一方面可以为企事业扩大知名度，另一方面还可以节省大量开支，如青岛国际啤酒节、哈尔滨冰雪节、中国潍坊风筝节、广州国际美食节、南宁国际民歌节等几个国内著名的大型城市节事活动就是按照"政府引导、企业参加、市场运作"的模式来运作的。

5.3.2 我国节事活动发展趋势

1. 节事活动发展由政府主导转向政府引导

节事活动开展初期，地方政府为了招商引资或打造城市知名度常常举办各类节事活动。这类活动的资金来源于政府的拨款，举办与促销工作也由政府官员负责，而市场经济则要求政府退出节事活动的经营层面，政府的主要职责是营造良好的节事活动氛围或创造相关的优惠政策以推动节事活动产业的发展。

2. 节事活动运作日益走向市场化

目前，节事活动运作出现了市场化趋势。具体表现在以下几个方面：① 资金来源方面，主要通过市场融资的方式获得；② 产品运作方面，主要通过在市场调研、分析的基础上设计开发出满足市场需求的产品；③ 营销工作方面，主要通过转让电视转播权和寻找大公司赞助等方式开展营销。

小资料

体育商业化

5-11拓展视频

体育商业化就是指以体育竞技本身所具有的娱乐性所带来的享受、竞技性所带来的刺激为主要产品，以成熟的商业模式为主要运作手段，以平衡各方面利益达到互利互惠的目的的一种体育运动的发展模式。

1976年，现代奥林匹克运动在经历了80年辉煌而艰辛的历程之后，陷入了前所未有的困境，只有美国洛杉矶市一家提出了申办申请。一个使国际奥委会极为窘迫的舆论压力是：承办奥运会是一桩赔了夫人又折兵的买卖。专家们列举了以下的事实：1972年，德国慕尼黑市因承办第20届奥运会而陷入巨大的财务困境。1976年，第21届蒙特利尔奥运会亏损9.97亿美元，所欠债务10多年后才得以还清。洛杉矶市议会在奥委会作出决定之后召开会议，就是否由市政府承办奥运会问题进行了专家讨论。不幸的是，与会专家作出了拒绝使用财政收入承办奥运会的决定。

全球奥林匹克运动面临着停办的巨大风险。出面打破这一僵局的是美国著名企业家尤伯罗斯。他以私人企业筹资承办的方式扭转了奥运会命运乾坤，并使23届洛杉矶奥运会成为全球奥林匹克运动推动当地经济发展的典范。1984年的奥运会不仅没有亏损，还盈利了2.2亿美元。这届奥运会所独创的TOP商业计划，成为后来承办奥运会国家的商业运作楷模。尤伯罗斯引入了"赞助商"的概念，并在隆重推出的著名的TOP计划中将赞助商提升为发起人。他把发起人的数目限定为30家，并规定在每一个行业里只选一家企业。尤伯罗斯开出的底价是400万美金。这相当于挑起了一个行业竞争。可口可乐为了超越百事可乐，不惜向奥运会组委会递交了1350万美元。日本富士公司以1000万美元中标，甩开了自己强有力的竞争对手柯达公司，把其在美国的市场份额由5%提高到了10%。在胶片行业中，每提高一个百分点就意味着增加1000万美元的收入。尤伯罗斯说服了麦当劳修建了一座11000人座位的游泳馆，还外加了400万美元的赠款。作为回报，麦当劳获得了奥运期间独家经营快餐店的特权。尤伯罗斯公开宣布了三条集资渠道：征集赞助商、出让电视转播权和高价销售门票。1979年9月26日，洛杉矶奥委会与美国ABC广播公司广州首

5　节事活动

个"体育社区"16天里转播220小时的奥运会节目。1981年12月3日，洛杉矶奥委会又以1980万美元的价格向欧洲联合广播公司出售了电视转播权。此后的奥林匹克运动呈现了一片欣欣向荣的景象。

不可否认的是，商业化是促使体育运动适应现代社会的一个最有利因素。利用商业手段，体育赛事可以摆脱经济上的困境，寻求更大发展。奥林匹克运动就是在商业化运作中得到空前发展的。但同时，在商业利益的驱动下，"黑哨""假球"、职业性腐败及兴奋剂等问题屡禁不止。

当商业化为体育发展注入活力的同时，人们也应清醒地意识到商业化的过度发展将带来的巨大隐忧。如何降低商业化的负效应，防止过度商业化，使体育运动持续、健康地发展，仍是一个严峻的课题。

（资料来源：https://baike.so.com/doc/564107-597192.html，2021.6.8）

3. 节事活动举办趋向系列化

节事活动系列化是使旅游地产生轰动效应，激活潜在市场的有力手段。节事活动的举办在紧扣主题的前提下，围绕主题举办一系列具有连贯性、协调性的系列化节事活动，从而使节事活动主题更加饱满、内容更加丰富、吸引力更强、效益更好。目前，上海旅游节、杭州西湖博览会等已成为我国节事活动系列化的典范。

4. 产品设计趋向参与化

体验经济时代，人们购买的是"难以忘怀的文化体验"。因此，节事活动既要以规模宏大、色彩艳丽的场面给人以感官上的冲击，又要以浓郁的活动氛围、扣人心弦的故事情节与丰富多彩的内容给人以内心的震撼与回味。近年来，《印象·刘三姐》《云南印象》等大型演艺活动正是凭借于此吸引了成千上万的旅游者。

5-12拓展视频

5.3.3　节事活动的意义及影响

节事活动具有强大的产业联动效应，可使旅游者在停留期间有较多的参与机会。它不仅能给城市带来场租费、搭建费、广告费、运输费等直接的收入，还能创造住宿、餐饮、通信、购物、贸易等相关的收入。更重要的是，节事活动能汇聚更大的客源流、信息流、技术流、商品流和人才流，对城市或地区的国民经济和社会进步产生促进作用。

（1）节事活动可以促进城市基础设施的完善，优化城市环境。举办节事活动，可以极大地加快城市的交通、通信、城建、绿化等基础设施建设的步伐，优化城市环境，尤其对交通条件的改善具有很大的推动作用。在实际工作中，各城市在举办节事活动之前，都十分重视交通等城市基础设施的完善工作。例如，作为历年哈尔滨国际冰雪节的一项重要内容，哈尔滨灯饰亮化工程使松花江南岸沿江一带环境得到了极大的改善，形成了两岸霓虹遥相辉映的壮观美景。

（2）节事活动促进了城市相关产业的发展。任何一次城市节事活动都具有一定的主题，配合这一主题的生产厂家或者说整个产业都可以在节事活动中获得经济收益。例如，每一届的大连国际服装节，都会迎来大量的海内外服装厂家、商家、设计师和模特的光临，各类表演活动、发布会、展览会、洽谈会为本地服装业及相关产业、生产厂商提供了巨大的商机。

（3）节事活动对主办城市具有很强的形象塑造作用，也可以提升城市的知名度。城市形象是一个综合的形象塑造系统，需要花费大量精力并进行很长时间的宣传，才能塑造成功。此外，城市整体形象是通过对各种形象要素的整合实现的，其宣传工作难度很大，而城市节事活动的开展，往往能够对城市主题形象起到很重要的宣传功效。参加者可以通过节庆活动的各项内容，全面了解城市的自然景观、历史背景、人文景观、建设成就等内容，从而对城市形象有感性的认识。另外，节事活动本身就是目的地形象的塑造者，举办节庆活动的过程就是目的地形象的塑造过程。

（4）节事活动能够极大地弘扬传统文化，推进精神文明建设。节事活动对于弘扬传统文化，彰显传统文化的丰富内涵和个性，对于进一步加强国内外文化交流与合作，促进文化的传承、发展和经济社会全面进步，具有积极而深远的影响。

（5）节事活动具有很强的后续效应。节事活动给城市带来的效应，不仅限于当时所创造的效应部分。对于主办城市的人们来说，通过节事活动掌握了大量的信息，挖掘了大量的商机，可以说是参加了一次免费的交流会；对于主办城市来说，通过举办节事活动，改善当地的基础设施，优化社会环境，创造了良好的投资环境，给参加节事活动的人们留下好印象，创造了一批潜在的投资家。这些效果不一定立即显现，也许会经过很长时间才能显现。因此，举办节事活动创造的效应具有持续性、后续性。

5.3.4 当前我国节事活动存在的主要问题

近年来，我国各种节事活动层出不穷，愈演愈烈，虽然有很多节事活动都取得了成功，但也出现了很多问题。比较突出的问题是节事活动数量众多，呈现遍地开花的趋势，但多而不精，品牌知名度不高，国际化的节事较少；地域分布不均衡，发展不均，我国节事活动的发展出现东南部举办数量较多、质量较高，中西部数量少、质量低的现象；选题重复，特色节事活动较少；一些节事活动政府干预过多，市场作用尚未发挥，节事绩效不显著；节事活动经济性和文化性结合力度不够，文化内涵有待挖掘；举办形式不新颖，公众参与不理想，效益不显著。

5.4 国际知名节事活动

大型娱乐文化活动也是城市热衷举办的事件之一，这类活动给城市带来巨大的经济效益。例如，金鹰电视艺术节、香港电影金像奖、北京国际艺术节、全国青年歌手电视大奖赛、上海亚洲音乐节等都属于这类活动。以文化为主题的节事活动常常以举办地独特的文化现象为载体，如陕西策划的辛卯年民祭史圣司马迁大典、山西运城的关帝文化节等。

1. 西班牙奔牛节

西班牙奔牛节（见图5-7）从每年的7月6日开始举行，7月14日结束。地点在西班牙东北部潘普洛那市。在节日期间，来自世界各地的人们穿上白衣白裤，缠上红腰带，表示参加的意愿。主办方将6头经过两年专门驯养的公牛从牛棚放出，公牛跟在一大群小伙子后面，狂奔乱闯、穿城而过，犹如一群长跑健将，直奔斗牛场。这些牛非常凶悍，有的牛角被磨尖，甚至露出神经，一触即痛，有的牛眼睛被抹上辣椒以激怒它，引发它的野性。沿途观者如潮，欢呼声震耳欲聋。

图 5-7　西班牙奔牛节

位于潘普洛那市旧城区的"奔牛之路"其实是一条狭窄的石板街,全长 848.6 米。奔牛时,上万名奔牛爱好者挤满了街道,重约 500 千克的公牛从牛棚冲出后,在 4 分钟内以 24 千米的时速在杂乱的人群中狂奔,险象丛生,最后以公牛被引进斗牛场而大功告成。每年奔牛节期间都有人受伤,甚至发生过死亡事件。据统计,从 1924—2002 年,共有 14 人被牛顶死,200 多人被牛顶伤。即便如此,来自世界各地的冒险爱好者还是云集潘普洛纳这个小城,在为期 9 天的人与牛之间的危险游戏中尽情享受欢乐与刺激。节日期间,来自世界各地的游客大量涌入,潘普洛纳这座小城的人口短期内迅速从几十万人增加到几百万人。

斗牛是西班牙文化的重要组成部分,它之所以经久不衰,不仅在于它需要高超的技艺,更在于它代表了西班牙的民族精神。斗牛的整个过程扣人心弦,斗牛士必须以他的智慧和勇气战胜被红布激怒的蛮牛。

西班牙人认为奔牛节为男人提供了一次展示智慧、胆识、技巧和意志的机会。几百年来,不敢参与奔牛活动的男人在西班牙是被人瞧不起的,而最终的胜利者则会被当作英雄一样受到敬仰和崇拜。并且,活动越危险才越能展现个人的勇气和能力,因此人们总是想方设法激怒公牛,让场面变得惊险刺激。西班牙人非常重视荣誉,正是西班牙文化中这种对荣誉的感悟和认同,使西班牙人在追求生命和荣誉之间,毫不犹豫地选择了后者,这也是奔牛节这样的活动能够在西班牙诞生、发展并延续至今的原因。

2. 奥林匹克运动会

奥林匹克运动会(简称奥运会)能使举办城市甚至举办国家具有空前的机会将自己展示给全球众多的观众,由此而诞生的奥运经济将对举办城市的经济和社会发展产生举足轻重的影响。2009 年 6 月 19 日,国家审计署公布北京奥运的财政收支。自 2001 年北京成功申办奥运至 2009 年 3 月 15 日为止,北京奥组委共支出 193.43 亿元,收入达 205 亿元,盈余达 11 亿元。其中,收入的主要来源为赛事转播,占总收入的四成,门票收入达 12.8 亿元。奥运会对举办城市的影响分为短期影响和长期影响。短期内,奥运会创造了工作机会和收入,促进了当地经济的发展进步。然而,奥运会对举办城市最大的影响却在于对城市长期的发展和改善上。

NBC(美国全国广播公司)是雅典奥运会电视转播权的最大买家,支出额高达 7.93 亿美元。数据显示,美国有 5 600 万电视观众观看雅典奥运会开幕式,也就是每 5 个美国人就有 1 个人把频道调到了 NBC,收视率无人

5-14 拓展视频

能及，奥运期间NBC每30秒的广告价格接近100万美元，广告总收入达到10亿美元，除去购买转播权的费用，净赚2亿多美元，除此之外，电视台本身的品牌影响力也得到大幅提升。

3. 世界杯足球赛

世界杯足球赛即国际足联世界杯，是世界上最高荣誉、最高规格、最高竞技水平、最高知名度的足球比赛，与奥运会并称为全球体育两大顶级赛事，甚至是影响力和转播覆盖率超过奥运会的全球最大体育盛事。

世界杯是全球各个国家在足球领域最梦寐以求的神圣荣耀，也是各个国家（或地区）足球运动员的终极梦想。

世界杯每四年举办一次，任何国际足联会员国（地区）都可以派出代表队报名参加这项赛事。世界杯是世界足球运动发展推广普及的源头和根本，所以也被誉为"生命之杯"。

巴西目前是夺得该项荣誉最多的球队，共获得5次世界杯冠军，并且在三夺世界杯后永久地保留了前世界杯奖杯——雷米特杯。现在的世界杯奖杯是大力神杯，四夺世界杯冠军的德国在1974年首次捧杯并沿用至今，两者都统称为世界杯。

2006年世界杯足球赛，东道主德国至少获得200亿美元的直接经济效益。德国人为世界杯慷慨投下的70亿欧元的巨资得到了世界杯毫不吝啬的回报。

与东道国一道成为世界杯进账大户的还有国际足联（国际足球联合会）。作为主要收入来源的官方赞助费在德国世界杯中达到3 700万美元。除此之外，世界杯的转播权、门票收入都为国际足联带来了收益，仅授予美国电视网络转播权的要价就达2.5亿美元。

小 资 料

世界杯（赛）用过的两座奖杯

世界杯赛从1930年至今有过两座奖杯，"雷米特杯"和"大力神杯"。从1930年第一届到1970年第九届，使用的奖杯都是雷米特杯。

1930年第一届世界杯举行前，法国雕塑家亚伯·拉弗勒尔设计了雷米特杯的造型，这是一座以八边形大理石底座托起的奖杯，主体是希腊胜利女神尼凯的形象，尼凯身着长裙，展开她特有的翅膀，并用双手托举起一只大杯，象征着胜利和荣誉。奖杯由纯银制成，外面镀金，高35厘米，重约3.8公斤，底座的四面各镶了一块金牌，上面用来铭刻冠军队的名字。

雷米特杯最初的名字就是世界杯，1950年为了表彰国际足联主席雷米特创立这项大赛，这座奖杯被命名为"雷米特杯"。按照规定，第一支三次赢得世界杯的球队将可以永久保留雷米特杯，1970年，巴西做到了这一点。

如今的大力神杯是第二座世界杯金杯，国际足联决定不再永远留给世界杯得主，即使连夺三次也不行。在冠军国摆放四年后就得归还，比完赛再颁给下届冠军。

大力神杯的底座上可刻下1974—2038年共17届世界杯冠军的名字，但在2038年的世界杯完结之后，大力神杯是否将退役尚不清楚。

（资料来源：http://baike.so.com/doc/5612292-5824902.html，2021.6.8）

4. F1赛事

F1赛事（世界一级方程式锦标赛）是世界公认的商业运作较成功的赛事之一，从竞

5 节事活动

技体育的角度来看，昂贵的 F1 赛事是一项无法普及的体育运动，它只是依附在商业操作下的一个产品，是各大汽车生产商展示各自实力的平台。F1 经济已经不可避免地形成全球化趋势，那些没有涉及 F1 赛事的国家都在琢磨着将赛车事业引进到自己国家，希望可以从 F1 经济中分得一杯羹。

2004 年 9 月 26 日，被称为金钱打造的运动 F1 大赛在中国上海闪亮登场。上海花费巨资将 F1 赛事引入中国，其目的不仅是举办一场国际体育赛事，而是着眼于 F1 赛事能带来的无限商机。有专家认为，F1 赛事将开启中国赛车经济的大门，对上海乃至中国的经济产生深远的影响，并有可能因此产生一种新的经济模式。

美国玫瑰花节

玫瑰花节是美国玫瑰花锦标赛的简称（图 5.8），创办于 1890 年。每年的元月一日，全美各地的人们赶往四季如春的加利福尼亚州帕萨蒂娜市，上午在组委会办公楼所在的桔园大道和科罗拉多大街观看为时两个半小时的、有 50 多支马队、50 多辆花车、20 多支管乐队组成的大游行，下午观看轰动全美的大学生橄榄球锦标赛。该赛事通过广播电视卫星，每年向 60 多个国家和地区转播，全球有收视观众 4 亿 5 千万。玫瑰花节同时为帕市的商业、旅馆业及其他行业带来 1 亿多元的经济效益。

图 5-8 美国玫瑰花节

（资料来源：https://wenda.so.com/q/1370041252078330，2021.6.8）

5-15 拓展视频

中国国际动漫节

中国国际动漫节（China International Cartoon & Animation Festival）由国家广电总局和浙江省人民政府主办，杭州市人民政府、浙江广播电影电视局和浙江广播电视集团承办，是唯一国家级的动漫专业节展，也是目前国内规模最大、人气最旺、影响最广的动漫专业盛会，被《国家"十二五"文化改革发展规划纲要》列为重点扶持的文化会展项目、"中华文化走出去"的重要平台。

中国国际动漫节自 2005 年以来每年春天固定落户杭州举行，它以"动漫的盛会、人民的节日"为宗旨，以"专业化、国际化、产业化、品牌化"为目标，以"动漫我的城市，动漫我的生活"为主题，内容包括会展、论坛、大赛、活动四大板块等20多个品牌项目,美国最具实力的动漫集团迪斯尼、梦工场,日本最大的漫画出版集团集英社,以及来自法国、俄罗斯、乌克兰、克罗地亚、加拿大、韩国等10余个国家的知名动画节机构代表,中央电视台、广州奥飞动漫、深圳环球数码等国内著名基地和企业,中国美院、北京电影学院、中国传媒大学等著名高校都是动漫节的常客。

2011年第七届中国国际动漫节共吸引54个国家和地区参展,202万人次参观,签约金额128亿元人民币,被评为"中国最具影响力"的动漫节展。中国国际动漫节一直以来受到党和国家领导人的高度重视和积极鼓励。李长春同志专门为动漫节发来贺电,并对成功办节予以批示肯定,并鼓励:进一步创新办节模式,提高服务水平,不断增强吸引力、影响力和辐射力。

中国国际动漫节的成功举办,有效汇聚了全国动漫产业的信息流、资金流、人才流,正在成为推动民族动漫产业发展的重要平台;有效搭建了中外动漫文化交流的平台,正在成为推动中国动漫走出去的重要桥梁;有效激发了海内外动漫爱好者的创意和热情,正在成为人民群众尤其是青少年喜爱的重要节日。

借助中国国际动漫节的平台优势,杭州提出了打造全国文化创意中心和建设"动漫之都"的目标,并走出了一条以中国国际动漫节为平台发展动漫产业的特色之路。通过这些年的不懈努力,2011年杭州原创动画产量达34606分钟,连续三年蝉联全国第一;获得国家广电总局推荐的优秀动画片数量,同样连续三年获得全国第一。杭产动画片《梦回金沙城》成为首部入围奥斯卡提名的国产动画电影,《郑和下西洋》获得全国"五个一工程"奖,《魔幻仙踪》远销70多个国家和地区。中国国际动漫节正在成为人间天堂杭州的又一张崭新的文化金名片。

(资料来源:https://baike.so.com/doc/5388130-5624704.html,2021.6.8)

习题与训练

理论自测题

一、名词解释

1. 节日
2. 节事

二、填空题

1. 节事活动中发生的火灾、风暴、中毒、恐怖袭击等称为_____。
2. 节事活动要以_____来吸引观众和参与者。
3. 节事主题的策划要有_____和_____。
4. 节事赞助是一种软性的间接的广告行为,具有_____的特点。
5. 节事赞助的表现形式包括_____、_____、_____、_____和_____。
6. 节事活动主题选择的类型包括以_____为主题、以_____为主题、以_____为主题、以_____为主题、以_____为主题及以_____为主题等。
7. 被称为世界三大赛事的是_____、_____和_____。
8. 中国吉林雾凇冰雪节和桂林山水文化旅游节是以_____为主题的节事活动。
9. 节事活动的特点是_____、_____、_____、_____和_____。

10. 节事策划的基本理念包括_____理念和_____理念两个方面。
11. 节事活动策划的核心在于_____。
12. 节事活动可以采用_____、_____、_____、_____和_____有机结合的综合形式。
13. 主题策划是节事活动至关重要的第一步，是节事的_____。
14. 赞助商与节事活动主办方的利益_____、政府相关部门也是节事活动的利益相关者。
15. 节事活动中的突发事件包括可能发生的_____、_____、_____等。

三、简答题

1. 节事活动策划的原则有哪些？
2. 节事活动策划的理念是什么？
3. 节事活动策划需要重点解决的问题是什么？
4. 简述节事活动系列主题活动策划的流程。

四、计算题

组织一场时装表演，邀请演员需要费用 2 万元，租用场地 5 000 元，租用服装道具 5 000元，门票 100 元/张，有多少人观看本场演出才能保证不赔不赚？要想通过本场演出获利 1 万元，至少需要多少人购票观看？

实务自测题

1. 利用媒体、网络等手段获取有关全国冰雪节的资料，筛选出你认为精彩的冰雪节主题。
2. 利用媒体、网络等手段获取国内外节事活动策划案例。
3. 以小组为单位，任选一个题目，完成任务。上课时，用 PPT 讲解所选的题目（请多查资料，准备充足）。

（1）商品特产类节庆活动（如宁波国际服装节、青岛啤酒节等），自选一个具体案例，分析该节庆活动与产业的关系，节庆的意义。

（2）民俗风情类（如地方或少数民族的节庆活动），自选一个具体案例，分析节庆活动策划的缘由及对本地经济和社会的影响。

（3）自然景观类（如长春净月潭瓦萨国际滑雪节、桂林山水文化旅游节等），自选一个具体案例，评析其策划成功之处和意义。

（4）宗教类（如各类庙会、寺庙节庆），自选一个具体案例，分析其活动的经济和社会意义。

（5）娱乐文化类（如"奥斯卡金像奖"颁奖晚会等），自选一个具体案例，分析其市场定位、运作过程及盈利模式。

（6）体育赛事类（如奥运会、世界杯足球赛），自选一个具体案例，分析其对该城市的影响力及盈利模式。

案例分析

1999年11月首届南宁国际民歌艺术节期间，成功举办了大型广场文艺晚会《大地飞歌》、中国（南宁）民族服饰博览会、广西民族风情展演等系列文化活动。南宁国际民歌艺术节因此一炮走红。它以浓郁的民族风情、开阔的国际视野和强劲的现代气息，赢得了社会各界人士的赞誉。

潍坊是风筝的发祥地。早在20世纪30年代，潍坊就曾举办过风筝会。1949年以后，特别是改革开放以来，潍坊风筝又焕发了生机，多次应邀参加国内外风筝展览和放飞表演。1984年4月1日，在美国友人大卫·切克列的热心帮助和山东省旅游局的大力支持下，首届潍坊国际风筝会拉开帷幕。1988年4月1日，第五届潍坊国际风筝会召开主席团会议。与会代表一致通过，确定潍坊市为"世界风筝都"。1989年第六届潍坊国际风筝会期间，成立了由美国、日本、英国、意大利等16个国家和地区的风筝组织参加的"国际风筝联合会"，并决定把总部设在潍坊。

请分析：广西南宁一年一度的国际民歌艺术节、潍坊国际风筝会等成功节事活动为何能一届比一届火，一届比一届办得有特色、有声势。

奖励旅游

学习任务

- 熟悉奖励旅游的特征。

知识要点

- 奖励旅游的概念和特征。
- 奖励旅游的主要功能。
- 奖励旅游的类型。
- 奖励旅游产品的设计与策划。
- 奖励旅游的发展对策。

知识结构图

本章主要知识结构图如图 6-1 所示。

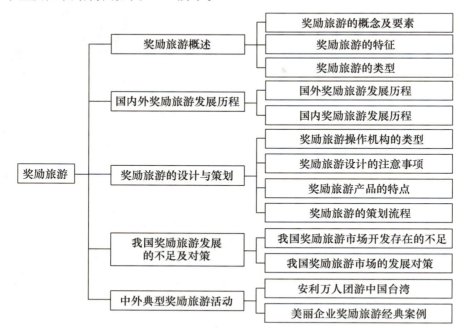

图 6-1 "奖励旅游"知识结构图

开章案例

另一种激励

美国麦格劳-希尔国际企业公司北京代表处的王云珍女士曾跟随在一家全球领先的存储技术公司任职的丈夫参加了 3 次奖励旅游。"那 3 次去的地方都是国际闻名的美丽小岛。一次是在迈阿密南部的波卡拉顿,一次是在澳大利亚大堡礁岛屿中一个私人拥有的小岛海曼岛,但最令人难忘的一次是去位于大西洋加纳利群岛中一个小岛的旅行。先生供职的企业负责所有的吃、住、行,来回都是公务舱。"

"五天的假日里,每天都安排得丰富多彩,潜水、深海钓鱼、坐直升机去另一个小岛打高尔夫……即使偶尔开开会,也是培训做游戏,让金牌销售们进一步拓宽思路、磨炼技能。他们还请来了英国前首相梅杰先生,大谈国际形势;英国维珍公司的创始人理查·布兰森,讲述他乘热气球环游列国的故事。"

"最有趣的是全球总裁、副总裁卸下老板的架子'与民同乐'。有一次,晚会在露天游泳池边进行,形状各异的游泳池与人工小溪、小河巧妙地穿过举办地。晚会开始了,电影《007》的主题音乐骤然响起,年轻潇洒的总裁一副詹姆斯·邦德的打扮,开着水上摩托飞驰而来,手里举着火把,烟花四射。伴随着《007》音乐的高潮部分,'邦德'先生开足马力,越过小桥……"

王云珍打了一个有趣的比方:"奖励旅游让你的荣誉曝光。如果是发奖金,可能直接打到工资卡上,你也就不声不响地把钱给花了。对于个人来说,这种奖励形式所带来的荣誉感并不强烈;对于企业来说,这种奖励也无法发挥表率的作用。"

6 奖励旅游

引例说明： 现金是一种纯粹物质的奖励，而奖励旅游因为融合了团队建设和企业文化等方面的内容，所以能给员工带来更多精神层面的东西，如荣誉感、归属感，能产生显著的激励效果，是现代企业管理的重要手段之一。

> **课前热身**
> 1. 说说你知道的奖励旅游活动。
> 2. 筹办优秀毕业生"暑期赴台观光考察活动"有哪些工作环节？

6.1 奖励旅游概述

6-1拓展视频

奖励旅游这种形式，可以延长奖励对员工的刺激作用，比金钱和物质奖励更为有效。更重要的是，常年连续进行的奖励旅游会使员工产生强烈的期待感，使刺激业绩提升形成良性循环。

6.1.1 奖励旅游的概念及要素

6-2拓展视频

常见的奖励方式有现金奖励、物质奖励、精神奖励、奖励旅游。其中，现金奖励可能是最受欢迎的，但效果却不是最佳的。因为使用现金奖励，开销可能很大，增加了支出费用，效果却一般，现金没有持续性的激励价值，容易与惩罚相混淆。物质奖励为实物奖品奖励，存在的问题是大家对实物价值的看法有所不同，很难满足得奖人的需求。多数获奖者对实物的估价低于其实际价格。精神奖励指评先进、评劳动模范、媒体报道表彰等精神奖励，存在的问题是榜样的作用不稳定，还容易产生人际矛盾。

1. 奖励旅游概念界定

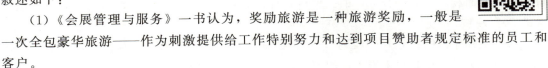

6-3拓展视频

奖励旅游的英文名称为"Incentive Travel"，"Incentive"的含义是"刺激""鼓励"。但关于奖励旅游概念的界定，国内外却多达 20 多种，典型的叙述如下：

（1）《会展管理与服务》一书认为，奖励旅游是一种旅游奖励，一般是一次全包豪华旅游——作为刺激提供给工作特别努力和达到项目赞助者规定标准的员工和客户。

（2）新加坡旅游局将奖励旅游定义为，针对达成甚至超越公司个别或总体业绩的特定对象，如员工、经理人、代理商等，由企业主提供一定的经费规划假期，委托专业旅游业者精心设计非比寻常的旅游活动，以犒赏创造营运佳绩的有功人员，让他们体验一场难以忘怀之旅，并借此增加参与者对企业的向心力。

（3）国际奖励旅游管理者协会认为，奖励旅游是一种现代化的管理工具，目的在于协助企业达到特定的企业（组织）目标，并对于达到该目标的参与人员给予一个非比寻常的旅游假期作为奖励；同时也是各大公司安排的以旅游为诱因，以开发市场为最终目的的客户邀请团。

161

(4)《香港大辞典》将奖励旅游界定为,工商企业及其他行业为刺激工作人员的积极性,增加归属感及搞好与有关部门、团体和个人的公共关系而组织的免费旅游。

(5)《中国旅游百科全书》认为,奖励旅游是一些组织单位为调动员工的积极性,增强凝聚力举办的免费旅游。

(6)国际奖励旅游管理者协会对奖励旅游的定义是"奖励旅游是一种向完成了显著目标的参与者提供旅游作为奖励,从而达到激励目的的一种现代管理工具。"其种类包括:商务会议旅游、海外教育训练、奖励对公司运营及业绩增长有功人员的旅游。奖励旅游使受奖者有一种新的荣誉感,增强他们对企业的认同,有利于企业员工之间,企业与客户、客户与客户之间的交流,有利于企业的市场宣传。奖励旅游的历史可以追溯到20世纪20年代的美国。如今已有50%的美国公司采用该方法来奖励员工。在英国商业组织给员工的资金中,有2/5是以奖励旅游的方式支付给员工的。在法国和德国,一半以上资金是通过奖励旅游支付给员工的。

2. 奖励旅游的内在要素

分析奖励旅游的多个概念,可以总结出奖励旅游主要包含六个内在要素:

(1)奖励旅游的本质是"一种现代化管理手段",其最终目的是协助企业达到特定的目标。

从表面上来看,奖励旅游是对员工个人的奖励,实际并不止于此。从欧美奖励旅游市场的经验来看,奖励旅游不仅能有效激励员工,减少员工流动性,还在顾客满意,达成理想的财务目标,维护、扩大销售渠道及塑造企业文化等方面都有显著效果。

首先,奖励旅游的激励作用可以提高企业业绩,增强员工的荣誉感和向心力,加强团队建设,塑造企业文化,是实现企业管理目标、增强企业实力、促进其良性健康发展的重要手段。

其次,大规模的奖励旅游应被视为企业一项重要的市场宣传活动。较大规模的奖励旅游会有包机、包车、包场等现象,相应都会打出醒目的企业标志。这种方式的采用对企业产生着积极作用,可树立企业良好形象,扩大企业知名度,倘若有媒体的相关报道,则效果更佳。

最后,奖励旅游的资金来源并不是企业自掏腰包,而是在实现了其特定目标后,用创造出来的超额利润的一部分进行的。现在的研究一般认为,奖励旅游费用约为企业超额利润的30%左右。

(2)奖励旅游的核心是"鼓励",这种鼓励具有"继往开来"的双重性,既是对以往工作成绩的奖励,也是对未来工作的激励。

奖励旅游的出现和实施是企业激励方式转化的一种表现。在物质激励效用减小的情况下,企业转而依靠精神手段来满足员工的社会需求和人性要求。通过奖励旅游中的一系列活动,以及专项会议、颁奖典礼、主题晚宴、集体游戏、友情赠送等,可以极大地刺激员工工作积极性,增加经销商和客户对企业品牌的忠诚度,激励他们更好地为企业服务,同时也起到了对企业本身组织建设的激励作用。

与传统的奖励形式相比,奖励旅游是一种长效激励。在参加奖励旅游的过程中所产生的令人愉悦的精神享受和难以忘怀的经历,对员工和其他奖励旅游者的内在激励将是长久的。

6 奖励旅游

（3）奖励旅游成功的关键是"非比寻常"，奖励旅游的行程安排独特，"无限惊喜""备感尊荣"是奖励旅游最高的精神写照。

（4）奖励旅游的参与主体是对企业的发展做出或即将做出贡献的优秀人员，他们往往都是企业中的顶尖好手和特殊人才。

（5）奖励旅游的载体是旅游活动，专业旅游企业是奖励旅游活动的策划者与实施者。

（6）奖励旅游的目的除了奖励和慰劳还有多重附加功能，如凝聚员工向心力，树立企业形象，强化企业文化，持续鼓励员工提升工作绩效，甚至是为企业开拓市场做准备等，但最终目标是实现企业的持续、稳定和健康发展。

企业常见的非薪酬激励手段

如何激励员工，激发其最大潜能是理论界和企业都非常关注的话题。在管理学中各种各样的激励理论层出不穷，而企业也在探索各种激励手段，依靠传统"重赏之下必有勇夫"的激励被证明单调且效果有限。采取非薪酬的精神激励是薪酬激励的有效补充，非薪酬激励一般体现在工作自主性、支持环境、个人成长、业务成就方面，下面列举几种常见的非薪酬激励形式。

晋升。晋升是一种效果强烈的激励手段，对下属行为的影响极大。因此，在不影响效率的前提下应尽量多设"官职"，更大程度地提高员工的满意度，发挥职工的潜力。

给予培训机会。给予培训机会也是激励手段之一，这一方法如果运用得当，会产生良好的效果。

荣誉称号。企业可以根据自身的需要设置丰富多彩的荣誉称号，充分地调动员工的工作积极性，并通过大会、公告栏等形式在企业内部传播，塑造典型形象，这样既可满足员工的自豪感，也可传播企业文化。

沟通。广泛征求员工的意见，通过制定相关的制度和方案，如全面质量管理、持续发展式管理、建议箱等，鼓励员工提建议。

授权。授权是一种非常有效的激励手段，因为它可满足员工的成就感。但授权需要一定的艺术。

从工作本身着手。在工作设计方面，要尽量让员工对工作本身产生兴趣，手段有工作扩大化、工作丰富化等。

3. 奖励旅游的重要依据是绩效

奖励旅游是基于企业目标的实现，而对为实现这一目标做出贡献的工作业绩表现优异的人员进行的奖励。当奖励旅游对象达到企业预先设定的绩效标准时，企业就通过奖励旅游服务商将奖励旅游计划付诸实施。奖励旅游一般是在员工超额完成企业指定任务的前提下实行的，其费用来自员工创造的超额利润。奖励旅游具有激励措施的灵活性，这也是其被企业管理者看重的主要原因之一。

4. 奖励旅游是一种特殊的公费旅游

奖励旅游属于公费旅游活动的一种。对于奖励旅游者而言，奖励旅游是一项带薪的、免费的活动，整个活动的费用由企业全额支付。企业为了达到奖励优秀职员和宣传企业形象的目的，在活动组织方面不惜花费巨资，以期使奖励旅游者满意。可以说，奖励旅游是企业给予优秀员工和对企业做出重大贡献的供应商、经销商、客户等利益相关人员的一项福利。

与一般的公费旅游相比,奖励旅游是由旅游机构专业运作,为个别企业量身定造,将企业文化有机融入其中的旅游活动。它非常强调对场地的选择及布置、宴会节目的设计、气氛的营造甚至宴会的安排。旅程中其他一些活动的安排也要别出心裁。例如,飞机、观光景点、下榻饭店和宴会大厅都可巧妙地布置有公司醒目的标志,因为大规模的奖励旅游同时又是企业的一次独特的市场宣传活动。

5. 奖励旅游是一种特殊旅游活动

6-4 拓展视频

奖励旅游是一种通过精心设计的旅游活动项目来达到激励员工和相关利益人员及实现特定企业目标的特殊旅游形式,即通过旅游的形式来实现企业管理的目标。奖励旅游活动的内容广泛,既包括消遣性活动,又包括各种商务性活动。尤其特意安排诸如企业会议、公司展览、员工培训、主题晚会、颁奖典礼等活动内容,使奖励旅游成了一种综合性的会展活动,充分体现了旅游与会展的交融性。

需要指出的是,奖励旅游并非一般的员工旅游,而是企业提供一定的经费,委托专业旅游业者精心设计的"非比寻常"的旅游活动。奖励旅游,一般会在旅途中穿插主题晚宴,以及"惊喜""感动"等一些创意活动,以弘扬企业文化,宣传企业理念,增强企业凝聚力,促进业务发展,最终提高企业业绩,并成为促进企业未来发展的良机。一般的旅游是旅游者的个体行为,奖励旅游是公司组织的群体性活动,是企业行为。

除服务对象特殊,活动内容需个性化定制外,奖励旅游在时间安排、流程策划、目的地选择、售前售后服务等服务方面与传统的休闲旅游都有一定的区别,如表6-1所示。

表6-1 奖励旅游与休闲旅游的区别

项 目	奖励旅游	休闲旅游
付费人员	企业或机构,非旅游者	旅游者
目的地决定者	奖励旅游的组织者	旅游者
旅游时间安排	全年的任何时间	通常是节假日、周末
旅行前期准备	一些奖励旅游的准备十分仓促	长假通常提前几个月预订,而短假提前几天
旅行人员	工作中需要旅行的人及各协会会员(鼓励带员工家属)	任何有闲暇时间和经济能力的人
旅游目的地	主要在经济发达国家的大中型城市	任何地方

相关链接

奖励旅游提倡家属参与

带家属参与,意思是在企业进行奖励旅游时,可选择让受奖励员工带若干位家属同行的方式。带家

6 奖励旅游

属参与的奖励旅游要相应增加一些开销，企业可根据实际情况采取免费奖励旅游或是让员工付部分费用的方式进行。之所以要考虑带家属出游，一方面由于受奖励员工所取得的成绩，与家庭的支持分不开，因此奖励时要对此予以充分认识；另一方面，受奖励员工也愿意与家人一起作为奖励对象。

据美国一项调查，受奖励员工在外出旅游时90%以上携带配偶，25%携带孩子。采用此种奖励旅游方式，可以使受奖励员工得到更多来自家庭的支持，又可以使受奖励员工更加热爱自己的公司，对工作投入更多的热情，还可以增加未受奖员工对其的渴望，从而更加努力工作。

6.1.2 奖励旅游的特征

奖励旅游发端于20世纪20年代的美国，发展至今已有近百年的历史了。从国内外的实践经验来看，奖励旅游具有以下特征：

1. 高消费、高档次、高要求

奖励旅游是公司为激励做出突出贡献的员工或特殊客户，往往不惜高价为他们安排与众不同的活动的一种方式。例如，选择众望所归的旅游目的地和景点，航空旅行一般选择公务舱，抵达目的地后住高档酒店，在当地租用大型会议中心举办活动，享用最富特色的高档餐饮，这样奖励旅游团的消费远远高出普通观光团，而奖励旅游团成员因为感觉是"免费旅行"，所以也会爽快地进行个人消费。

据有关统计，一个豪华奖励旅游团的消费通常是一个普通旅游团的5倍，他们不但在交通工具、住宿、餐饮等方面体现出了高档次的特征，如豪华饭店、大型晚宴、特殊的旅游线路等，而且在旅游活动内容、组织安排及接待服务上要求尽善尽美。同时，奖励旅游原本就不同于一般意义上的观光和商务旅游，它通常需要提供奖励旅游服务的专业公司来为企业"量身定做"，使奖励旅游活动中的计划与内容尽可能地与企业的经营理念和管理目标相融合，并随着奖励旅游的开展逐渐体现出来。因此，这无论是对奖励旅游产品的本身，还是对设计这些旅游产品的专业公司都提出了较高的要求。

2. 奖励旅游效用显著

一些研究管理问题的心理学专家在经过大量调查和分析后发现，把旅游作为奖品来奖励员工、客户时，其所产生的积极作用远比金钱和物质奖品的刺激作用要强。

首先，奖励旅游是刺激员工积极性行之有效的方式，通过奖励旅游中的一系列活动，如颁奖典礼、主题晚宴、企业会议、赠送贴心小礼物等，将企业文化、理念有机地融于奖励旅游活动中，又如企业的高层人物若出面作陪，与受奖者共商企业发展大计等，这既是对参加者的一种殊荣，而且又达到了"寓教于游"的与众不同的效果，同时还可有效地调整企业上下层、企业与客户间的关系，使受奖者有一种新的荣誉感，增强他们对企业的认同感，激励其更好地为企业服务。

其次，奖励旅游为企业与员工、企业与客户、员工与员工、客户与客户之间创造了一个比较特别的接触机会，大家可以在旅游这种比较放松的情境中做一种朋友式的交流。这样，员工与客户不但能借此了解到企业与企业管理者富有人情味的一面，而且员工之间、客户之间也能趁此机会加强彼此之间的沟通与了解，为今后开展工作和业务交流提供了便利。同事结伴出游可以培养团队精神，激发企业员工的工作热情，是企业的一种培训方式；奖励旅游也可以增强企业的亲和力和凝聚力；此外，如果规模较大、人数众多，组团旅游也是企业的一种广告宣传方式。

最后,一次较大规模的奖励旅游完全可以被视为是企业的一次市场宣传活动。例如,在一架奖励旅游的包机上印上醒目的企业标志,或包场某一有名的旅游景点时,人们首先关注的将会是举办奖励旅游的这家企业,而非那些被奖励的个人,所以无形之中这又是企业展现自身实力、宣传企业形象的一个大好时机。

3. 利润高、季节性不强

据国际奖励旅游协会的研究报告显示,一个奖励旅游团的平均规模是 110 人,而每一个客人的平均消费是 3 000 美元。一个奖励旅游活动结束后客户在未来 12 个月的时间里回头咨询反馈的比率是 80%,其中有效比率为 15%~20%。由于奖励旅游团的消费较高,因此相对而言,它的利润也较其他普通旅游团高。奖励旅游团现在越来越受到一些旅游公司、旅行社的关注,同时一些奖励旅游团在季节上一般都错开了旅游的旺季,而这无疑又填补了这些旅游公司、旅行社的淡季业务空白。

4. 会议型奖励旅游成为趋势

现在像过去一样纯奖励旅游的活动越来越少了,奖励旅游与会议旅游合二为一的"奖励性会议旅游"成为奖励旅游发展的趋势。究其原因,主要有两个方面:一是公司的商务理念发生了新变化,公司需要利用雇员集聚的机会,给予奖励的同时还要进行培训;二是旅游活动和旅游目的地比以往任何时候都更容易被人们参与和接受。

美国奖励旅游执行者协会的保罗·弗拉基认为,奖励旅游与会议旅游已由过去的泾渭分明转向了相互间的交融结合,并且半数以上的奖励旅游中包括各种会议。他分析了造成这种结合的原因:首先,会议能带来税收减免,出于对价格的敏感,企业愿意会奖合并;其次,在家上班的人员现在越来越多,他们需要有机会与同事见面并商讨问题,会奖结合的形式正好符合了这样的要求。今后,会奖结合的特征还会表现得更加明显。

相关链接

澳大利亚旅游业深度挖掘中国高端会奖旅游市场

由澳大利亚旅游局主办的 2016 澳大利亚大中华区商务会奖旅游洽谈会于 4 月 13 日至 15 日在华召开,出席本届洽谈会的澳大利亚商务会奖旅游业代表团规模比去年增加了三分之一,充分彰显了澳大利亚对中国商务旅游和会奖市场的重视。作为澳大利亚最重要的客源国之一,中国游客年度访澳人数已突破 100 万大关。

澳大利亚旅游局商务会奖旅游总经理 Penny Lion 女士表示:"中国市场对澳大利亚而言至关重要,因此我们要进一步为大中华区买家提供更有深度、独特性和高品质的澳大利亚商务会奖旅游产品。中国的会奖旅游市场在迅速走向成熟,希望这次的展会能为大中华区的买家带来新的创意、产品和体验。同时,我们也借助这次展会的良好契机宣传澳大利亚旅游局以'乐水"澳"游'为主题的新一轮全球市场推广活动,也希望能为大中华区买家带来更多澳大利亚会奖旅游行程设计方面的启发。

在谈及对于中国长远的推广计划,澳大利亚旅游局商务会奖旅游北亚区总监表示,对澳洲来说,中国是一个非常巨大的市场,主要通过巩固与 MICE 旅行社与企业的关系来相互推动澳洲商务会奖旅游的发展。由于中国每个团队的要求都不一样,目的也不一样,想要的体验也不一样,所以我们需要不断深入地了解终端客户的实际需求,并协助客户提前解决一些问题。另外,澳旅局在整个推广计划中有个惯性就是不断挑战自己，希望做一些比较新奇与前卫的市场活动来吸引大家参与。

（资料来源：http://www.micecn.com/articles/show/3191，2021.8.9）

6.1.3 奖励旅游的类型

1. 按活动模式划分

（1）传统型。

传统型奖励旅游是指从20世纪60年代奖励旅游发展之初至20世纪90年代中期，企业惯用的奖励旅游模式。这类奖励旅游有一整套程式化和有组织的活动项目，通常有以下几个流程：

会议：公司举办年会、培训等活动，为员工提供交流学习的机会。

旅游：组织参与者去附近的旅游目的地观赏、休憩。

颁奖典礼：对表现突出的员工或做出重要贡献的经销商举行公开表彰。

主题晚宴或晚会及赠送赋予含义的礼物：别出心裁的主题宴会是行程中的重头戏，从场地的选择及布置到晚会节目的设计、气氛的营造及餐饮的安排，每一个细节都要令员工难忘，融入企业文化的安排具有增强员工荣誉感、加强企业团队建设的作用。

传统型奖励旅游在环节设计时注重通过豪华、高档和大规模来体现奖励旅游者的身价，并通过制造惊喜，使参加者产生终生难忘的美好回忆。

传统型奖励旅游以美国为代表，至今仍受到美国奖励旅游者及公司管理人员的喜爱。由于美国是世界上最大的奖励旅游市场，因而传统型奖励旅游仍占有较大的市场份额。

奖励年会目的地酒店推荐

以公司总结、答谢、奖励旅游、主题派对、行业评选等形式为主的年会几乎是外企公司、国内大型企业、行业协会、媒体等机构运行到年关时的必然活动项目，这些机构对年会的预算投入也非常充足。从当年的11月底一直延续到来年春节前后，每年值此期间，海口、三亚、厦门、桂林、哈尔滨等地的高端酒店，都被各种会议团队住满，几乎到了一房难求的程度。

1. 奖励型年会的企业类型

奖励型年会实际上是奖励旅游的一种形式，而据《2007年中国会奖旅游行业调查报告》资料显示：目前，绝大多数国际国内买家都相信中国是世界上最具发展潜力的国家，并表示会选择到中国进行未来的商务会奖活动。他们主要来自IT、通信、医药、金融服务（包括保险）、媒体出版及汽车等行业。据较早时候的《CEI Asia Pacific》杂志（亚太地区发行的有关会议、展览和奖励旅游行业的主流杂志）在亚太区进行的行业调查结果显示，37%的企业在2006年举办奖励旅游活动时选择中国内地，这一结果还使中国超过了上一年度桂冠得主泰国，并首次在《CEI Asia Pacific》杂志行业调查中荣登榜首。同样据此次调查结果，根据受欢迎程度，在中国举办活动的高峰月份依次为11月、12月、2月、3月和5月。

2. 奖励旅游对目的地的选择

在影响奖励型年会选择活动目的地的因素中，国际国内买家都把目的地的地理位置排在了首位。这样的选择与中国的气候、地理因素有着千丝万缕的联系。中国地域广阔、地貌多样、历史悠久、古迹繁多，各种民俗风土也应有尽有。这些丰富的旅游资源对国外游客充满了强大的吸引力，无疑使中国成为充满东方神秘诱惑的最佳旅行目的地。

同样在《2007年中国会奖旅游行业调查报告》这个包含了中国一线城市与主要二线城市的调查中，国际买家在过去的12个月中更青睐的城市或地区依次为香港地区、北京、上海、台湾地区和广州。然而在国内买家的眼中，北京则以76%的绝对优势高居首位，其他依次为上海、海南、香港地区、广州、杭州、青岛、桂林等。

3. 奖励旅游对酒店的选择

作为成熟、完善的商务会奖目的地，常规的旅游资源只能在背景与基础上成为优势，而硬件设施与服务软件的提升，已经成为商务会奖活动参与者关注的重要因素。据一项针对奖励型年会组织者的调查结果显示，他们在对酒店的选择中都将总成本与服务质量排在了显著的位置，而国际买家相比国内买家更加重视目的地酒店、会场、基础设施等硬件的质量。

（资料来源：http://travel.sina.com.cn/hotel/2008-11-05/144234845.shtml，2021.8.9）

6-5拓展视频

（2）参与型。

参与型奖励旅游是奖励旅游市场的发展趋势，尤其体现在欧洲市场方面。越来越多的奖励旅游者要求在他们的旅游日程安排中加入参与型项目。例如，参加旅游目的地当地的传统节日、民俗活动，品尝风味美食，参与富于竞争性、趣味性的体育活动或者是探险类的活动，如徒步、登山、划艇、漂流等。

英国激励旅游公司董事、总经理约翰·劳逊先生认为，参与活动对协作精神的形成特别有好处，"它对人们能起到激励作用，激发他们相互竞争的心态，因为每个人都想获得胜利"。瑞士一位旅游咨询顾问称，回归大自然的倾向正在日益增强。"人们需要尝试不同口味的东西，打着黑领带的团体已经过时了，他们需要到森林中去，需要徒步旅游和氢气球旅游"。

但参与性奖励旅游会涉及企业责任的问题，既要考虑到相关法律规章的问题、员工人身安全问题，同时还要考虑活动安排的合理性问题。因此，参与性奖励旅游在实际操作中常会遇到纠纷问题。另外，由于文化的差异，不同地区的人对待参与性旅游的态度也不尽相同。

2. 按活动目的划分

（1）慰劳型。

作为一种纯粹的奖励，奖励旅游的目的主要是慰劳和感谢对公司业绩提升有功的人员，缓解其紧张的工作压力，旅游活动安排以高档次的休闲、娱乐等消遣性活动项目为主。

（2）团队建设型。

奖励旅游的目的主要是为了促进企业员工之间，企业与供应商、经销商、客户等之间的感情交流，增强团队氛围和协作能力，提高员工和相关利益人员对企业的认同度和忠诚度，旅游过程中注重安排参与性强的集体活动项目。

（3）商务型。

奖励旅游的目的与实现企业特定的业务或管理目标紧密联系，如推介新产品、增加产品销售量、支持经销商促销、改善服务质量、增强士气、提高员工工作效率等。这类奖励旅游活动几乎与企业业务融为一体，公司会议、展销会、业务考察等项目在旅游过程中占

6 奖励旅游

据主导地位。

（4）培训型。

奖励旅游的目的是为了对员工、经销商、客户等进行培训，最常见的为销售培训。旅游活动与培训的结合，达到"寓教于乐"，可以更好地实现培训的功效。

6.2 国内外奖励旅游发展历程

20世纪初，奖励旅游从销售业中孕育、诞生，目前已经成长为现代旅游业中重要的一部分。但国内外奖励旅游的发展历程呈现出了一定的差异性。

6.2.1 国外奖励旅游发展历程

1. 国外奖励旅游的起源

20世纪初，北美和欧洲是世界经济最发达的地方，相对发达的商品经济和激烈的市场竞争成为奖励旅游萌生的沃土。早在1906年，美国全国现金注册公司就向客户提供了一次免费参观其代顿（Dayton）总部的活动。

20世纪二三十年代在美国芝加哥的汽车销售业中，有的公司管理者为了提高销售额，在开展销售竞赛活动时，为销售人员规定了定额指标，只要超额完成销售指标，销售人员就有资格参加免费的旅游活动。在当时，活动的组织者潜意识中把这样的免费旅游活动归纳为一种促销手段，认为可以"生利还本"，也就是说这种活动可以给公司带来足够的利润来支付免费旅游的费用，其结果也证明了活动组织者预想的正确性。

于是作为促销手段而产生的免费旅游活动逐渐演变成了奖励旅游活动，并首先受到了销售业的认可，成为销售业对员工进行激励的方法。在当时，奖励旅游的最终使用者主要是汽车经销商、电器分销商和保险公司推销员等销售业精英，而这种奖励旅游活动包括全部免费和部分免费两种。

几乎在同一个时期的欧洲，苏联采取了全面规划以加速工业化的经济发展战略，并从1928年开始实施了第一个5年计划，斯大林为了激励那些完成政府5年计划的人，曾把他们送到黑海度假两周，形成了最早由政府实施的奖励旅游方式。

8月休假期莫斯科人去楼空

8月是俄罗斯人休假的季节。莫斯科大有"人去楼空"之感，市内以往堵车的路段在这段时间基本畅通无阻，因为大家都出城休假了。然而这时候如果想找谁采访就难了，办公室和家里都没人，手机可能也关机。好不容易打通了，对方回答"我正在某地休假，一切事情等我休假后再说"。休假是俄罗斯人每年的头等大事，从领导人到黎民百姓，这都是雷打不动的。一位俄罗斯朋友十分认真地对《青年参考》报记者说："休假是我们的权利，我们必须要用好这一权利。列宁说过'不会休息的人就不会工作'，我们认真休假就是为了更认真地工作。"

苏联时期，政府机构、科研院所、大型企业甚至集体农庄的工会都会给本单位职工发放免费暑期疗养证，提供优惠甚至是全免费的休假疗养条件。如今，除了少数单位和大公司还延续这一惯例之外，绝大

169

多数人休假就只能自掏腰包了。俄罗斯人夏天休假不是去旅游观光或参观名胜古迹,而是不约而同地奔着阳光、海水和沙滩去。俄罗斯的冬季漫长,一年中大部分时间都要在寒冷中度过。所以,俄罗斯人对阳光有一份特殊的感情,他们认为最好的休假方法就是"日光浴"。在俄罗斯,最典型的恭维话常常是在对方休假归来时说"你晒黑了,晒得更健康了,气色不错"。当然,有些俄罗斯人的休假方式也在悄然变化着,近两年一些俄罗斯新贵开始流行休假时到非洲去打猎,打猎对象是大象之类的大型野生动物。据说,为期1周左右的非洲打猎式休假至少需要1万美元的花销。不过,对俄罗斯政府高官来说,休假便没那么"无拘无束"了。因为,根据俄罗斯前总统梅德韦杰夫2009年2月签署的命令,俄罗斯政府各部部长及俄罗斯总统办公厅负责人在出国休假时,应以书面形式向总统汇报自己的休假地及休假天数。消息人士称,俄罗斯总统出台这一政策主要是因为俄罗斯高官在境内的某些超豪华休假已对国家形象产生了负面影响,更何况在现今金融危机的情况下,更会引起俄罗斯民众的不满。

(资料来源:http://news.sina.com.cn/c/2009-08615/022216125726s.shtml,2021.8.9)

2. 国外奖励旅游的发展

自奖励旅游活动诞生以后很快就显示了旺盛的生命力,发展的过程中虽然受到了第二次世界大战及经济衰退的影响,但最终还是普及到了世界各地。纵观以北美和欧洲为代表的国外奖励旅游的发展历程,大致可以划分为三个阶段:

(1) 萌芽阶段(20世纪20年代至50年代中期)。

在北美,奖励旅游诞生后的很长时期内,其范围仍然主要是销售业,绝大多数奖励旅游由企业自己组织、实施,团队规模不大,受交通工具的限制,短程奖励旅游盛行。20世纪20年代末期,体型较大较为安全的客机开始投入使用,航空旅行的吸引力越来越大,到1939年,欧美各主要城市间已经有了定期客运航班。航空交通的发展带动了远程奖励旅游的发展,美国公司开始将奖励旅游目的地瞄准欧洲,并将奖励旅游作为激励员工方式的观念初步输出到了欧洲,英国、德国、意大利和法国成为欧洲接受奖励旅游观念最快的国家。与此同时,人们逐渐认识到奖励旅游不仅是有效地促进销售的手段,还有增强士气、鼓舞干劲、提高雇员生产效率和工作效益、争取特殊的经营对象等作用。与传统的现金奖励和物质奖励相比较,奖励旅游有自身独特的优势,奖励旅游在企业管理方面的突出作用初步显现,于是许多非销售部门也开始实施奖励旅游计划。

(2) 发展阶段(20世纪50年代中期至90年代初期)。

到了20世纪50年中期,喷气式飞机开始用于民航,这些飞机不仅更安全、更舒服,而且速度更快,票价也更便宜。飞机速度的提高使得旅行的时间得以进一步缩短,机票价格的降低也使旅行的成本大大降低,从而使航空旅行不断普及。随着航空业的大发展,越来越多的公司加入了实施奖励旅游的行列,美国的奖励旅游兴盛了起来,奖励旅游尤其是远距离的长途奖励旅游增长速度加快,此时欧洲成为美国奖励旅游最主要的海外目的地。美国出境奖励旅游的大发展,一方面在输出奖励旅游观念的同时,也带来了欧洲奖励旅游市场的繁荣,英国、德国、意大利和法国很快就成为欧洲推行奖励旅游最主要的国家。奖励旅游目的地开始扩散,由欧洲、北美扩散到了大洋洲和亚太部分国家和地区,并逐渐和会议展览结合在一起。

这一时期,人们对奖励旅游的认识在进一步深化,但不同的国家对奖励旅游的理解也出现了一定的差异。在美国,组织者一直试图通过奖励旅游建立竞争性的氛围,因此非常强调预先设定目标，强调对奖励旅游参与者的资格进行审核。因此在奖励旅游活动设置方面，美国的奖励旅游特别强调"非比寻常"，强调豪华甚至是"奢华的旅游"，住宿设施一定要五星级，旅游目的地通常是文化和历史名城、中心城市。但是在欧洲，奖励旅游虽然还保持着对员工业绩进行激励的初衷，但正如奖励旅游经理人协会一次名为"认识奖励旅游：不列颠和爱尔兰"的研究所显示的，许多公司使用这种激励性的奖励旅游活动是为了建立雇员的团队精神或者是为了对雇员进行培训，希望在旅游的过程中让同事间的感情变得更加融洽。为此，欧洲的公司并不想将奖励旅游办成奢华的活动，这些公司非常强调旅行中的活动组合，而并不是过多考虑入住酒店的档次（一般是三星级、四星级酒店），目的地通常是和公司有业务联系和有业务兴趣的地区。然而在亚洲的新加坡，大多数公司使用奖励旅游的目的是表示感谢或激励士气，在实施奖励旅游前甚至有89%的企业没有预先为奖励旅游的参与者设立目标。

为了适应奖励旅游的迅猛发展，国外专业的奖励旅游机构纷纷建立。这些机构不仅包括具有政府职能的奖励旅游局，同时还包括企业性质的专业机构。它们负责奖励旅游的各种细节问题，它们与航空公司和饭店商议，然后协调交通、住宿、饮食、游览、娱乐和会议等活动，还负责准备促销宣传品，甚至可以参与制定奖励旅游的目标等内容。

在国际上，从事奖励旅游业务的机构基本分为三类，即全方位服务奖励旅游公司、完成型奖励旅游公司和奖励旅游部。

（3）成熟阶段（20世纪90年代初期至今）。

进入20世纪90年代初期以来，人们对奖励旅游的认识更加全面、深刻，奖励旅游的内涵变得越来越丰富，奖励旅游作为一种有效的企业管理手段被纳入企业的管理系统。此时，西方国家采用奖励旅游对相关人员进行激励的方式在所有的奖励方式之中占据了非常重要的地位，欧洲的奖励旅游市场每年以3%~4%的速度增长，与世界旅游市场的发展几乎同步。奖励旅游的应用范围也更加宽广，根据美国奖励旅游管理人员协会基金会的调查，在北美和欧洲有61%的公司使用奖励旅游计划改善服务质量，有50%的公司使用奖励旅游计划激励公司雇员，有72%的公司将奖励旅游的目标瞄准了办公室雇员。

奖励旅游在延续美国奖励旅游方式的同时，出现了多样化的趋势，探险奖励旅游等新的奖励旅游方式纷纷出现；奖励旅游的参与人员也不再局限于对企业直接做出贡献的工作人员，家庭奖励旅游逐渐被纳入了企业管理人员的视野。展览会在奖励旅游市场宣传与拓展中发挥着重要作用。1999年"欧洲会议奖励旅游展"邀请买家3 250个，买家团预约洽谈次数多达1 400次；参展单位2 500家，覆盖112个国家和地区；业内参观者5 250人。1999年芝加哥会议奖励旅游展展场面积350 000平方米，吸引了2 500多个参展商，参观人数超过4万人次。必须说明的是，在欧洲、北美奖励旅游获得大发展的同时，澳大利亚、加拿大及亚洲部分国家和地区的奖励旅游也在蓬勃发展。因为发展时期相对较晚，这些国家充分接受了北美和欧洲的奖励旅游观念，许多国家和地区没有经历奖励旅游的萌芽阶段（或者萌芽时期非常短暂）而直接进入了奖励旅游的发展阶段，并且形成了具有地方特色的奖励旅游理念，甚至发挥了后发制人的威力，很快就进入了奖励旅游的成熟期，如加拿大和新加坡等国家和地区。

6.2.2 国内奖励旅游发展历程

1. 国内奖励旅游的萌芽

一般来说,自改革开放后随着大批外资企业的涌入,作为先进管理手段的奖励旅游随之进入我国。确切地说,中国的奖励旅游始于20世纪五六十年代,在政府及国有大中型企业兴办的疗养院中所进行的休假疗养活动已经具备了奖励旅游的基本特征。

这些疗养院大多始建于20世纪50年代,20世纪六七十年代成长缓慢,在20世纪80年代又得到了一定的发展。它们多建在风光旖旎、环境幽雅的旅游风景区,或依山傍水,或在森林中、温泉旁。来休假疗养的人绝大多数都是政府机关与国有大中型企业经过层层选拔的劳动模范和先进工作者,费用由政府和企业承担,而目的基本上是出于对优秀人员的表彰和激励,这些特征和奖励旅游非常相似,如表6-2所示。

表6-2 奖励旅游和疗养的类似性

项　　目	奖励旅游	疗　　养
组织者	企业或专业奖励旅游机构	企业或国家
目的	激励	表彰、激励
参与人员	为企业发展做出贡献的优秀人员	劳动模范或先进工作者
目的地	旅游胜地	风景名胜区
费用	免费	免费

2. 国内奖励旅游的发展

20世纪50年代初期,亚洲经济的迅速发展受到了世界普遍的关注,越来越多的公司到亚洲寻求发展甚至将总部迁移到亚洲,奖励旅游作为一种有效的管理手段随之在亚洲传播开来。与此同时,亚洲旅游资源丰富、旅游业发展日益成熟,一些奖励旅游策划者开始选择亚洲作为奖励旅游目的地。1993年,亚洲一些旅游业发达的地区,如曼谷、中国香港、新加坡等地已经接待了为数可观的奖励旅游团,据估计约占其接待总量的10%。然而亚洲日益发达的经济,尤其是亚洲的新加坡、日本和韩国等国家和地区的企业开始自己组织洲内的奖励旅游,更是推动了亚洲奖励旅游的发展。但短途奖励旅游仍然是亚洲奖励旅游的主流。

在这样的区域环境背景下,自改革开放以后特别是20世纪80年代末期90年代初期,外资企业大量涌入中国,欧美盛行的奖励旅游观念随之在中国传播。在中国范围内,外资企业和大多数三资企业秉承国际传统,奖励旅游作为其内在的管理手段得到了继承,如美国友邦保险有限公司、安利公司、惠普公司、欧司朗公司、IBM公司、三星电子有限公司、微软公司等。民营企业和股份制企业机制灵活,奖励旅游发展也比较迅速。有数据显示,预定奖励旅游团最多的还是外资企业,占到60%,民营企业和股份制企业大约占到35%,而国有企业仅有5%的比例。

因为奖励旅游具有团队人数规模较大,组团时间多在淡季,消费支出较高,利润可观(一般认为,接待奖励旅游团所获收益是接待普通旅游团队的2~3倍,甚至高达5~10倍)的特征,所以我国越来越多的旅游企业投入到了奖励旅游事业中。目前,国旅(中国

6 奖励旅游

国际旅行社)、中旅(中国旅行社)、青旅(中国青年旅行社)、广之旅(广之旅国际旅行社股份有限公司)、神舟国旅(北京神舟国际旅行社集团有限公司)、新之旅(广东新之旅国际旅行社有限公司)等多家旅行社都积极地参与到了奖励旅游的市场开发中,并且取得了不小的成绩。中旅总社出境部资料显示,奖励旅游的组团量已经从原来占组团总量的6%上升到了10%;而国旅假期组织奖励旅游的最高组团数,曾达到该社组团总数的40%以上。

2012年,享有"世界会奖旅游业的奥运会"美誉的国际奖励旅游管理者协会(Society of Incentive and Travel Executive,简称Site)全球年会在北京召开,这是国际奖励旅游管理者协会首次在中国召开全球年会。2019年中国(上海)国际会奖旅游博览会暨中国国际商旅大会在中国上海跨国采购会展中心举行,是该国际会奖活动的第13届,旨在"让中国走向世界,让世界了解中国"。

6.3 奖励旅游的设计与策划

奖励旅游并非一般的员工旅游,而是企业主提供一定的经费,委托专业旅游业者精心设计的"非比寻常"的旅游活动。旅游这一形式作为对员工的奖励,会进一步调动员工的积极性,增强企业的凝聚力。

6.3.1 奖励旅游操作机构的类型

1. 全面服务型奖励旅游公司

全面服务型奖励旅游公司在奖励旅游活动的各个阶段向客户提供全方位的服务和帮助,从项目策划到具体实施,从绩效标准的制定、开展公司内部的沟通到鼓舞士气的销售动员会,直至整个奖励旅游活动的组织和指导。这类公司的报酬是按专业服务费再加上交通、旅馆等旅游服务销售的通常佣金来收取的。

2. 完成型奖励旅游公司

完成型奖励旅游公司通常规模较小,主要是完成公司客户自己设计好的奖励旅游项目,业务专门集中于整个奖励旅游活动的旅游部分的安排和销售上,而不提供需要付费的策划服务。它们的收益来自通常的旅游佣金。

3. 设有奖励旅游部的旅行社和航空公司

目前,许多旅行社都设有经营奖励旅游的专门业务部门。大多数旅行社的奖励旅游部主要负责旅游计划的实施,但有些也能为客户提供奖励旅游活动策划部分的专业性服务。

由于越来越多的企业将旅游作为一种激励工具,因而许多航空公司也把奖励旅游作为一项重要业务,并设立专门的奖励旅游部门。

6.3.2 奖励旅游设计的注意事项

1. 个性化定制

奖励旅游必须要做到量身定做、个性鲜明,即个性化定制(Customized)。这样,一方面可以体现出奖励旅游的高档次，让激励的效果更为显著；另一方面，这也是保证旅游体验产品魅力的关键所在。无论是活动的场地选择，活动文化内涵的新旧、中西交融，还是其创意化、多样化的艺术表现形式；无论是现场气氛的营造，还是餐饮、住宿、交通服务的安排，每一个细小的环节都要精心打造，以便给所有参与者留下深刻难忘的总体印象。

策划者要制定出一份合格的方案，就需要在专业性上下功夫，全面、广泛、深刻地了解所服务企业的资料，了解该企业的行业内容和特色。除此之外，还要了解所操作活动的目的、要传达的思想等。这些也是做策划方案的前期准备工作，只有把这些准备工作做得扎实、透彻、充足，才能制定出专属的方案，而这种专属的方案会让客户看到方案的创意和与众不同。

个性化定制，也意味着作为创造性旅游活动的奖励旅游，其产品往往是一次性的，不能雷同，不能重复使用。

2. 寻找创新性和可行性的完美平衡

策划方案的灵魂和生命是创意，这就要求策划者要有充满创造性的想象力。但在活动方案的创意中，不能只强调创意的绝妙多彩，还要注重方案的可行性。奖励旅游方案的创意虽然可以天马行空般地去想象，但是对于每一个活动，最重要的是把每一个精彩的创意落到实处。一个再完美的点子如果无法实际操作，那么就不算是一个好点子。只有从实际出发，在可执行的范围内，所给出的创意才能算是真正的好创意。

创意来源于生活。这就需要策划者有一根敏感的神经，关注、了解身边发生的事情和社会上的热点，而一个好的策划者必须是杂家，面对各种不同行业的企业，对各种新鲜事物都要有所调查了解。

3. 让细节体现策划者的创意和专业

一份策划方案有了针对性和独创性不一定就会成功，细节也是决定成败的关键因素。细节的体现可以是多方面的：可以是一种服务到心的接待方式；可以是与众不同的签到形式；也可以是特别安排的个性礼遇等。细节体现的是独具匠心，更是专业与完美。策划者更需要对细节的敏感，而创意也是从细节中体现出来的，需要策划者不断思考，从生活中思考，从他人的活动中思考，从书本上思考。生活中不经意的积累是策划者创意的源泉。

4. 企业的全力配合

奖励旅游方案的成功实施，还需要企业的全力配合，尤其是管理者的配合。奖励旅游策划者需要企业将奖励旅游的相关情况清楚地转达给雇员。一是在推行制度之前，必须把奖励目标清楚地传达给雇员；二是甄选的过程必须保证透明度；三是在某些情况下，如无法如期推行奖励计划，公司有必要给雇员一个完善的交代；四是听取雇员的意见，如奖励旅游的策划小组可以包括各阶层员工，让大家一起进行筹备工作；五是建立团队精神，各项目必须由管理层和员工一同参与，不分彼此；六是在选择旅游目的地的时候，也应该注意当地是否有完善的基础设施、良好的治安、清洁的环境和高品质的服务。

6 奖励旅游

相关链接

6-6拓展视频

打破瓶颈，促进中国奖励旅游发展

国内日益增长的奖励旅游客源足以证明，中国的奖励旅游市场潜力是巨大的。然而，要想真正启动这块市场，还面临着许多困难，需要我们做出进一步的努力。

1. 提高企业对奖励旅游的认识

奖励旅游在部分企业作为新生事物，常常与现金、物质等奖励方式相提并论，事实上奖励旅游作用要比其他奖励大的多。

奖励旅游是建立在对员工充分尊重基础之上的，它不仅可以实现多种目的，如：提高总销售量、增加市场占有率、增强士气、提高员工生产效率和工作效益、改进出勤率、支持淡季销售，同时还具有多种"附加值"，如：塑造企业文化、树立企业形象、增强企业凝聚力和向心力等作用。这些内容是单纯的现金奖励和物质奖励难以达到的。

2. 倡导正确的舆论宣传，减少负面影响

近几年，奖励旅游的发展受到媒体的关注，可以说其中不乏真知灼见，但也经常出现错误的舆论导向，如常常将奖励旅游报道成福利旅游、把一般的团队旅游当作奖励旅游、将奖励旅游"贵族化"的观念更被广泛传播，而且在涉及相关数据报道的时候夸大或缩小的情况经常发生。在奖励旅游观念远没有普及的中国，这种舆论的负面影响是显而易见的。媒体作为大众传播工具，相关报道应该更加严谨，真正起到推广奖励旅游理念的作用。

对公费旅游进行界定，使奖励旅游透明化、公开化中国国有企业在实施奖励旅游的过程中，最大的一个问题就是奖励旅游有公费旅游之嫌，因为国家对公费旅游明令禁止，为此众多国有企业管理层对奖励旅游讳莫如深。事实上，奖励旅游并不等于传统意义上的公费旅游，奖励旅游作为一种现代较为先进的、颇具人性化的管理手段，更不应该被国有企业排斥在外。

3. 建立奖励旅游经营准入制度

奖励旅游与一般形式的旅游有很大的区别，目的具有多样性，行程与活动安排独一无二、非比寻常，参与对象往往比较优秀，所需服务质量比较高，这就对从事奖励旅游经营的旅游企业提出了相当高的要求。这种要求主要体现在旅游企业的综合实力方面，包括专业的经营管理人员，包括该企业与航空公司、饭店等旅游供应商的业务关系，包括相关的活动策划、运作经验、会议场所租赁、专业设施的操作与管理、高超的应变能力等等。

4. 成立专业的奖励旅游机构

由于运作的复杂性，奖励旅游往往需要专业机构来操作。在国外如澳大利亚有专门的部门管理会奖旅游，同时各州市还另设会奖旅游局，这些会奖旅游局在职能上是与州市旅游局平行的。

5. 加强奖励旅游的市场营销

国际奖励旅游市场开拓仅仅依靠旅游业界的努力是远远不够的，同时奖励旅游的级别往往比较高，政府的支持将大大加重奖励旅游招揽的砝码，这已经在加拿大、澳大利亚等国家得到了很好的验证。

6. 塑造奖励旅游目的地形象

从奖励旅游的需求方式来看，奖励旅游策划者与参与者在选择奖励旅游目的地的时候，除了考虑距离、时间、交通方式、气候、娱乐设施、旅游吸引力、旅行成本等因素外，还越来越重视旅游目的地的形象。如提到海滨沙滩就会想地中海、夏威夷，提到人类奇迹则会想到金字塔和长城等。

（资料来源：http://www.micecn.com/articles/show/4462，2019.4）

6.3.3 奖励旅游产品的特点

1. 内在性

如果说有形产品的主要体现是外在的，那么奖励旅游产品的体验就是内在的，其存在于个人心中，是个人在形体、情绪、知识上参与的所得。没有两个人的体验是完全一样的，因为体验是来自个人心境与事件的互动，因此旅游者不再是被动的"消费者"，而是"产品"——体验的生产者之一。同样，旅游企业不再只是"生产者"，同时也是帮助顾客产生"难忘经历"和"特殊体验"的引导者。

2. 唯一性

在当今旅游体验经济中，旅游消费是一个"情境互动"的生产过程，当这过程结束的时候，体验产品——"记忆"将长久地保存对这一过程的印象。因为这样的体验产品是不可复制、不可转移的，对每一个记忆的生产者来说，这个体验都是唯一的。

3. 特殊性

不同于大众旅游产品，奖励旅游产品是建立在"一对一"营销的理论基础之上的。为了体现其作为"管理工具"的本质，设计奖励旅游产品时，所有活动集中指向的目标是产品购买者（企业）的企业文化和企业管理理念，以此来提高奖励旅游与企业的关联程度。因为每一个企业就像一个国家或个人，有其独特的文化和性格，而每一个产品消费者（企业员工、经销商、企业品牌忠实消费者和相关客户）对奖励旅游也有着不同的期望，即便是同一个企业、同一批旅游者，在不同时期的要求也不是完全一致的。因此，好的奖励旅游产品往往是一次性的创意品，而不是多次回收利用的成品。这个"特殊性"体现了体验经济"唯一性"的特点。

6-7 拓展视频

4. 难忘性

为了达到寓教于游和激励的功效，奖励旅游的目的地往往是一些普通人难以到达或意想不到的地方，活动的安排也是与众不同的，除常规的豪华行程外，还会安排与公司上层的恳谈会、领奖典礼、主题晚宴、赠送礼物等各式活动，每一项活动都被赋予了企业的精神和理念。由于这种"内在"的体验经历，使奖励旅游的内在激励对参与者来说，比获得金钱和物质奖品更具荣誉感和公认性。对这样一种殊荣的难忘，让每位参与者在参加后都想再次参加，并增加未受奖励员工对参与这种体验活动的渴望，从而使员工都更加热爱自己的公司，越发努力地工作。对企业来说，一旦奖励旅游达到他们预期的核心效用，企业自然就会成为奖励旅游公司的"常客"和"长客"，从而也会为旅游企业带来长期稳定的收益。

5. 参与性

因为体验产品特殊的生产过程和生产角色转换的特点，为了更好地为企业和参与者创造价值，奖励旅游与一般旅游产品的不同之处就在于更加强调将企业和消费者的参与融入整体的规划和设计中。因为企业关注的是奖励旅游产品能否帮助自己达到弘扬企业文化的作用，活动主体的设计和安排是否与企业精神相关联，因此企业往往愿意主动参与奖励旅游的方案设计、评估和总体预算的审核，并配合对行政工作的安排以保证奖励旅游的顺利实施。然而，活动参与者则更愿意参与旅游目的地的选择和活动的安排，使活动与他们的情感和自我实现的需求产生共鸣，从而加深他们的体验记忆。奖励旅游公司则负责奖励旅游策划、奖励旅游项目的安排、与其他供应商的协调、内容的实施及相关服务的提供，并在企业和消费者之间起着协调和引导的作用。

6. 经济性

体验经济，是人们第一次用金钱来衡量除物质以外，诸如心情、感觉、价值感等摸不着的内心事物，其附加的"价值"体现在体验产品的高价格上，和人们心甘情愿为这种"价值"付费的消费行为之上，而不是像传统意义上把体验打包到服务和商品之中。

6.3.4 奖励旅游的策划流程

1. 了解奖励旅游市场需求，开展市场营销

奖励旅游是会展业的一个细分市场，了解这一市场的构成和需求，对于奖励旅游公司有针对性地推出受市场欢迎的产品至关重要。面对不断发展壮大的奖励旅游市场，任何一个奖励旅游公司都不可能面对所有的市场，所以必须要根据自身的特点和优势，在科学的市场细分基础上，选择一个或几个作为自己的奖励旅游细分市场。奖励旅游市场的构成和需求情况因地而异，奖励旅游公司需要仔细地对不同地区的客源市场进行调查研究和分析，以便有效地开展市场营销工作。

在开发奖励旅游产品之前，奖励旅游策划者几乎无一例外地要亲自到目的地访问，察看当地的酒店、景区、餐厅和接待人员。策划者不仅要求事事达到标准，还要求所有的细节都得到足够重视。他们本人或代表会亲自去旅游一次，作为最终的保证。

2. 确定实现奖励旅游的工作目标

对奖励旅游活动的完整策划，第一步便是帮助开展奖励旅游的企业制定实现奖励旅游的工作目标。要根据客户提出的要求和其实际的经营情况来拟定一个合适的目标，这一目标将是今后选择奖励旅游参加对象的基础，而且需要奖励旅游对象为之努力奋斗。目标的制订应该既富有挑战性，又具有可行性，能让奖励旅游对象达到或超过。同时，奖励旅游举办者要有清晰的财务预算，所以需要将目标量化。此外，目标还要明确达到的时间限制，这一期限不宜过长，绝大多数为3～6个月，几乎没有长达1年以上的。需要指出的是，对于奖励旅游者而言，奖励旅游活动的持续期限不是指旅游的开始到结束，而是从奖励旅游计划宣布就开始了，包括他们为争取参加奖励旅游所需要的达标时间。所以，如果工作目标的时限太长，人们容易遗忘、失去兴趣，或者变得心烦意乱，从而降低奖励旅游的效用。

3. 制定绩效标准

绩效标准是用来确定奖励旅游对象是否具备参加奖励旅游活动资格的指标，是根据企业目标的预定完成情况和奖励旅游对象为实现这一目标应做的贡献来拟定的，在企业中最常见的是制定生产和销售定额。在制定绩效标准时，应注意标准不宜过高，并保证公平性，尽量使奖励旅游的激励面和受益面更宽更广。

4. 进行内部沟通与宣传

专业性的内部沟通与宣传对于奖励旅游活动的成功实施十分必要。如果客户的奖励旅游对象中无人意识到这个奖励旅游活动的存在或者无人为之欢欣鼓舞，那么提供这样的奖励旅游项目就是毫无价值的。因此，应该选择恰当的时机，以隆重的形式，如召开动员大会宣布奖励旅游计划，并鼓励企业全体成员积极投入到争取奖励旅游资格的活动中。奖励旅游策划者还要与奖励旅游对象保持经常性的沟通，随时把奖励旅游计划的最新进展告诉他们，并与其进行充分、热烈的商讨，从而赢得他们的热情支持与配合。

5. 制定工作进度时间表

奖励旅游的方案和日程设计必须周密，应制订一个明确的准备工作进度表。奖励旅游活动的旅游时间安排不应使客户的正常经营活动感到过分的紧张。另外，时间的选择既要利用淡季价格，又要顾及奖励旅游参加者的愿望。当然，这样的要求有时会有冲突，所以奖励旅游公司必须有足够的灵活性并善于做出妥协。

时间表上必须要预留充足的准备时间，团队越大，所需的准备时间就越长。例如，希望订包机就要考虑航空公司调配额外班次的时间，在旅游目的地机场已达饱和的市场上，谈判包机至少需要1年时间。以下是成功举办一次奖励旅游活动所需的最低限度的时间：① 小型专项研讨会为几个月；② 中型新产品发布会为半年；③ 大型培训班为1年；④ 国际协会举办的大型会议为2~3年。

6. 严格选择旅游目的地

奖励旅游对目的地的选择总体要求很高，在目的地选择时所考虑的重要因素与会议、展览目的地有所不同。奖励旅游目的地不仅要具有方便的交通条件和高档次的旅游接待设施，而且还要有上乘的服务水准和优美的自然环境，尤其是必须拥有特色鲜明的旅游资源或旅游吸引物。奖励旅游目的地通常要求有广泛的吸引力和某种自我促销性，也就是通常不需要促销，就能受到大众的欢迎，如夏威夷、维也纳、东京、伦敦、巴黎等这样的知名城市。

不同的奖励旅游策划者在选择目的地时考虑的主要因素有所差别。比较而言，美国奖励旅游策划者不太关心成本，但重视地理方面的因素，如气候、娱乐设施、自然及文化景观，如表6-3所示。

表6-3 美国奖励旅游策划者选择目的地及占比

重要的考虑因素	占策划者百分比
娱乐设施，如高尔夫、游泳池、网球场等	72%
气候	67%
观光游览文化和其他娱乐消遣景点	62%
位置的魅力和大众形象	60%
适合举行会议的饭店或其他设施	49%
交通费用	47%

6 奖励旅游

续表

重要的考虑因素	占策划者百分比
往返目的地交通难易程度	44％
奖励旅游者到目的地的距离	22％

然而，欧洲奖励旅游市场通常是选择与企业有业务联系或有业务兴趣的地区，并会安排半天到工厂或办公室参观访问，经常组织奖励旅游的34％的欧洲企业认为，预算和成本是影响选择奖励旅游目的地的首要因素，异国情调是次要影响因素，接下来是体育与娱乐设施、气候和交通的可进入性。在亚洲奖励旅游市场考虑的因素中，总成本通常是第一位的，交通便利性、交通费用、文化观光及其他活动、目的地形象等因素紧随其后。

7. 提出奖励旅游活动方案

活动方案和日程的设计应该考虑以下因素：
（1）客户开展奖励旅游活动的目的。
（2）客户的特性和背景，特别是企业文化特征。
（3）客户和奖励旅游参加者对活动行程及内容的特殊要求。
（4）依据绩效标准确定的每次奖励旅游活动的团队人数。
（5）客户的奖励旅游预算。
（6）突发事件处理方案。

8. 审核与批准奖励旅游方案和日程

通过与客户的反复讨论和协商，完成奖励旅游方案的预算审核和可行性论证，最终达成共识，奖励旅游活动方案和日程安排均要获得客户的批准。奖励旅游公司和客户双方还应根据实际情况的变化，及时对原方案进行调整。

9. 实施奖励旅游活动计划方案

奖励旅游执行阶段的成功关键取决于周密、细致的旅游接待服务工作，做好各方面协调也很重要。奖励旅游公司在整个旅游活动期间，应派专业代理人员随团工作，负责指导当地接待企业做好服务，并充当接待企业与奖励旅游团的联络人。

10. 提供完善的奖励旅游后续服务

奖励旅游公司在奖励旅游活动结束后，要进一步做好后续服务工作，如回收企业物品、运送礼品、按客户要求提交评估报告等，并及时收集客户和奖励旅游者的反馈信息，改进产品和服务质量，争取下一次合作机会。

6.4 我国奖励旅游发展的不足及对策

进入21世纪后，奖励旅游又有了新的发展趋势，世界各国都迎来了发展奖励旅游的大好时机。在我国，奖励旅游正处在起步时期，但是发展迅速。面对全新而广阔的市场机遇，我们必须采取有效的措施，尽快使我国在竞争激烈的国际奖励旅游市场上占据应有的地位。

6.4.1 我国奖励旅游市场开发存在的不足

1. 缺乏专业的操作机构

旅游市场的规范发展是我国旅游业面临的重大问题,而旅行社的水平化分工是问题的根源。由于是水平化分工,没有职能分工,面对奖励旅游高额利润的诱惑,各旅行社不管自身实力如何,纷纷参与奖励旅游的市场开发,失去约束的奖励旅游市场因此而混乱。

2. 购买者缺乏对奖励旅游足够的了解,思想观念淡薄

由于我国奖励旅游发展时间短,经济体制尚处在转型时期,观念上存在若干误区,把奖励旅游等同于公费旅游或等同于一般旅游、吃喝玩乐等。

3. 奖励旅游人才相对缺乏

经营奖励旅游比常规旅游要复杂得多,这对从业人员提出了高要求:具备专业知识、富有创造力、愿意面对变革、擅长控制成本等。这需要专门的奖励旅游人才梯队的操作才能实现。目前,我国相关的奖励旅游专业人才相当缺乏。

4. 奖励旅游层次低

由于我国奖励旅游刚刚起步,奖励旅游的提供者和组织者出于对成本的关注,因此国内奖励旅游主要以短途为主,旅游目的地多数分布在公司所在地区或周围地区。从时间角度来看,奖励旅游一般在3天以内。从奖励旅游的内容来看,观光性质的奖励旅游占绝对优势。从团队规模来看,国内奖励旅游团平均约110人,远少于国外奖励旅游团的人数。另外,国内奖励旅游消费层次也比国外低。

5. 奖励旅游发展不均衡

奖励旅游团队主要来自外资企业,占到总数的60%以上,民营企业和股份制企业大约占到35%,而国有企业仅仅占到总数的5%。这反映了我国的国有企业在人力资源管理方面的创新能力不足。奖励旅游的客源地主要是经济发达地区,尤其是外资企业、民营企业密集的长三角地区、珠三角地区和环渤海地区,中部地区和西部地区奖励旅游的发展则要缓慢得多。旅游目的地多集中在风景名胜区和旅游城市内。

6. 奖励旅游市场混乱

奖励旅游登陆中国以后,因其高消费、高利润而受到旅行社的普遍关注,诸多旅行社一哄而上经营奖励旅游,而没有仔细考虑奖励旅游的高层次、高要求的特点。事实上,中国绝大多数旅行社尤其是中小旅行社目前根本不具备这种经营能力,奖励旅游被办成一般旅游,只不过是在其他旅游产品上加些小佐料,比普通的旅游多一些内容而已,奖励旅游出现大众化倾向,造成市场混乱。

7. 税收政策的负面影响

财政部、国家税务总局《关于企业以免费旅游方式提供对营销人员个人奖励有关个人

所得税政策的通知》（财税〔2004〕11号）明确规定企业以免费旅游等方式对员工进行奖励的，所发生的费用全额计入营销人员应税所得，依法征收个人所得税。该通知对于我国奖励旅游事业造成了巨大的负面影响，部分企业因此削减开支，压缩奖励旅游时间，改变旅游计划，甚至将奖励旅游改成了现金奖励和物质奖励。这在一定程度上阻碍了奖励旅游在我国的普及和推广。

6.4.2 我国奖励旅游市场的发展对策

1. 加快奖励旅游市场的培育

由于奖励旅游在我国的发展时间较短，目前国内的企业普遍缺乏对奖励旅游重要性的认识。有些企业认为奖励旅游仅是企业给予员工、客户的一种福利，意识不到奖励旅游能增强员工、客户对企业的忠诚度和企业的凝聚力、向心力。一些企业和个人认为奖励旅游就是一种公费旅游，而没有看到奖励旅游的资金来源就是受奖者在实现企业的经营目标中创造出来的利润，同时也是受奖者的努力才争取到的。还有，目前国内一些企业在资金投放、产品组织策划的层面上，往往只是单纯地组织员工、客户参加普通的旅行社，游玩的档次较低，而且还只是一种"填鸭式"的游览，使得受奖者只是一味地观赏风景，而没有达到奖励旅游的真正目的。

所以，旅游部门、旅行社、旅游公司要加强对奖励旅游的宣传力度，在营销奖励旅游时必须让企业对奖励旅游的概念有一个完整的认识。奖励的本质一方面是对个人的奖励，更重要的是对企业本身的奖励，是企业的一种现代化管理手段。另外，在宣传时可考虑重点突破，兼顾未来的潜力市场策略。在中国，大型国有企业、民营企业，尤其是金融、保险、汽车、电器、机器制造业和其他高科技行业是奖励旅游的重要市场。除了商业企业外，一些政府机构、事业单位和社会组织也有不错的发展潜力。

2. 提高奖励旅游产品的质量

奖励旅游是高档次的旅游产品，没有高水准也就很难培育奖励旅游市场。

首先，奖励旅游产品要根据客户的需求量身定做，结合奖励旅游购买者和消费者的实际来确定。设计时要针对客户的企业文化、奖励旅游消费者的年龄、职业、性别、爱好等，来设计安排一些既能调动大家游兴，又能满足消费者需求的旅游活动项目，绝不能模式化。

其次，旅游产品的设计生产要合理分工。购买者从宏观上对奖励旅游的方案进行评估与分析，对奖励旅游的总体预算进行审核，并预先对工作进行安排以保证奖励旅游按计划顺利实施；消费者影响着旅游目的地的选择、旅游项目的安排；奖励旅游公司负责奖励旅游策划、奖励旅游项目的安排、内容的实施及相关服务的提供，并在奖励旅游购买者和消费者之间起着协调作用。奖励旅游策划者还要充分做好与相关部门的协调工作，吃、住、行、游、购、娱任何环节都不能出差错。

最后，做好奖励旅游的售后服务工作。我国旅游行业普遍缺乏对旅游过程结束后的延伸服务，意识不到这也是旅游产品的组成部分之一。美国《旅游代理人》杂志曾对一些常客不再光顾原旅行社的原因做过系统调查。调查结果显示有68%是由于旅行社缺乏售后服务和不积极争取回头客造成的。正因如此，西方国家的旅行社都极为重视售后服务，并采取了多种多样的售后服务形式以争取每一位顾客再次光顾。例如，在客人返回后的第二天就向客人打问候电话,在网上对客人致以问候,给客人寄送意见征询单、明信片,举行游客招待会等。

3. 努力培育国际市场

6-9拓展视频

目前,全球奖励旅游业务主要来自北美、欧洲和亚太地区的国际奖励旅游市场。许多跨国性的国际公司每年都要举行管理层和营销人员的大型年会、业绩总结会,并相应地为员工、经销商和客户组织奖励旅游活动,国际性的著名旅游胜地通常是奖励旅游举办地的理想选择。我国拥有丰富的自然和人文资源,日趋完善的现代化设施和服务,完全具备成为奖励旅游大国的条件。

因此,一方面旅游管理部门应加大对国际市场的促销力度,为入境奖励旅游创造条件。政府可加大相关宣传费用的投入,也可牵头组织国内的旅游企业参加一些大型的旅游交易展览活动,帮助旅游企业与国际买家进行直接的、面对面的贸易洽谈和交流,或者是政府出面邀请一些著名的奖励旅游企业来国内进行考察。政府还可通过简化奖励旅游团的签证手续,对奖励旅游设施建设和产品开发给予资金支持,减免企业开展奖励旅游活动的税收,成立专门的奖励旅游管理和服务机构等,来提高我国奖励旅游企业在国际市场的竞争力。

另一方面,奖励旅游企业应积极参加国际性大型专业旅游展,争取现场能签到单。参加国际上的一些大型专业旅游展,不但是推广本国奖励旅游市场的一次大好时机,而且还能达到扩大本国旅游业影响力,提升知名度的目的。

欧洲会议与奖励旅游展是世界上最重要、专业水平高、交易实效最好的会议、奖励和公务旅游展之一。每年5月举办一次,且只对专业人士开放,采取买家卖家、展商预约的方式进行。1999年,欧洲会议与奖励旅游展邀请买家3 250个,买家团预约洽谈数多达1 400个,参展单位2 500家,覆盖112个国家和地区,业内参观者5 250人。

美国芝加哥会议与奖励旅游展也是世界上较为重要的会议与奖励旅游展,每年9月举办一次,展场面积为350 000平方米,1999年吸引2 500个参展商,参加人数超过4万人次。自20世纪90年代以来,我国国家旅游局已连续参加了上述两个展会,这在很大程度上推广了我国的奖励旅游市场。但我们还要从注重参展的持续性和提高参展质量方面多加考虑,结合国际专业旅游市场的动态、变化,相应地调整我们的市场战略。

4. 做好人员销售、广告、邀请实地考察工作

人员销售是指企业的推销人员直接帮助或劝说消费者或买方购买旅游产品的过程,它以买者和卖者的直接接触为特点,推销的针对性强,与奖励旅游以一对一营销观念为指导,定制化为手段的营销原则具有很强的内在切合性。个人销售在奖励旅游促销过程中所起的作用比平常的休闲旅游产品营销更为重要,电话销售和面对面的洽谈往往起着决定作用。

常规休闲旅游产品的广告主要刊登在各地主流报刊的旅游专栏,但由于奖励旅游的促销对象是企业,更易被企业决策者接触到的是各种行业期刊,因此选择行业期刊,刊登广告是奖励旅游的一个重要的促销武器。行业期刊包括奖励旅游行业的期刊和主要奖励旅游客户所在的行业的主流期刊。其中奖励旅游行业的期刊中比较著名的是2000年9月创刊发行的《亚太会议展览与奖励旅游》,该期刊锁定亚太地区刊登有关奖励旅游行业的最新

6 奖励旅游

动态、评论及来自公司购买者的观点，具体内容包括会议、展览、奖励旅游等方面。

有关奖励旅游产品的决策可能会涉及数百万的高额支出，因此购买者很少仅仅通过看宣传手册、录像资料和广告宣传就做出购买决定。实践证明，邀请奖励旅游的购买决策者前往旅游目的地亲身体验旅游产品的方式能有效推动购买者作出最后决定。同时，在考察行程中，旅行社可以与主办方一起就产品策划、奖励旅游主题的表现形式、住宿餐饮设施等进行细致地考察与磋商。实地考察在奖励旅游的促销中是至关重要的，而这一工具在传统休闲产品促销中则较少使用。

5. 加强对奖励旅游人才的培养

在我国，对奖励旅游出现了多种误解且经营混乱，其中一个重要原因是奖励旅游专业人才与专业机构的匮乏，所以培养引进专业人才与成立专业的奖励旅游机构是促进我国奖励旅游健康快速发展的一个关键因素。一是对国内的奖励旅游经办人员进行培养，提高其变革、创新、控制、组织、协调的能力；二是引进具有成熟管理经验和管理理念的国际奖励旅游专业人才，学习借鉴其先进经验，依靠其关系拓展国际奖励旅游市场；三是借鉴国外的经验，成立专门的部门管理奖励旅游，由专业的奖励旅游公司来经营。实际上，我国大型旅行社的奖励旅游部已初步具备了专业奖励旅游机构的功能。

 相关链接

用度假激励员工士气

夏天，是欧洲企业员工度假的黄金时节。虽然如此，欧洲各大企业却并未受到"度假潮"的影响。这些企业是怎样安排员工度假的呢？

1. 带优秀员工集体出游

约翰松户外用品公司是德国最大的户外用品生产商。8月初，该公司2005年上半年表现最佳的30位销售代表，在公司首席执行官卡斯廷·克尔的带领下，来到位于巴哈马的小岛享受荣誉假期。他们在那里冲浪、驾帆船、与首席执行官共进午餐等，还参加公司的策略讨论。很多员工为此兴奋无比。

像约翰松户外用品公司这样用度假代替实物的奖励方式，近年来为很多著名欧洲企业所接受。目前，欧洲企业员工度假的方式主要分为两种。一种是"硬性度假"。按照欧盟及各国的休假法，每个员工从上班的第一个月开始，就享有年休假，并在劳资合同中作了具体说明。按照工龄不同，每人每年的带薪假期为20～30天不等。此外，根据个人情况，员工还可享受婚假、产假等。雇主在休假期间有权要求雇主支付工资。此外，另一种"软性度假"，即公司对工作业绩出色的员工或团队进行度假奖励。例如，瑞典默本哈尔集团最有效的奖励方式之一就是，只要公司实现了某一时期的营业目标，就带全体员工外出郊游半天。

另外，虽然越来越多的企业开始利用度假方式奖励优秀员工，但企业对这种方式可能带来的问题也很关注。例如，德国的宝马公司一向强调打造"明星团队"，因此公司在通过度假激励员工时非常注重掌握度，避免因此制造"明星员工"，进而破坏团队精神。

2. 度假是手段，激励是目的

当然，员工度假的支出也很"贵"。欧洲爱恩思咨询公司的调查结果显示，欧洲企业仅支付员工度假费用，每人每年就是1 500欧元。对此，很多公司表示值得。希洛斯基维曾组织芬兰电信公司的高层管理人员前往芬兰北部一个结冰湖面上举行"头脑风暴"活动，在他看来，会议室不是一个有创造性地会见员工的场所，他说："在会议室，你不会听到有创意甚至可能有些疯狂的点子。而遥远的地方常常是灵感的发源地。让员工置身于不同的环境，往往能够激发出不同的思维方式。"

英国维珍集团的老板布兰森曾不惜花费200万英镑巨资,在澳大利亚买下一座岛屿,作为公司员工的度假胜地。他说,大多数管理者并未将员工的心情与公司的发展联系在一起。然而实践证明,快乐的员工才是富有创造性的员工。薪水高只是留住人才的一方面,更多的人看重的是家的感觉,免费的饮料、小小的按摩服务也许就能让员工们满心欢喜、精神百倍地投入工作。

全球知名音响设备零售商英国瑞奇音响的董事长朱利安也认为,员工度假物超所值。瑞奇音响的员工离职率与缺席率比业界平均值的一半还要低。朱利安表示,人是很脆弱的,不能把员工士气高涨视为理所当然,因为人和建筑物不一样,建筑物只要建好了,放50年都不会变,但是员工今天士气高昂,明天只要改变计划,他们的士气就可能会一落千丈。估算一下,该公司每年为员工度假支出500万英镑,而得到的回报却是一年约8 500万英镑的营业额,是度假支出的17倍,而且度假让员工变得更加忠诚。公司业务经理霍特认为,度假奖励对员工来说是巨大的荣誉,几乎成了他们成功的标志。享受假期时,员工往往会感觉"自己是最棒的"。

据分析,现代企业经营者讲究工作动机,他们坚信员工如果不快乐,就无法提供良好的服务。让员工休假,是要鼓励员工从中得到乐趣,同时可避免公司每年更换人员,或者能帮公司吸引更优秀的人才。当顾客享受到这些快乐员工的亲切服务后,公司业绩自然获得增长。

3. 制订假期应急计划

不过,由于大量正式职工外出度假,公司免不了会遇到"员工危机",特别是在度假旺季。德国宝马公司最近刚刚被评为"世界最佳创新管理公司",宝马主要从三方面解决员工度假问题:首先,从租赁公司聘请短期员工。据悉,仅德国就有人员租赁公司4 500多个,2004年营业额达60亿欧元。其次,招收学生工。长期以来,公司已形成了每逢冬夏假期定期招收学生工的传统,以此来填补一部分空缺。最后,靠团队内部互助解决。很多时候,员工度假时的"空缺",都由团队内同事加班来填补。为此,公司还给每个员工建立了"工作时间账户",最后可换算成员工度假时间。此外,他还指出,度假奖励应注重分析员工的需求。

(资料来源:http://blog.sina.com.cn/s/blog_d6caea430102ux0l.html,2021.9.10)

6.5 中外典型奖励旅游活动

在我国,由于经济的持续快速发展,近几年来奖励旅游也逐渐兴起,但总体上还处于发展的起步阶段。我国最先开展奖励旅游的企业多是外资公司和合资公司。在外资、合资公司的带动下,许多国有企业和规模较大的民营企业也开始接受奖励旅游这一有效的管理方式,从而促进了我国奖励旅游需求的形成和奖励旅游产品的开发,催生了我国的奖励旅游业。

6.5.1 安利万人团游中国台湾

6-10拓展视频

12 000多名安利中国大陆公司(以下简称安利公司)的营销人员自2009年3月14日开始,将分9次搭乘豪华邮轮赴中国台湾观光,每次约1 600人,这次的奖励旅游给台湾带来了新的经济腾飞。本次安利万人团游中国台湾主要突出台湾地区的人文和风土特色,6天5夜的旅程将游览台北101大楼及周边的商圈、台北"故宫博物院"、花莲的太鲁阁、日月潭等。安利公司本次预算近2亿元人民币,预计上岸后的交通、餐饮、景点等费用将超过5亿元新台币,观光团成员个人购物还可能创造1亿元新台币的商机。而且此次的赴台奖励旅游得到了相关部门的大力支持,因为这将给台湾地区的经济、旅游业等发展带来新的跨越。

"安利心印宝岛万人行"首发团1 600人,乘坐"海洋神话号"豪华邮轮抵达台湾基隆港,这是自2008年7月大陆居民赴台旅游实施以来规模最大、人数最多的旅游团,也是两岸通邮、通航、通商基本实现以来第一个邮轮直航团。基隆港派出前导船喷洒3支水柱,以最高规格礼仪欢迎远道而来的嘉宾。并在码头上举行了盛大欢迎仪式,祥龙瑞狮和极富台湾民间特色的"八家将"齐舞,鼓乐齐鸣,岸上的欢迎民众和船上的游客相互招手欢呼,"欢迎你"的呼声此起彼伏。基隆市市长张通荣及台湾的旅游、交通等部门的官员参加了欢迎仪式。台湾对此次大陆同胞的光临无比激动,并准备得十分充分来迎接他们。

这次赴台旅游的优点及商机是显而易见的。花费了6亿多元的奖励旅游,结束后给台湾的直接收入就是十几亿元,当然,在未来的经济收益上也是不可估量的。主要表现在以下几个方面:

(1)安利员工虽然住在豪华的游轮上,但是吃的问题就给台湾带来了很大收益。在安利负责人及台湾地区负责人的共同协商下,经过了长达几周的试菜,尝遍了几乎台湾所有的美食,最终才决定下来既符合大陆人口味,也能尽显台湾美食特色的300多道菜,让所有接受这次奖励旅游的人员都感到关怀备至。为了表示欢迎大陆游客,台中市特意设立了主题为"金银岛的印象"的盛大晚宴,精心准备了很多鲜花和美酒,彰显了同胞情谊。安利集团如此的安排,既让员工享受了特有的美食,也使此次的奖励旅游达到了很多目的:提升了安利集团的美誉度和知名度,增强了员工的士气,增加了公司的业务及可观的收益。

(2)最直接的收益莫过于此次安利员工在宝岛台湾的直接消费、购物。第一次开通大陆与台湾的直航,让很多大陆人能够用最直接的方式去购买自己想要的台湾礼品。当他们来到布洛湾,太鲁阁人歌舞表演与一系列文化市集展出让安利中国精英团印象深刻。团员对原住民手工艺品与传统服饰非常感兴趣,且购买了很多。据数据报道,在布洛湾的两个钟头,大陆游客共消费10万元。秀林乡公所表示,这是乡公所举办传统文化市集业绩的5~6倍。当天下午两点,安利中国精英团员赶回花莲港码头,花莲县政府在码头举办商品市集活动。利用登船前一个多钟头,团员们在码头大量采买,创下了122万元销售佳绩。这些小纪念品非常的抢手,多数游客是买回去作为纪念的礼品赠送他人。其中,石艺品共卖出65万多元,占商品市集总业绩的一半。值得一提的是宗泰食品公司光卖麻糬就做了20万,1 400多包名产被抢购一空,两部厢型货车空车而回。由此可见,大陆游客的购物给台湾宝岛带来的商机。在特设的晚宴上,两岸同胞也进行了深入的交流。

(3)此次旅行给台湾地区的旅游业带来了前所未有的发展。台湾游的直航是2009年开通的,当时很多人还没有去台湾旅游的想法,安利集团游台湾的行为为之后的赴台旅游做了最直接的宣传,使大陆与台湾宝岛的旅游业都得到了大大提升,最直接的就是每年来往的人流将会明显增多,给两岸的经济带来了发展。大陆"赴台游"开通初期,由于手续烦琐、团费居高,每天来台人数一度只有百人左右,和预期落差极大;两岸通邮、通航、通商后,旅游人数很快攀升至近千人。如果大陆各地的"万人游"活动能再深入开展下去,通过一系列的宣传手段,让更多的大陆人了解台湾、知道台湾,大陆游客赴台人数有望再迈上一个台阶,这对岛内旅游市场的复苏意义重大。

(4)安利集团的这次赴台奖励旅游非常成功。在公司资金力所能及的情况下适当地举行奖励旅游是十分必要的。在选择旅游地点时,既要满足公司员工的要求,也要给他们带来眼前一新的感受。如果考虑周全，应该要选择到能带动我国经济和旅游业等多方面发展的地点进行旅游。奖励旅游既可以给国家带来收益，也可以促进本公司、集团的业务的增长。员工欣赏了这种奖励旅游，就会更努力地工作，既减少了人员流动造成的损失，也让他们更努力地为公司付出，两全其美。当公司的上下级在一起狂欢时，也联络了彼此的感情，增加了彼此的默契，为今后的工作带来了更多的便利，而且也可以提升公司的生产力。

奖励旅游作为激励机制，其生命力在于不易获得、常变常新，只要打破目前内容相对僵化的模式，赋予奖励旅游新的内容、新的体验，深化其内涵，使之有别于大众旅游项目，时刻保持着非比寻常性，奖励旅游就会永葆生机与活力。

6.5.2　美国企业奖励旅游经典案例

企业：美国 Harris Teeter 公司。

时间：2006 年 4 月 13—23 日。

奖励旅游内容：意大利北部和中部葡萄酒乡旅游。

奖励人数：30 人。

委托旅游公司：梦幻意大利旅游公司（Dream Italy）。

简介：美国 Harris Teeter 公司（以下简称 HT 公司）是一家拥有 155 家大型零售商店、18 000 名员工的美国东部最大的高端食品连锁集团。公司每年的葡萄酒业务都超过了 16 亿美元。为褒奖葡萄酒部门最优秀的雇员，HT 公司在今年安排了一次特殊的奖励旅游——意大利葡萄酒之旅，同时也为葡萄酒部门寻找新的合作伙伴。

分析：HT 公司原本准备的奖励旅行是 500 人，但如此大规模的团队很难真正体验葡萄酒之旅的美妙，难以针对受奖励员工做到量身设计的特殊旅行，不能让每一位团员的体验终生难忘。酒庄体验、城堡入住和私人晚宴等活动的安排，都要求必须是小规模团体，才能让参与者有尊贵感。

解决：梦幻意大利旅游公司在接到客户意向后，进行估量商议，最后拒绝了大团队订单，劝说 HT 老板从原有 500 人的团队中精选出 30 名最优秀者，参加这次深度的葡萄酒之旅。此次活动的整个行程，是旅游公司在对 HT 公司的了解下，根据 HT 公司的性质和奖励旅游的目的而设计的，真正做到了量身定制。

10 天的行程中，旅游公司为团员精心挑选了城堡酒庄，每个酒庄都以不同的葡萄酒、酿造工艺和建筑特色闻名。此外，旅游公司还安排了两晚在市中心酒店住宿的机会，为的是让团员对于城堡的住宿更加印象深刻。每餐的菜式与葡萄酒都是精心搭配。除了大型酒庄，还安排了小村庄里的特色餐厅，他们都有自家酿造的葡萄酒，别有风味。

为了给所有团员一次铭记一生的旅游体验，旅游公司安排了一场属于 HT 的私人城堡酒会，并用直升机将所有的团员运送至酒会举办地：Castello Banfi（班菲城堡）。

行程安排：奖励团成员从美国费城出发到达米兰国际机场，令所有人吃惊的是，在机场迎接他们的不是导游，而是旅游公司的 CEO。作为葡萄酒领域的资深专家，他一路为成员讲解意大利的葡萄酒文化，豪华奔驰大巴车上是葡萄、水晶杯、城堡酒庄的图案和 HT 公司的标志，大巴在所有人的注视中开往维罗纳——罗密欧与朱丽叶的故乡及意大利最重要、规模最大的国际葡萄酒与烈酒展 Vinitaly 的举办地。两者加在一起造就了维罗纳醉人而浪漫的魅力。

　　成员受到 Sardori 酒庄庄园主的热情拥抱，Parmigiano 工厂主人的热情款待，还有 Gabbiano 城堡、里奥那多达芬奇酒窖、Monterutoli 酒庄等的热烈欢迎。

　　组织方带团员参观了朱丽叶在维罗纳的居所，品尝了香醇的葡萄酒；欣赏了位于佛罗伦萨的米开朗琪罗著名的大卫雕像；游历了罗马的卡拉卡拉浴场、古罗马竞技场等名胜古迹。还带团员们到美国大使馆做客，去托斯卡纳小镇品尝当地的美食及家酿的葡萄酒。

　　团员体验：意大利这个国家，从北到南，从丘陵到山区，甚至在那些特别小的海岛上，葡萄树就是特有的一道风景，葡萄酒是意大利每处阳光和土壤赐予他们的琼浆，让人艳羡不已。

　　在整个行程中，组织者的安排无可挑剔。出发前奖励团成员每人都收到了来自梦幻意大利旅游公司 CEO 的邮件，提醒团员应该准备的衣服，并注明男士带上一套西服，女士需要一套晚礼服，并告知每个住宿城堡和酒店的设施。最后附上一份精美详尽的 10 天行程表，里面甚至有所有地点的联系方式。

　　10 天的葡萄酒旅，让所有人都沉浸在醉人的气息中，而最让人难忘的便是班菲城堡的特殊安排。清晨团员在托斯卡纳醉人的空气中醒来，一杯卡布吉诺和美味的牛角面包后他们前往 Montalcino 镇。在专业品酒师的陪同下，他们步行参观了班菲独特的酒杯、酒瓶博物馆、酒窖、品酒屋，然后乘坐私人直升机以最完美的方式俯瞰班菲近 3000 公顷的葡萄庄园。灰品乐（Pinot Grigio）、霞多丽（Chardonnay）、常相思（Sauvighon Blanc）、赤霞珠（Cabernet Sauvignon）、美乐（Merlot）、西拉（Syrah），这些国际知名的葡萄品种在这儿应有尽有。晚上的私人宴会再次让团员们沉醉。

　　HT 公司 HR 经理评价说："此次行程设计非常独特，每位团员都有着深切的体验，而且整个过程没有任何担忧和劳累，组织方已经为我们做好了详尽的安排。从行程结束的那天，我们就开始期待着下次旅行。"

　　梦幻意大利旅游公司的 CEO 也说道："行程的每个细节我们都经过深思熟虑，力求带给客人最完美的尊贵感。当客人告诉我这是他们此生体验过的最难忘的旅行，尤其是古堡晚宴和直升机酒庄体验，我们觉得一切努力都是值得的。"

资料库

国内关注奖励旅游的行业

　　保险、医药、IT、电子、直销公司及婴儿用品公司，估计未来房地产业和汽车业也会加入奖励旅游的行业。

　　国内奖励旅游的发展与国外相比存在着巨大的差距。第一，操作经验差距很大。国外大型企业常常实行投标和竞标制度，而国内企业只是简单地"一拍即合"，而旅行社在策划方案的创意上缺乏足够的操作经验。第二，人才差距大。国外专门有进行会奖培训的机构，培养大批的专业型人才，而国内旅行社大部分是半路出家。同时，目前的后备专业人员的培养也出现断层。第三，整合和配合能力差距很大。在国外奖励旅游的市场操作当中，会有一系列的策划公司、公关公司、拓展俱乐部加入整个奖励旅游的策划、设计、接待和宣传中来。而目前国内旅行社在整个资源方面及和其他机构的配合上有待提高，谁先跳出旅游这个小圈子来经营奖励旅游，谁就会占得先机。

会展人物

邓李宝茵——澳大利亚旅游局中国区首席代表

邓李宝茵女士，1998年加入澳大利亚旅游局，并筹建澳大利亚旅游局上海办事处，担任澳大利亚旅游局中国区首席代表，于2011年卸任。

1999年，在她的努力推动下，澳大利亚成为中国首个获得"中国公民自费出境旅游目的地"（Approved Destination Status，ADS）资格的西方国家。任职12年间，邓李宝茵带领着她的团队勤力耕耘，成功得到中国旅游业界和媒体的支持，将澳大利亚旅游品牌推向中国市场，中国赴澳游客人数、游客过夜数和消费连年稳步增长，中国也成为澳大利亚国际旅游业增长最快的市场。2010年，中国位列澳大利亚第四大客源国，为澳大利亚带来了33亿澳大利亚元的旅游收入，跃升为经济价值最大的客源国。

综合案例

索尼公司特约经销商豪华奖励团

索尼公司特约经销商豪华奖励团详细行程。

1. 团队介绍

索尼公司经销商特别奖励团，团员共5名，客户要求全部接待必须让客人在境外感受到VIP贵宾服务标准，以送给客人一个舒适、完美的欧洲豪华之旅为目的。

2. 深度玩法

意大利法国南部深度游览，行程融入意大利经典城市及法国南部风情、欧洲TGV（TGV列车是全球最快的高速列车，其试验速度达到每小时515.3千米，成为1990年的世界纪录）非凡感受、欧洲知名特色美食、巴黎塞纳河游船、红磨坊表演、购物等特色元素，丰富多彩，体现VIP单团设计的精彩之处。

6-12拓展视频

3. 行程设计

客户要求：在行程的设计之初，客户确立了全程计划11天，以意大利、法国常规线路为主，最好能加入其他特色线路的要求。

设计思路：按照客户要求，凭借着我们对意大利、法国线路游览的时间掌握及对线路的熟悉，我们拟出意大利、法国经典城市：古城罗马、文艺复兴发祥地佛罗伦萨、水城威尼斯、时尚之都米兰、首都巴黎，兼容法国南部特色游的线路安排。

4. 行程特色

（1）深度游览：深度法国南部之旅，参观著名的摩纳哥赌城，戛纳的海滨大道和国际电影节会展中心，享受威尼斯的海滨风光。

（2）感受TGV：乘坐高速列车TGV前往巴黎。

（3）购物之旅：行程中为团员单独安排出足够时间去自由购物。

（4）美食享受：在行程的用餐安排上，为团员安排了品尝当地风味美食，如罗马的比萨餐、米兰的小牛排餐、巴黎的海鲜餐，在观光游览途中，感受当地美食文化。

（5）特色项目：在行程的游览项目上，为团员安排了当地独有的特色游览节目，如安排威尼斯水上贡多拉游览、巴黎塞纳河游船、巴黎红磨坊艳舞表演、威尼斯赌场一试身手等。

5. 活动创意

（1）夜游塞纳河：组织团员在绿荫下散步，或在岸边休憩，使团员在夜晚的凉爽中得到休闲和满足。塞纳河的游船路线是从埃菲尔铁塔附近出发，往西岱岛航行，再前往圣路易斯岛环绕一圈返回，沿途既可以拜访巴黎的发祥地，又可以饱览两岸名胜古迹。

(2) 巴黎红磨坊：19世纪末，巴黎蒙马特地区的红磨坊以康康舞扬名世界。直至今日，红磨坊依然光彩靓丽，以迷人的风姿受到全世界人的关注。

6. 酒店选择

客户要求：四星级国际连锁酒店＋欧洲连锁品牌。

我们做到：

(1) 酒店位置，酒店全部为市中心豪华四星级，距景点交通便利，步行可至购物区。

(2) 酒店早餐，全部安排散客早餐。

(3) 温馨提示，出发前为客人准备温馨提示，告知每家酒店的情况，如网络设施、费用、床型、房间大小等。

6-13拓展视频

7. 导游服务

(1) 官方导游：在罗马、佛罗伦萨及巴黎的观光过程中，特意安排持牌的当地导游，为团员提供专业细致的讲解，以便团员能够更深入地欣赏到景点的精华所在。

(2) 导游选择：在导游的选择上，考虑到本团是豪华奖励团，无论团员的自身素质要求，还是客户的各方面的接待标准上，都属于VIP团，为此我们特意选择了公司专业能力强、服务意识高、知识极其渊博的金牌导游。

8. 餐馆特色

(1) 罗马比萨餐：意大利的美食，首先想到的是比萨。比萨分薄的和厚的，罗马的比萨是"薄派"的代表，十分美味。

(2) 米兰小牛排：米兰特有的小牛肉，以芹菜、洋葱、月桂叶等为调料加白酒煮至软，放凉后切薄片，淋上以枪乌贼、鱼泥（皆为意大利代表鱼种）打成的美乃滋酱。

(3) 巴黎海鲜餐。

9. 突发处理

从最初的行程设计到日程所涉及的细节安排，如餐馆位置、菜单、酒店位置、景点参观、天气气候、酒店入住、人身安全等都进行了细致入微的沟通和分析，确保团队能够顺利安全地行进，经过不懈努力，此团在境外的10天中没有出现任何突发及意外情况。

（资料来源：http：//itatour.net/incentive/archives/161，2021.10.10）

习题与训练

理论自测题

一、名词解释

奖励旅游

二、填空题

1. 奖励旅游自20世纪60年代在_____兴起以来，已经有半个世纪了。

2. 奖励旅游是企业给予优秀员工和对企业做出重大贡献的供应商、经销商、客户等利益相关人员的一项_____。

3. 奖励旅游正处在_____。

4. 奖励旅游在本质上是现代企业的一种_____和_____。

5. 目前我国奖励旅游发展最快最具规模的三个城市是_____、_____、_____。

6. 我国最先开展奖励旅游的企业多是_____公司和_____公司。

7. 一个企业运用奖励旅游的方式激励员工，会使员工_____，对于_____形成良性循环。

三、简答题

1. 奖励旅游主要包含哪些要素？
2. 奖励旅游产品的特点有哪些？

四、论述题

1. 论述奖励旅游与一般休闲旅游的区别。
2. 奖励旅游策划者选择目的地的重要考虑因素有哪些？

实务自测题

1. 奖励旅游经典案例交流讨论。
2. 为实习单位或最熟悉的企业做一个奖励旅游的策划书。

小论文

小议奖励旅游在企业管理中发挥的作用。

会展管理

学习任务

- 掌握会展管理的主要模式。
- 掌握会展管理机构的主要职能。
- 了解我国会展业现行管理体制。
- 了解公司法在会展企业的适用。

知识要点

- 会展行业管理的概念。
- 会展行业管理的目标和内容。
- 会展管理模式。

知识结构图

本章主要知识结构图如图 7-1 所示。

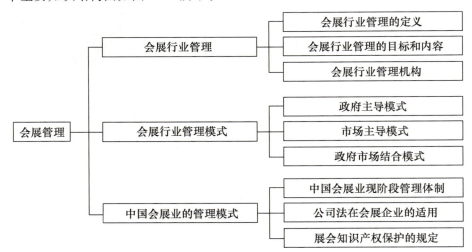

图 7-1 "会展管理"知识结构图

开章案例

苏州打造会展 CBD

作为苏州会展"皇冠"上的一颗"明珠",苏州国际博览中心为促进会展业健康快速发展,成功地形成了招展与办展"两条腿走路"的发展态势。

1. 区位优势:苏州会展与苏州经济共振腾飞

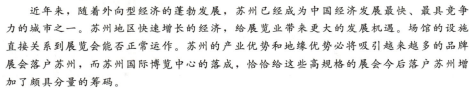

近年来,随着外向型经济的蓬勃发展,苏州已经成为中国经济发展最快、最具竞争力的城市之一。苏州地区快速增长的经济,给展览业带来更大的发展机遇。场馆的设施直接关系到展览会能否正常运作。苏州的产业优势和地缘优势必将吸引越来越多的品牌展会落户苏州,而苏州国际博览中心的落成,恰恰给这些高规格的展会今后落户苏州增加了颇具分量的筹码。

苏州除有经济优势、区位优势、展馆优势之外,最突出的在于其产业优势。作为世界制造业中心之一,苏州已经形成了电子信息、精密机械、轻工业、食品制药等较为完善的产业链。其中,苏州 IT 企业集聚,苏州生产的显示器、主机板、笔记本电脑产量均已占全球重要份额,IT 产业已成为苏州第一大产业。正是基于对产业优势的充分认识,苏州国际博览中心把市场开发重点放了工业类展览上,充分联合区域产业和市场资源来招展、办展。

2. 高屋建瓴:一流场馆闪亮登场

苏州国际博览中心占地面积共 18.86 万平方米,总设计建筑面积 25.5 万平方米。其中,室内展厅面积 12 万平方米。其规模在江南首屈一指,在整个华东地区也仅次于上海新国际展览中心。自 2004 年正式运营以来,苏州国际博览中心先后接待了参展企业 3 500 多家,展览面积约 36 万平方米,参观人数达 100 万人次,举办展会活动 40 多个,先后举办了第 3 届苏州住宅产业博览会、第 2 届苏州国际工业博览会、第 8 届国际洁净技术设备展览会论坛、中国首届人力资源博览会等大型展览会。短短的 1 个月内,苏州国际博览中心就接待了近 40 万国内外宾客。

3. 创新模式：自办展场馆经营的生命力

在充分考虑借鉴国际会展场馆成功运营模式的基础上，苏州国际博览中心已初步摸索出一条适应苏州实际场馆的运营模式，自办展已成为苏州国际博览中心会展场馆经营的主要业务，走出了一条自主创新发展之路。

4. 资源整合：打造中国会展 CBD

2004 年 12 月，苏州国际博览中心与韩国 COEX 展会集团依托各自优势资源，双方就展馆运营，展览、会议合作举办，信息交流和人员培训事宜签署了合作备忘录，苏州国际博览中心向国际合作道路又走出了坚实的一步。

5. 核心竞争力：年轻、专业化活力团队

2005 年 11 月 17 日，苏州国际博览中心展览项目经理招聘活动闪亮登录中央电视台《绝对挑战》演播大厅。此举首开了会展场馆人才招聘的先例，引起了会展业内不小的震动，社会各界也深为关注。

在当今展馆阵营中，竞争异常激烈，加大改革创新力度，营造富有活力的体制平台，遵循市场化、专业化、国际化的原则，建立以人为本的核心竞争力将是博览中心发展的根本。

（资料来源：http://www.qd-xsj.com/china/shownews.asp？id＝1152）

引例说明：苏州国际博览中心的创新运营模式和有竞争力的团队，有望使苏州博览中心在会展论坛中后来居上。

课前热身

1. 筹建会展公司需要准备哪些文件？到什么部门进行注册登记？
2. 大学生用品展因天气原因被迫提前半天结束，如何解决展商提出赔偿的要求？

7.1 会展行业管理

1. 会展行业管理的定义

会展行业管理是政府会展主管部门及各类会展行业组织对会展业的总体规划和总量控制，制定出促进会展事业发展的方针、政策和标准，并以此为手段，对各种类型的会展企业进行宏观的、间接的管理。

2. 会展行业管理的目标和内容

会展行业管理的目标主要包括以下三个方面：一是实现发展会展业以达到社会、经济、就业等收益的政府目标；二是使会展业的发展处于政府可控制、可调整的范围内，使会展业与其他行业、会展业内部的各要素之间保持良好的秩序和合理的比例关系；三是维护处于弱势地位的会展者的权益。不同国家在不同的时期对会展行业管理目标的侧重点会有所不同。

政府及其职能部门、行业协会这两个不同层面的管理内容各不相同，两者有明晰的分工，各自不能缺位，相互之间也不能越位、错位。会展行业管理需要以政府及其职能部门为主体构建会展宏观调节体系。就会展行业而言，宏观调节的内容十分丰富，大量工作需要开展，包括制定相关的法律法规，将会展业纳入法制轨道；制定行业发展政策；根据会展行业发展所需的环境和配套设施要求，对交通、通信、旅游、商检及货物通关等业务和所涉部门进行协调，使会展业与这些部门和行业在互动中共同促进、协调发展；对会展经营秩序和会展市场进行有效监管。会展行业管理需要以会展行业协会为主体建立功能完善的、统一的行业协调服务体系。由会展行业协会开展的行业协调管理工作主要有制定会展行业的行业规范，对办展单位的资质实行评定，实行行业自律；对办展计划和办展项目进行协调；对展览会的统计数据进行公正审核，推动本行业诚信建设，为国家统计部门、宏观管理部门和经济研究部门提供真实的数据统计等。

3. 会展行业管理机构

会展业赖以生存的体制是市场经济体制，会展业管理体制和管理方式方法必须符合市场经济的普遍原则，遵循会展业的发展规律，并适合我国国情。在市场经济条件下，会展行业管理是一种公共行政行为，管理的主体主要有两个：一是政府及其职能部门，是政府公共行政的执行者；二是行业协会，是非政府的公共服务的实施者和提供者。

（1）国家会展管理机构的主要职能。国家会展管理机构的主要职能：第一，制定全国性的展览管理法律条例和相关政策；第二，支配使用政府的展览预算；第三，组织国家展、代表政府出席国际展览界的各种活动；第四，规划、投资和管理展览基础设施。

7-2拓展视频

（2）会展行业协会的主要职能。在一个成熟的市场经济中，政府管理企业的职能会更好地通过非政府的行业协会来实现。行业协会组织将发挥更大的作用，承担起该行业的主要管理职责。行业协会既是展览企业的代言人，也是贯彻政府意图、执行政府政策的可靠助手。一个展览行业协会要真正发挥作用，应该具备四个特征：一是民间性；二是代表性；三是服务性；四是非营利性。

会展行业协会的主要职能是制定行规，进行行业间的协调和管理；对展览会进行资质评估；加强信息交流和调研，提高展览市场的透明度；进行专业人才培训，提高展览会的组织水平和质量。

7.2　会展行业管理模式

会展行业属于竞争性行业，企业是市场竞争的主体，政府应该加强宏观调控，而行业协会则应该提高为企业服务的水平。任何一个国家在发展一个产业时，都要根据本国的实际情况和产业的特点，选择特定的行业管理模式。

根据政府、行业协会调节力度的大小，我们可以对会展行业管理模式进行分类：政府主导模式（如德国和新加坡）、市场主导模式（如英国、瑞士、加拿大和澳大利亚）、政府市场结合模式（如美国和中国香港）。需要进一步明确的是，任何一种因素主导模式，并不排斥其他力量的推动，如以政府支撑型发展模式为代表的德国和新加坡，也非常重视协会的力量，会展行业协会在其会展行业发展中也具有重要的作用；而在以市场推动为主的法国、瑞士，尽管政府干预较少，但政府也在会展发展过程中给予了必要的支持。

7.2.1 政府主导模式

政府主导模式是指政府通过投资与管理对会展业发展起重要推动作用,其中最具代表性的政府是德国、新加坡和法国。

1. 德国的行政干预模式

德国是世界展览王国,在世界会展业中占有举足轻重的地位。经过100多年的市场竞争,形成了汉诺威、法兰克福等实力雄厚的展览城市,拥有一批享誉全球的名牌展会。例如,柏林国际建筑贸易博览会、国际旅游展,纽伦堡国际玩具博览会等,占世界所有著名展会的2/3。作为世界头号会展大国,德国的展馆功能设施非常先进和完善,占地面积超过10万平方米的展馆就有八个。著名的国际性会展公司有汉诺威国际展览有限公司、柏林国际展览有限公司、纽伦堡国际展览有限公司、法兰克福展览会有限公司、杜塞尔多夫展览有限公司、慕尼黑国际博览集团。

在德国会展业的发展过程中,政府扮演着重要的角色,政府干预色彩较浓,是典型的行政干预模式。这种行政干预模式主要体现在以下几个方面:

(1) 管理方面。德国有一个政府授权的权威协调管理机构——德国经济展览会与博览会事务委员会,对每年的国内外博览会、展览会进行组织和协调。该委员会对展览会的管理也制定了各种措施。例如,对展览名称给予类似商标的保护,以防止展览会雷同,保护名牌展览。但最主要的一条是增强市场的透明度。该委员会的章程中明确指出,该委员会将在展览会的类别、展出地点、日期、展期、周期等方面进行协调,以保护参展者、组织者、参观者的利益。

(2) 展览场馆的建设。德国政府大力支持展览场馆的建设。展览场馆属于固定资产,资本投入大、回收期长,有巨大的投资风险和经营风险。为了支持会展产业的发展,德国政府不惜巨资建造大型现代化展馆,极大地促进了德国会展经济的发展。

(3) 国有展馆的市场运作模式。政府投资建设展览场馆后便委托会展公司经营,政府只作为展馆的所有者存在。德国会展公司在授让国有展馆后,既从事展馆经营又组织会展项目,是以展馆经营管理者和会展项目组织者的双重身份存在的。

2. 新加坡的政府主导模式

新加坡政府在管理会展业时呈现以下特征。

(1) 设立单一的国家级的会展管理机构。由新加坡贸易发展局(2002年4月12日易名为新加坡国际企业发展局)对会展进行统一管理。新加坡贸易发展局从发展国际贸易,提升新加坡区域中心地位等宏观角度,制订一套扶持、服务、规范协调和发展计划书代表国家组团在海外办展和参展。

(2) 政府扶持资助政策。新加坡贸易发展局为了扶持和协助会展业,制定了三项政策:第一,特准国际贸易会展资格计划。新加坡贸易发展局从会展的质量、规模、参展和参观人数、国际化程度(海外参展及观众比例)等方面进行全面评估,对符合标准的会展授予特准国际贸易会展资格。此计划于1990年提出,获得资格的会展商在进行国际市场规划时，将获得最高 2 万新加坡元的政府资助款项。此外，新加坡本地公司参加具有特准国际贸易会展资格的会展，也可像出国展一样，获得双重减免税收的优惠。第二，特准贸易论坛计划。新加坡贸易发展局推出此计划主要是为了推动与国际展览同时举行的商务会议和论坛等活动。这对提高新加坡办展质量，增强展览会的竞争力，促进展览业的健康发展，都起到了积极的作用。第三，国际展览发展资助计划。此计划的目的是对一些有潜力成为高质量、高档次展览会的新题目、新项目，进行重点扶持和政策倾斜。新加坡的会议管理一般是纳入旅游业的管理体制下。

（3）新加坡会议与展览行业协会与政府密切配合，管理本国会展业。该协会与政府一起制订了一套行业道德与行为规范，对于违反有关规定的行为集体讨论并提出制裁措施，维持公平竞争的会展市场秩序；同时，针对会展展出题目、时间安排、摊位价格、展览会质量水准等方面，在会员单位之间进行协调，维护会员的正当权益。该协会还把人才培养作为它的一项重要职能。该协会通过定期培训班、年会和不定期讲座等方式，对国际会展业从业人员进行业务培训。

3. 法国会展业的运作模式

法国是世界会展强国，与德国同属第一梯队。著名的展会有巴黎国际建材及设备（BATTMAT 展）、SIAL 法国食品展、法国农业机械展览会（SIMA 展）等。主要展馆有巴黎会展中心（会展面积 22 万平方米）、法国里昂会展中心（会展面积 92 000 平方米）等。蒙哥马利会展集团是法国最具有代表性的国际性会展公司。

在管理方面，法国海外展览委员会技术、工业和经济合作署是代表法国政府唯一的会展管理机构。

法国政府大力支持展馆设施的建设。法国的展馆设施通常由法国中央及地方政府投资建设，然后组成国有场馆公司负责场馆的经营管理。此经营实体业务单一，只开展自己的场馆服务业务，不进行会展项目的运营，而展览公司则不拥有展馆设施，也不参与展馆经营，主要从事会展项目经营。法国展览业人士坚持这种做法，认为这样能够促进展览公司之间的公平竞争，也有利于场馆公司做好自己的场馆服务工作。

7.2.2 市场主导模式

7-3拓展视频

市场主导模式是以市场手段为主的管理模式，在这种模式中，很少由政府或政府某个部门直接组展和办展，政府仅仅提供间接的支持和服务，行业协会发挥着重要作用。具有市场主导型管理模式代表性的国家是英国、加拿大、澳大利亚和瑞士等。以下是英国和澳大利亚会展业的运作模式。

1. 英国会展业的运作模式

英国会展业完全市场化运作模式表现在以下几方面。

（1）市场准入政策宽松。英国的展览市场准入政策十分宽松，任何商业机构和贸易组织不需要经过特殊的审批程序便可以开展展览业务，展览公司的商业注册也和普通商业公司一样，没有额外的要求。

(2) 展览服务行为规范明确。英国的各类展览服务单位，包括展览组织、展馆场地和配套服务公司均有统一的行为规范，这些行为规范由各自的协会组织制定，对会员起指导和约束的作用。

(3) 通过结构调整增强实力。英国的展览行业高度开放，鼓励国际竞争，而且对本国企业基本没有保护政策。各类展览公司为加强竞争力纷纷通过兼并和收购手段来保持企业发展，而对于效益不好的下属公司和分支业务则尽快出售，以免影响整体实力。目前英国展览业的一个显著特点是公司规模变大，但业务范围却越来越专一，以便充分实现专项业务的规模效益和降低管理成本。

(4) 完善的展览信息服务系统。获得市场信息是展览企业取得成功的关键，英国公司十分重视对信息资源的发掘、整理和使用，一般均建有完善的数据库系统和用户服务系统。英国公司的经营理念认为现有客户是最好的客户，保持和发展已有的客户关系比开发新客户更为重要，一是市场营销成本低，二是客户信誉有保障。因此，英国展览公司均建有完备的客户信息库，只要输入任何一个客户的编码，便可以查到全部有关信息。信息库不仅用于场地或业务销售，同时也用于售后服务和财务管理，各个业务部门的数据库可以合并使用，从而构成强大的计算机服务系统。

2. 澳大利亚会展业的运作模式

澳大利亚展览和会议协会成立于1986年，为市场主导型非营利性商会组织，具有民间性质。市场主导型商会的主要宗旨是提供有效并且专业的服务，以促进整个澳大利亚展览和会议行业的发展。商会由企业自愿设立、自主活动、自筹经费，代表行业或地区整体利益向政府提出建议，以促进贸易发展和会员企业利益的实现。政府一般不干涉商会的活动，并在制定有关工商业政策时需要征求商会组织的意见。澳大利亚展览和会议协会采用会员制，包括展览会主办者、展览场馆经营者及会议展览服务行业相关企业。协会主要是开展培训认证等工作。澳大利亚的展览主办机构一般不拥有展览场地，而是通过租用展览场地来举办各类展览会。

7.2.3 政府市场结合模式

相对于政府主导模式，政府市场结合型会展业运作管理模式减少了政府对会展业的直接干预作用，采取政府和市场相结合，由市场自行调节安排的运作模式。

1. 我国香港会展业的运作模式

我国香港会展业在发展过程中，香港贸发局的地位和作用就十分凸显。会展中心在建设和扩建过程中始终采取政府出地，香港贸发局招商，专门管理公司经营的模式。1984年，香港贸发局与新世界发展有限公司合作兴建会议展览中心，1997年会展中心落成，会展地总面积达到6.4万平方米。会议展览中心建好后，香港贸发局把工作的重点转向招展，公平参与市场竞争，重视提高服务质量，创立名牌展会。同时私人机构办展也十分活跃，香港亚太皮革展就是由Miller Freeman公司主办，规模为世界最大。这些都与中国香港的市场经济体制完善、市场发育成熟不无关系。

2. 美国会展业的运作模式

美国是世界会展业的后起之秀,每年举办的展会近万个,展览场馆分布广泛,展览会议活动在全美各地蓬勃发展,成为服务业的支柱产业之一,展览会的经济带动比例为1:10。举办展览最多的城市是拉斯维加斯(见图7-2)、纽约、芝加哥和亚特兰大等。

美国会展业的政府市场结合型运作模式的一大特点是不存在会展审批制度,会展项目基本不需要审批,由市场来主导和协调,任何商业机构和贸易组织都不需要特殊的审批程序就可以进入会展业。在美国,联邦和州政府在会展业发展中没有专门的部门通过行政手段来介入美国会展业发展,政府的主要职能只是编制产业规划,开展行业统计,制定政策法规和提供配套服务。在这种政府市场结合型会展业运作模式中,政府对会展业的发展不是放任不管,而是通过间接手段进行扶持。例如,通过实行"贸易展认证"计划和实施"国际购买商项目"等措施,实现对美国展会质量和展会组织水平的监控。

图7-2 美国拉斯维加斯金莎会展中心全貌

7.3 中国会展业的管理模式

我国会展业的运作采用具有中国特色的行政干预模式,有强烈的行政干预色彩。政府担当主要从业者、管理者,甚至可以直接作为市场主体进行市场活动。

7.3.1 中国会展业现阶段管理体制

1. 国内展的会展管理体制

境内举办的展览会最初由原商业部、国内贸易部、国家国内贸易局归口管理,后来又由原国家经济贸易委员会(以下简称原国家经贸委)行使管理职责,中国贸促会可以审批其系统举办的国内展。2002年11月,国务院取消了关于"全国性非涉外经济贸易展览会"的审批制,改为登记制。目前,在国内举办全国性非涉外经济贸易展览会已经不再实行审批制,只要到有关部门登记就可以了。

7 会展管理

2. 境内举办的对外经济技术展览会的会展管理体制

《国务院办公厅关于在我国境内举办的对外经济技术展览会加强管理的通知》（以下简称《通知》）明确规定：境内举办对外经济技术展览会（包括国际展览会、对外经济贸易洽谈会、出口商品交易会和境外民用经济技术来华展览会等），由原对外经济贸易合作部（现商务部，以下简称原外经贸部）负责协调和管理。

《通知》规定有关审批部门和主办主体的资格问题，具有明显的审批制性质。

3. 出国境举办经济贸易展览会的会展管理体制

2015 年 5 月 14 日，中国国际贸易促进委员会、商务部公布的修订后的《出国举办经济贸易展览会审批管理办法》中指出："出国办展须经中国国际贸易促进委员会审批（会签商务部）。组展单位应当向中国国际贸易促进委员会提出出国办展项目申请，项目经批准后方可组织实施。"

修订后的《出国举办经济贸易展览会审批管理办法》对出国办展单位、审批和备查的程序、审批的依据和要求、展览团的管理及处罚措施作了明确的规定。现在出国展相比原来由外经贸部的行政审批有了很大改变，在审批内容和范围方面比过去有所减少。从总体上来看，随着会展经济的逐步发展，我国会展管理体制必将由审批制向登记制或备案制过渡。

7-5拓展视频

小 资 料

我国会展业多头管理的行政体制

我国目前会展活动分属不同的部门管理，造成国内会展市场不统一。中国会展市场的特点是"条条块块"，"条条"是指系统或行业部门，"块块"是指地方。会展首先分"出展"和"内展"。目前"出展"也就是出国或到境外办展，主要由中国贸促会管理；"内展"又分涉外展和非涉外展，其中涉外展分别由原外经贸部、中国贸促会和科技部管理，具体分工为，原外经贸部负责对我国境内举办对外经济技术展会的管理，中国贸促会系统办展由中国贸促会管理，以科研、技术交流、研讨为内容的涉外展由科技部管理；非涉外展目前主要由国家经贸委管理。现时各地方政府对本地区会展活动也需进行审批管理。

7-6拓展知识

7.3.2 公司法在会展企业的适用

1. 会展公司设立

公司是指以营利为目的，从事商业经营活动依照《公司法》成立的组织。公司主要形式为有限责任公司和股份有限公司。采用这两种形式的会展企业，其设立、变更、转让都适用《公司法》和《中华人民共和国公司登记管理条例》的规定。

一般会展公司经营范围有会务服务、展览展示服务、文化艺术交流策划、舞台艺术造型策划、企业形象策划、企业管理咨询、礼仪服务及公关策划等。

7-7拓展视频

2. 外商投资会展公司的特别规定

2004年通过的《设立外商投资会议展览公司的暂行规定》（以下简称《暂行规定》）对于外国投资者在中国境内设立外商投资人会展公司起到了积极的推动和引导作用，并对外商投资会展公司的设立作了特别的规定。

（1）设立外商投资会展公司的条件。

外商投资会展公司包括三种形式，即外商独资的会展公司、中外合作的会展公司和中外合资的会展公司。在我国，外国投资者要申请设立外商投资会展公司，必须具备一定的条件，即应有主办国际博览会、国际专业展览会或国际会议的经历和业绩。

（2）设立外商投资会展公司的程序。

中华人民共和国商务部（以下简称商务部）及其授权商务主管部门是外商投资会展公司的审批和受理机关。申请设立外商投资会议展览公司，申请者应向拟设立公司所在地省级商务主管部门报送以下文件：

① 投资者签署的设立外商投资会展公司申请书。

② 投资者签署的外商投资会展公司合同和章程（以独资形式设立外商投资会展公司的仅需报送章程）。

③ 投资者的注册登记证明（复印件）、法定代表人证明（复印件）、董事会成员委派书和银行资信证明。

④ 工商行政管理机构出具的拟设立外商投资会展公司名称预先核准通知书（复印件）。

⑤ 外国投资者已主办过国际博览会、国际专业展览会或国际会议的证明文件。

主管部门应当自收到上述全部文件之日起30日内决定批准或不批准。决定批准的，向申请者颁发《外商投资企业批准证书》；决定不批准的，应当说明理由，并告知申请人享有依法申请行政复议或者提起行政诉讼的权利。申请人应自收到颁发的《外商投资企业批准证书》之后起1个月内，按照国家有关规定，向工商行政管理机关申请办理登记手续。港、澳、台地区的公司、企业和其他经济组织在祖国大陆设立会展公司，参照《暂行规定》执行。

7.3.3 展会知识产权保护的规定

二十大报告指出，"完善产权保护、市场准入、公平竞争、社会信用等市场经济基础制度，优化营商环境。"

现在，随着会展业的发展和会展经济的繁荣，许多相关问题也随之产生。其中之一就是我国参展企业普遍不重视的知识产权问题。

展会中常见的侵权行为有仿冒和克隆展会项目、抄袭展台设计方案、践踏专利、展品侵权、合作期外使用品牌、冒牌招展等。为防范展会中的知识产权侵权，展会管理部门应加强对展会期间知识产权保护的协调、监督、检查，维护展会的正常交易秩序；同时，展会主办方应当依法维护知识产权权利人的合法权益；参展方也应当合法参展，不得侵犯他人知识产权，并应对知识产权行政管理部门或司法部门的调查予以配合。

1. 展会中的常见知识产权侵权问题

（1）展会侵权。

定位、内容、市场、题目完全一致的展会全国泛滥。只要一个展会办得好，许多地区不进行经济基础、区域性市场和购买力的分析，不进行对他人办好展览如何投入人力物力的分析而盲目跟进，造成同类展会过多、过滥，好的展会被分流、差的展会被投诉等无序竞争的问题。价格竞争让参展商和观众无所适从，造成所谓的"展会泡沫"。

（2）展品侵权。

无论在国内的来华展还是在国外的各类展会上都存在中国的某些参展商侵权、损害他人产品专利的行为。

参展中可能会涉及的知识产权纠纷，大多在专利与商标两方面，两者共同的特点是专有性，无论专利或商标，经法定程序获得后即受法律保护，所有权人享有排他的权利。未经权利人许可，任何人不得以生产经营为目的擅自使用、生产、销售、进出口专利产品和具有相同商标的产品，否则即构成侵权，从而受到法律的惩处。

小 资 料

中企赴美参展　电动滑板涉抄袭专利当场被查封

美国联邦法警在拉斯维加斯年度美国国际消费者电子产品博览会（CES）上突击搜查中国常州一家电动滑板公司的展台，并以涉嫌侵犯别家专利权为由没收展台内的独轮自平衡滑板车样品、标语和宣传材料等物品。

英国广播公司网站 2016 年 1 月 8 日报道，被美国联邦法警查封的展台属于中国常州"第一国际贸易"公司。第一国际贸易展销的独轮自平衡滑板车被硅谷创业公司 Future Motion 指认"非法侵权抄袭已注册专利"。

● 美国法庭下周将开庭审理这一案件。

常州第一国际贸易公司的代表说，他们不认为己方"违反了任何法律"。第一国际贸易公司的代表说，他们早已开发出上述产品，所以现在才拿到市场上来亮相是不愿产品设计被其他厂商抄袭。公司还表示这是第一次遇到侵权诉讼事件。

美国司法部一位女发言人说："已经向被告方递交了一份法庭签发的涉及民事纠纷的起诉状"。这位女发言人补充说，因为专利侵权指控出动联邦法警的事件美国此前有先例，只不过在拉斯维加斯展厅里好像是第一次。

● 临时禁令

此次拉斯维加斯 CES 展会上有多家厂商同时展销种类繁多的平衡滑板类产品，只不过这家中国常州公司的产品的确从外观到功能都与美国硅谷公司的注册专利产品十分相像，特别是只在滑板中央有一个滑轮。

美国硅谷 Future Motion 公司的创始人多尔克森表示，他们的独轮滑板产品早在 2014 年 CES 展会上就曾对外展示过，并在过去半年中为产品申请了两项相关的国际和美国联邦专利。

另据悉，多尔克森早在 2014 年的 CES 上就看到过常州"第一国际贸易"的产品。他还曾在 12 月向这家中国公司发出了临时禁令通知函，但没有得到任何回应。

● 阿里巴巴

目前，常州公司的滑板在阿里巴巴网站上对外销售价标准为 550 美元。美国公司的滑板单位售价是 1 500 美元。

多尔克森说："公司两年前首次展示产品的时候，我们就知道整个世界都在盯着它"。

"我们也非常清楚，如果对侵犯专利权的行为听之任之，公司利益就会受到沉重打击。"

● 安全危险

除侵权争议之外，滑板类产品在拉斯维加斯 CES 展会上也遭遇安全危险警告。

就在展会开幕前夕，展会组织者就公开宣布为安全起见禁止在展厅内使用任何类型的平衡滑板。

数十所美国各地的大学也正式宣布在校园内禁止使用平衡滑板。

此前警方已经记录了多起平衡滑板使用者失控摔伤甚至死亡的事例；有些产品因为电池质量问题，还出现过突然起火事故。

（资料来源：http：//news.xinhuanet.com/overseas/2016-01/09/c_128610873.htm，2021.10.8）

（3）软件侵权。

在我国举办的展览会上，已存在使用盗版软件的现象。表现在现场以演示为目的的电脑使用盗版软件和展品本身使用盗版软件及销售盗版光盘等方面。

对于上述问题，根据我国现行的法律法规规章，行政机关很难依职权直接有效地处理展会期间出现的各种知识产权纠纷，其中一个重要原因就是展会持续时间通常只有几天，一般的行政处理和行政查处程序无法适用。

会展业作为当前我国经济的一个重要增长点，获得了极强的生命力，但如果不能妥善处理会展期间产生的各种知识产权纠纷，将会严重影响该行业的健康发展。

2. 避免知识产权纠纷的措施

7-8 拓展视频

（1）对组展单位来说，要严格审查展品。展品出运前，组委会应要求各参展单位提前自查，有疑问或不能肯定的产品不能出运，敏感的产品种类需在参展之前提供产品专利或相关认证，以防万一。各组团单位在组委会领导下对各自分团负责，严格把关。各参展单位需要签署参展知识产权保证书。出现问题的展品和单位，如确有侵权行为，将取消其下届参展资格。

（2）对政府来说，要制定相关法律法规，建立展览经济市场化的运行机制。将展览纳入到法制的轨道上来。要建立商标注册和品牌认证体系，依法保护展览会的知识产权。通过协助展会组织者制定展会期间的知识产权保护规定、规则或章程，并将这些规定、规则或章程作为展会组织者与参展商的合同附件，约束参展商的行为，同时引入行业自律模式，成立由政府部门、行业协会和律师组成的展会知识产权保护委员会，建立知识产权投诉快速处理机制。

（3）对参展企业来说，要做好以下事项。首先，要对展出的"新品"进行专利检索，对自己开发的新产品要及时申请专利以取得产品"出生证"；其次，企业对自己展示的物品要做好"历史记录"；最后，在展会上要避免冲突，展会后及时补救。

3. 会展活动中的投诉处理与侵权处理

知识产权投诉机构是指在中华人民共和国境内举办的各类经济技术贸易展览会、展销会、博览会、交易会、展示会等活动中有关专利、商标、版权的投诉机构。根据《展会知识产权保护办法》规定："展会时间在3天以上（含3天），展会管理部门认为有必要的，展会主办方应在展会期间设立知识产权投诉机构。设立投诉机构的，展会举办地知识产权行政管理部门应当派员进驻，并依法对侵权案件进行处理。"

展会知识产权投诉机构应由展会主办方，展会管理部门，专利、商标、版权等知识产权行政管理部门的人员组成，其职责包括以下几个方面。

（1）接受知识产权权利人的投诉，暂停涉嫌侵犯知识产权的展品在展会期间展出。

（2）将有关投诉材料移交相关知识产权行政管理部门。

（3）协调和督促投诉的处理。
（4）对展会知识产权保护信息进行统计和分析。
（5）其他相关事项。

展会期间对涉嫌侵犯专利权行为的处理方法是根据《展会知识产权保护办法》的规定，对涉嫌侵犯知识产权的投诉，地方知识产权行政管理部门认定侵权成立的，应会同会展管理部门依法对参展方进行处理。

对涉嫌侵犯发明或者实用新型专利权的处理请求，地方知识产权局认定侵权成立的，应当依据《中华人民共和国专利法》（以下简称《专利法》）关于禁止许诺销售行为的规定，以及《专利法》关于责令侵权人立即停止侵权行为的规定作出处理决定，责令被请求人从展会上撤出侵权展品，销毁介绍侵权展品的宣传材料，更换介绍侵权项目的展板。

对涉嫌侵犯外观设计专利权的处理请求，被请求人在展会上销售其展品，地方知识产权局认定侵权成立的，应当依据《专利法》关于禁止销售行为的规定及关于责令侵权人立即停止侵权行为的规定作出处理决定，责令被请求人从展会上撤出侵权展品。

在展会期间假冒他人专利或以非专利产品冒充专利产品，以非专利方法冒充专利方法的，地方知识产权局应当依据《专利法》相关规定进行处罚。

 相关链接

展览会知识产权保护

知识产权（Intellectual Property）是指：公民或法人等主体，依据法律的规定，对其从事智力创作或创新活动所产生的知识产品，所享有的专有权利，又称为"智力成果权""无形财产权"，主要包括发明专利、商标，以及工业品外观设计等方面组成的工业产权和自然科学、社会科学，以及文学、音乐、戏剧、绘画、雕塑、摄影和电影摄影等方面的作品组成的版权（著作权）。

2006年3月1日生效的《展会知识产权保护办法》涵盖了展示会、交易会及各类经济技术贸易展览会。《展会知识产权保护办法》适用于商标权、著作权和专利权保护，为处理展会中发生的各类知识产权侵权行为提供了框架。

《展会知识产权保护办法》的一个重要举措是规定对于会期在3天以上的展会，主办方应设立解决侵权问题的知识产权投诉机构。该投诉机构能够直接处理侵权行为。该投诉机构人员有权对涉嫌侵权的展品现场取样。

投诉机构收到投诉后，应在24小时内移交地方知识产权主管部门。地方知识产权主管部门应及时依据相关法律法规就此作出决定并及时通知各方当事人及展会主办方。案件于展会结束时尚未处理完毕的，可交由相关部门继续调查。

对基于知识产权投诉的侵权行为的处罚措施包括责令停止侵权行为，没收、销毁侵权展品及其宣传材料，罚款。两次侵权的参展方将被禁止参加下一届展会。

如欲针对展会上发现的侵权行为采取行动，则应事先将必要材料备齐。展会通常持续时间较短，如文件材料有缺漏，难以当场补交。

以下是向展会投诉机构投诉时需提交的材料。

（1）合法有效的知识产权权属证明。

商标：商标注册证或商标注册证明，并由投诉人签章确认，商标权利人身份证明（如企业登记证明）。

著作权：有效的著作权权利证明（最好是中国的）、著作权人身份证明。

专利：应当提交专利证书、专利公告文本。

(2) 涉嫌侵权当事人的基本信息。
(3) 涉嫌侵权的理由和证据。
(4) 委托代理人投诉的，应提交授权委托书。

还有一个重要的问题需注意，委托代理人的，需提交经公证认证的授权委托书。公证认证程序可能需几个星期。在筹划和准备参加在中国的展会时应把这些情况考虑在内。

展中投诉受理一般程序。投诉方填写《提请投诉书》→组展方有关人员受理→驻会执法人员（知识产权管理部门派出）确认违法→被投诉展位签署《承诺书》。

（资料来源：http://zh.jdzj.com/zhzxnr/123-1.html，2021.10.8）

综合案例

行业冠军的卫冕之路

规模巨大的基础设施却只有数百名员工，年销售额可能只有 3 亿欧元，但给地方经济带来的直接收入却是其销售额的 5 倍，这就是德国的会展公司。"德国制造"能够行销全球，这些公司功不可没，它们给德国工业带来的订单也许是其销售额的 50 倍。

从德国汉诺威展览公司办公楼的 18 楼俯瞰，才能真正领略到"世界头号会展中心"的巨大：27 个大大小小的展馆错落有致地排列在 1 平方千米范围内，仅 1 号展馆的面积就达 6.9 万平方米，相当于 10 个标准足球场的大小，而停车场居然拥有 4 万个车位。

1. 会展业冠军面临挑战

与德国其他会展公司不同，汉诺威展览公司前面拥有独一无二的"国字号"头衔，并把商业之神赫耳墨斯的侧影作为公司标志。因为从它诞生的第一天开始，汉诺威展会就被定义为促进全德国企业出口的营销大使。

1947 年夏天，在同德国美占区总司令官协商之后，英战区军政府决定在汉诺威举办一场贸易展览会，从而改变世人眼中德国仍是一片废墟的印象，促进德国的出口。

1947 年 8 月 18 日，第一届汉诺威工业博览会在 5 个旧厂房内开幕。此后的 21 天里，来自 53 个国家的 73.6 万人参加了展会，1934 份出口合同给德国带来 3 160 万美元的订单。经济复苏的热潮推动汉诺威迅速取代战前的莱比锡，成为德国新的国家级展览中心。

1986 年，CeBIT 从汉诺威工业博览会分离出来，其规模很快超越了工业博览会。以两大展会领衔，汉诺威展览公司举办了一系列国际性展会，成为当之无愧的世界会展冠军。

然而随着全球会展业进入群雄并起的时代，汉诺威展览公司的冠军头衔受到了强有力的挑战。国内的杜塞尔多夫、法兰克福、慕尼黑三大会展公司成长迅速，而意大利米兰国际展览中心和法国巴黎展览公司也在不断扩大。在索尼公司宣布退出 2006 年 CeBIT 之后，人们甚至开始怀疑 CeBIT 是否已经过时。冈·雷斯兹表示："索尼是一个'宣称不参加'公司的典型代表，实际上，索尼的产品在展览当中仍然占有非常显著的位置，索尼的员工也随处可见。在展会之后，许多'宣称不参加'的公司也决定在 2007 年重返 CeBIT。"这场风波表明，尽管卫冕之路充满坎坷，但汉诺威展览公司绝不放弃。

2. 内部修炼提升品牌

汉诺威展览公司拥有世界上最大的展览场馆，室内展览面积达到 49.5 万平方米，还有 5.8 万平方米的室外展览面积和一个功能齐全的会议中心。

这些都是在老展馆的基础之上不断扩建而成的。近年来，为了应对后来者的挑战，公司不断改善场馆内的设备。现在展馆已经能够提供高压电力、压缩空气等多种服务，这样能够为那些机械产品展览商提供更大的便利。

汉诺威展览公司还升级了访客登记系统。现在参观者在展会开幕之前通过 PDA 就可以进行登记，并可以注明自己感兴趣的展台和时间安排。这些信息经过统计和处理之后会发送到相应的参展商手里，参展商就可以据此调整时间来与参观者会面。这项服务也有利于参展商在会后与客户保持联系。汉诺威展览公司还建立了一个功能强大的信息中心，将所有服务进行整合，能够为参展商与参观者提供更多的帮助。

3. 海外扩张以攻为守

随着欧洲制造业向新兴市场转移，顶级会展公司不约而同地开始了国际化扩张。在这些新兴市场上面，谁的扩张速度更快，谁就能尽早取得竞争优势。在此情况下，汉诺威展览公司一方面把它的王牌展会向海外进行品牌输出，另一方面又根据国际市场的需求开发出新的展会。

截至2006年汉诺威展览公司目前已在澳大利亚、巴西、美国、中国、新加坡和土耳其设立了6个子公司，同时在全球拥有60多个代表处。

（资料来源：http：//2010.cqvip.com/onlineread/onlineread.asp？id＝22394800，2021.10.8）

习题与训练

理论自测题

一、名词解释

1. 会展行业管理
2. 政府主导管理模式
3. 市场主导管理模式
4. 政府市场结合模式

二、填空题

1. 行业协会既是展览企业的＿＿＿＿＿＿，也是贯彻政府意图、执行政府政策的＿＿＿＿＿。

2. 行业协会要真正发挥作用，应该具备四个特征：一是＿＿＿＿＿性，二是＿＿＿＿性，三是＿＿＿＿性，四是＿＿＿＿性。

三、简答题

1. 会展行业协会的主要职能有哪些？
2. 会展行业管理有哪几种模式？

实务自测题

1. 考察本地会展场馆，了解会展场馆运行管理方式，写出考察报告。

2. 上网查阅成立会展公司需要准备何种文件，了解需要在何处办理注册登记，需要填制何种表格等。

3. 模拟筹建会展公司，要求如下：

（1）教师将学生分成若干组，将每组编号并选一名组长。

（2）场地可选择教室或实训室，但桌椅摆放要与政府机构办事大厅类似。

（3）单数小组扮演工商局、税务局工作人员，负责审核办证公司提交证件的有效性。

（4）双数小组扮演展览公司筹建负责人等，模拟展览公司注册与纳税登记等工作。

（5）单数小组和双数小组对换工作任务进行练习。

 案例分析

中国药企"巴黎门"事件

2006年10月4日,在法国巴黎举行的世界制药原料展览会上,来自中国的3家参展药企的6名医药代表遭到法国内政部打击侵权假冒部门的扣押,并停止了他们正常的参展。据悉,这些来自中国的医药代表在展会上以邮购方式向观众出售一种名叫"Rimonabant"的减肥药的原料药,而该减肥药的专利拥有者"赛诺菲-安万特"集团认为中国3家参展企业展览、交易的原料药产品侵犯了其对原研究药物的专利权,并据此以"有组织的团伙冒牌制造专利保护产品"等罪名提起诉讼。11月14日,法国警方释放了被扣押的6名医药代表,而这场专利权侵权诉讼至今也未有明确的结论,乃至中国一些媒体认为中国药企被"冤杀"。中国药企"巴黎门"事件不仅导致中国药企在这次展会上遭受巨大损失,而且对中国的国际形象造成了消极影响。

请分析
(1) 中国药企这次在海外展会上被"冤杀",反映了什么问题?
(2) 为了避免侵犯他人专利权,中国出境参展企业应注意哪些方面?

 小论文

写一篇关于学习本书的总体收获、体会、感想的学习报告。
要求
(1) 自定主题。
(2) 内容要充实、表达真情实感。
(3) 副标题统一写会展概论课程学习报告。

参 考 文 献

[1] 唐少清．现代会展操作实务与案例[M]．北京：清华大学出版社，2008．
[2] 张健康，任国岩．会展概论[M]．北京：高等教育出版社，2004．
[3] 曹扬．世博会·会展教育与研究[M]．上海：社会科学文献出版社，2010．
[4] 张敏．中国会展研究30年文选[M]．上海：上海交通大学出版社，2009．
[5] 张红．会展概论[M]．北京：高等教育出版社，2006．
[6] 刘大可，王起静．会展活动概论[M]．北京：清华大学出版社，2004．
[7] 张凤林．会展词语手册[M]．长春：吉林电子出版社，2011．